行政中立專論

| 2019年 最新版 |

劉昊洲 著

五南圖書出版公司 印行

修正版序

　　常言道：政府機關是國家發展的引擎；公務員是社會穩定的基石。在各級政府機關中居於主力部隊的常任公務人員，其所扮演的角色與擔負的職責，或不若民選公職人員與政務人員之動見觀瞻，然而其默然的影響力，卻是長久深遠而難以測知。

　　際此民意變動不居，政黨輪替執政已成常態的現代民主社會，依法行政與行政中立二者已成為公務人員立身行事的主要憑藉，既是約束，也是保障。特別是行政中立，攸關弱勢公務人員能否勇於抵擋來自政治的不當干預與壓力，尤為重要。遺憾的是，在社會大眾眼中，行政中立也許只是選舉浮橋—選舉期間備受矚目，選舉之後回歸沈寂；但不管外面風雨如何，在公務人員內心，行政中立都應該是永恆不變的價值信念。不只要認識行政中立，更要堅守行政中立，捍衛行政中立。

　　本書前於民國94年9月出版，是國內第一本有關行政中立的論著，是時行政中立法尚未制定，但行政中立的訓練早已風起雲湧，行政中立的概念日漸深入人心。這些年來偶有老友提及國內政經環境丕變，行政中立法制已備，何時有重新出版的規劃？緣於個人資質能力、時間、市場考量等因素，筆者總是愧色以對，無言應答。時序進入民國108年，上一年底地方九合一大選剛過，明年元月中央三合一大選倏忽將至，行政中立再度受到重視。心念一轉，既然修正出版有益於國家社會，有

助於公務人員的角色扮演，又何必在乎市場因素呢？遂堅定決心，勇往直前。由於環境變遷及法規更動之故，除保留單篇獨立之特性外，業配合時事就原有章節內容予以修正，並增補法制通過後的實施概況及改進建議。修正後全書仍分五章，但由36節增為45節。

在服務軍、公、教、政年資已逾40年，曾為「老賊」，現已淪為「米蟲」之際，能夠再為本書修正版寫序，既有幾許欣慰之情，更滿懷感恩的心。感謝爸媽的生養教誨，感謝弟妹與妻女的關懷體諒，感謝求學過程中老師的期勉教導，同學的友愛互動，同事的包容互助，感謝諸多摯友的期許與協助。特別感謝考試院關前院長一中、伍院長錦霖、李副院長逸洋、張委員明珠、保訓會蔡前主任委員璧煌、郭主任委員芳煜、李前副主任委員嵩賢、葉前副主任委員維銓、郝前副主任委員培芝、葉副主任委員瑞與的指導，感謝賴前委員來焜、桂前委員宏誠、楊前委員子慧、楊委員仁煌、劉委員如慧、吳委員登銓、李委員英毅、謝委員志明、王委員思為的切磋指教。如果沒有這些親人、恩人、貴人與友人的扶持與愛護，一定就沒有今天的我。對於五南圖書出版公司楊董事長榮川、楊總經理士清、劉副總編輯靜芬在修正出版上的協助，也要表達由衷的感謝之忱，本書才能順利修正出版問世。

清末名將左宗棠有言：發上等願，結中等緣，享下等福；擇高處立，就平處坐，向寬處行。筆者不才，多年來側身廟堂；年初已自保訓會卸任離職，目前無職一身輕；並無如此的境界、視野與宏願，只是略盡一己心力、留下一些字跡而已，談不上對國家社會有所貢獻，但求沒有愧對國家社會。

「書香是永恆的香味」，「讀書會讓人變化氣質」。多年來筆者涉獵書海之中，不畏恥笑，不自量力，妄想踵繼前賢，

將一己愚見化為文字，但因資質駑鈍，學養不佳，難免思慮不足，連累杏壇。尚祈學術界前輩先進，公部門長官同仁叨在「同是讀書人」、「學術一家親」的情誼，不吝珠玉誨正，多予海涵賜教，是所至盼！

劉昊洲

謹識於臺中市清水老家

108 年 5 月 18 日

自 序

　　行政中立是民主國家政治運作中兩個最重要的構成元素之一，特別是在威權體制解構、政黨輪替成為常態之後。如果沒有完備的政務人員制度，仍將政務人員與常任文官混淆不分，一體視之，那麼民選首長就難以進用志同道合的同志遂行其政策，政策責任也難以釐清；如果沒有建立周全的行政中立制度，常任文官勢必向執政黨傾斜，國家資源運用遭致扭曲、選舉不公現象更加明顯，那麼一旦淪為在野政黨，必將難以翻身，而日常行政運作也難免受到干擾。職是，現代民主先進國家無不戮力分別建立政務人員制度與行政中立制度。

　　行政中立的適用對象主要是常任文官，但所面對的客體主要是手上握有權力的民選首長與政務人員。其前提來自於行政與政治可以區隔，但不能完全分離，故行政可望中立，而不能獨立；必須儘量追求中立，而非任其自行發展，庶幾促進政黨之間的良性競爭，維持公務行政的健全運作，確保公務人員的切身權益，維護多元社會的蓬勃發展。不過正因為常任文官的弱勢，如果沒有健全的法制、明確的規範、堅強的保障、普遍的認知，要真正做到行政中立，其實頗為不易。

　　我國在民國八十年代，當時主管機關考試院及所屬銓敘部，即大力推動行政中立立法的工作。因為行政中立不只與每一公務人員皆有密切的切身利害關係，對於我國民主發展也有

深遠的影響。忝為行政學界的一員，^{筆者}雖然不才，但亦不能無動於衷，遂將多年來所見所聞、所讀所思，利用閒暇，撰著成文，在相關雜誌期刊發表。復蒙保訓會厚愛，忝列行政中立訓練推薦講座名單，這一、兩年來有機會應邀到各政府機關講演，教學相長，在雙向互動過程中，深感行政中立的認知普遍不足，遂有將歷年來發表的文章集結成書，以饗大眾之構想出現。

　　本書係屬實務研究，原係單篇獨立，互有關聯，後經整理並系統加以舖陳，除緒論及結論與建議外，主要探討法制面、實際面及與相關課題之關係。就研究途徑言，係屬法規研究與文獻探討；就研究方法言，則以觀察法、分析法、比較法為主。為因應時空環境變遷及配合全書體例劃一，與先前發表之內容或多或少有所變動；並增加註釋、圖表及參考資料。雖然期盼體系因此更加完整，脈絡因此更加清晰，內容因此更加充實，但格於筆者^{學養}不足、時間倥傯、能力有限、蒐集資料不夠充分，仍難避免諸多重複或不當之處。尚望諸先進海涵及指正。

　　本書能夠付梓問世，要感謝的人實在很多。父母迄今仍在鄉下終年為農事奔波操勞，生養教誨之恩，無日稍忘。內人林素對女士教學、家務兩忙，照顧侑旻、侑昕、侑竺三個女兒，使無後顧之憂。弟妹親切關懷的手足情懷，諸多師長、長官、長輩、學長、學姊、同窗、同事、摯友、學弟妹、同學的關懷勉勵、期許有加，均應致上最大敬意。尤其要感謝先師傅公宗懋、陳公水逢、葉公祖灝、居公伯均、朱公諶在世時殷切的教誨與啟迪，以及恩師李前校長建興、楊前校長國賜、陳前主任委員庚金、劉前立法委員光華、許前考試委員濱松、林前主任秘書克昌、姜教授占魁、蕭教授行易、黃教授人傑等親切的教

導與期勉，還有老長官趙前政務次長金祁、汪前處長國瑗、林前副主任委員政弘的提攜與鞭策。立法院王院長金平、法制委員會林召集委員濁水、黃召集委員昭順、呂召集委員學樟、林委員岱樺、黃委員德福多年來在工作上的指導與照顧，臺北商技學院宋利娟小姐、本院同仁柳珮玲小姐、吳宏基、曾棟良、高德仁等先生在繕打校對上的熱心協助，以及商鼎文化出版公司廖董事長雪鳳、王副總經理銘瑜小姐在編輯及出版上的鼎力配合，也應致上最誠摯的謝意！

「買書易，借書亦易；讀書難，寫書尤難」。筆者資質駑鈍、才疏學淺，在略讀數書之後，也試著舞文弄墨，班門弄斧，表達一己淺見。惟野人獻曝，書中謬誤不妥之處必多，敬祈　諸先進賢達不吝珠玉誨正。至所期盼！

劉昊洲

識於新北市新店大溪地社區

民國 94 年 5 月

目 次

表目次

圖目次

第一章

緒　論

壹、行政中立的源起

　　行政中立（administrative neutrality）的課題，在民國91年1月，因立法院三讀通過公務人員訓練進修法，將行政中立訓練列為公務人員必要的訓練項目，並由公務人員保障暨培訓委員會（以下簡稱保訓會）通函各機關配合辦理後，又再度成為公務人員關注的焦點之一。此一情形較諸民國85年間，立法院法制委員會開會審查公務人員行政中立法草案，受到輿論媒體廣泛報導之盛況，雖有些許差距，但仍不遑多讓。隨著民主政治的成熟，以及每二年都有公職人員選舉的情況，行政中立受重視的程度，勢必愈來愈升溫加熱。身為公務界的一份子，又怎能不去注意呢？

　　論及行政中立，首先必須瞭解中立的概念。中者，正也，不偏不倚之謂；立者，站也，位置所在之謂。顧名思義，中立即面對立場不同、針鋒相對的兩方，居於中間，不偏袒或厭惡任何一方，以同一態度公平對待雙方之謂。所謂行政中立，就是指政府機關的公務人員依法且公正執行職務，不涉入政黨或政治活動，並以同一標準服務社會大眾，不因政黨屬性或個人價值等因素而改變其態度與

作法。國人一向喜用「中」字，也特別鍾愛中庸之道，故先民居住之所在，稱爲中原、中州、中土，現在海峽兩岸均以中華開頭。臺灣各鄉鎮亦以「中」爲路名的道路最多，例如：中山路、中正路、中華路、中興路、中央路等。在歷史傳統中，「中庸」、「中和」、「中道」等用詞隨處可見，倒是「中立」一詞幾乎不見。顯然可知，中立是源自西方的產物。

就社會科學領域言之，中立的概念首先由德國社會學家韋伯（Max Weber）提出。[1]第二次世界大戰之後，立基於政治與行政分立的主張，以及美國行爲主義（Behavioralism）學派主張事實問題與價值問題應該加以區分，並強調研究人員應該價值中立，不啻奠定各國日後建立行政中立制度的理論基礎。七十年代興起的新公共行政（New Public Administration）學派，雖然反對價值中立觀，卻強調社會公正的重要性，主張行政人員應忠於服務對象與計畫。於是一套以建立常任文官依法忠實執行政策，公平對待每一政黨及個人，以及充分保障常任文官的行政中立制度，便已逐漸成形。

美國行政中立制度源自1883年文官法案（the Civil-Service），又稱彭德爾頓法（the Pendleton Act）的頒布施行，此法旨在建立聯邦公務人員功績制度，其關心課題之一即爲公務人員的政治中立。[2]其後1939年制定通過赫奇法案（Hatch Political Activities Act of 1939），該法禁止聯邦常任公務人員參與某些政治活動，並禁止政治任命的首長利用職權引誘或強迫部屬支持其所屬政黨。1993年該法修正通過，將聯邦常任公務人員區分爲政治活動限制類與政治活動放寬類；多數職務屬於後者，在上班時間禁止參與政治活動，惟於下班時間，與大多數美國人所享有的政治權利一樣，有資格從事法律允許的政治活動。[3]

英國的行政中立制度，最早可以上溯自1853年去除政黨贍恩徇

私或政治分贓的文官制度改革運動。但一般係以1910年樞密院令禁止公務人員公開參加政治紛爭爲濫觴，並以1953年財政部命令爲主軸。該命令將公務人員區分爲政治自由類、中間類及政治限制類等三類，詳細規範公務人員參與政治活動的範圍，其中包括中上級科員以上職務的政治限制類公務人員，不得從事全國性政治活動，但對於地方性政治活動，經過核准後仍得參加。[4]

日本的行政中立制度是以1947年公布的國家公務員法，與1950年公布的地方公務員法爲藍本。該二法明定除特別職公務員外，所有行政人員、公營事業人員、教育人員、司法人員，均應依法在政治上保持中立，不得爲政黨或政治目的要求捐款及其他利益或受領捐款，亦不得充任政黨或其他政治團體之幹部、政治顧問或其他同性質之構成員。[5]

我國行政中立之受重視，始自民國81年12月，考試院面對全面改選，競爭激烈的第二屆立法委員競選活動，公開呼籲朝野政黨共同尊重文官中立的精神，不要動員軍公教人員輔選或助選。嗣於82年4月，考試院院長邱創煥在就任記者會宣布，建立行政中立法制爲其任內首要工作。銓敘部隨即於同年10月以「如何建立行政中立法制案」爲中心議題，提報全國人事主管會報研討，並組成「公務人員行政中立法草案專案小組」，積極研擬草案條文，經於83年11月定稿陳報考試院審議，考試院隨即於同年12月函請立法院審議。該院法制委員會雖歷經七次全體委員會議，於85年11月完成審查，並將法案名稱修正爲「政治中立法草案」，惟因朝野立法委員之間仍有不同看法，始終未能經院會三讀通過。嗣後因立法院通過「立法院職權行使法」，實施屆期不連續的規定，考試院復於民國92年、94年、97年三度重送草案，終於在98年5月完成立法程序，並於同年6月咨請總統公布，法案名稱定爲「公務人員行政中立法」，前後歷

時將近十五年。可知我國原僅有行政中立的理念文化，並無行政中立規範或制度[6]；直到通過法律建構行政中立法制，的確是一條艱辛不易的道路。但最後還是走通矣！

綜上述之，行政中立在理論上乃源自價值中立的概念，在實務上雖然歐美各主要國家均有行政中立制度，但其淵源顯然各有不同。我國在政府相關部門努力十多年後，終於看到公務人員行政中立法的誕生及成長，可謂極其不易。

貳、行政中立的性質

行政中立是個熱門的名詞，目前幾已到達無人不知的地步。不僅政府部門公務人員人人皆知，即連社會大眾也都有所耳聞，特別是每到選舉期間，行政中立更受到矚目與重視。不過行政中立出現的時間甚晚，較諸其他行政或政治課題都晚，迄至第二次世界大戰結束後才出現；我國則在民國七十年代始見國立臺灣大學陳德禹教授、國立政治大學許濱松教授等學者較有系統的研究，說行政中立是行政學界新進躍起的寵兒、大器晚成的么兒，應不為過。

行政中立規範的主體是行政人員、行政事務、行政資源及行政場所，涉及有關行政職權的行使，主要傾向消極的不作為義務，既難以具體量化，也無法做到絕對公平，只能就原則性規定，其消極性、抽象性顯而易見。其面對的客體則是政治，主要是執政黨與在朝的政治人物，其政治性與脆弱性不難瞭解。而在公務人員行政中立法尚未公布施行前，亦僅有一些零星的規定；這些規定大致參考國外規範，其欠缺性、分散性與移植性可見一般。易言之，在行政中立法制建構前，行政中立規定具有消極的、抽象的、政治的、脆弱的、欠缺的、分散的、緩慢生長的七個特性。[7]但在行政中立法制

建構後，已不再欠缺與分散。

　　行政中立的層面從最小的個人出發，廣及整個社會與國家，每個層面關切的角度與重點各有不同。誠如蘇東坡所言：「橫看成嶺側成峰，遠近高低各不同；不識盧山真面目，只緣身在此山中。」若就個人言之，行政中立是一種價值理念；就社會言之，行政中立是一種文化風氣；就國家言之，行政中立則是一種法律規範；角度既異，性質也不同。謹分述如下：

一、行政中立是一種價值理念

　　就個人角度來說，行政中立是個人認知系統的一部分，是一種價值系統的判斷與選擇。行政中立原本來自學者對中立價值的肯定，以及解決政黨分贓帶來民主倒退困境的省思，在尚無法律規範及未普遍形成社會共識之前，行政中立是以價值理念的型態存在的。作為一種價值理念，行政中立並沒有拘束力，只能說是個人的態度認知與道德情操，如果個人願意自我約束，並將此一認知化為具體行動，才有效力可言。不過「有權者必濫權」，有權力者通常都有擴大使用權力的傾向，不能也不願被拘束限制。中國歷史上一向主張「德治」，極力追求「聖君賢相」、「才德兼備的賢能之士」，希冀有才能者克制私慾，竭盡所能為大眾謀幸福，但通常是事與願違，政治清明承平時期短，而混亂不振時期長。由此可見作為一種價值理念，行政中立是脆弱的、不易生存的。

二、行政中立是一種文化風氣

　　就社會角度來說，行政中立是社會文化風氣的一部分，是全民的普遍共識，約定成俗，接近倫理道德的意義。這種權威並無法律做為後盾，不過卻有輿論在背後督促，一旦建立，任何人都不容挑

戰，否則必然引起公憤與指責。行政中立想要生根，甚至成長茁壯，不能只靠少數一、二人的理念堅持，也無法憑藉法律加以威嚇，建立表象，而是要內化進入每一個人的心中，方能普遍形成社會大眾的共識，督促大家願意主動遵守。因此行政中立這個層次的意義是最重要的，行政中立的生長性也顯而易見。

三、行政中立是一種法律規範

就國家角度來說，行政中立是法律規範的一部分，做為法律規範，旨在建立全國人民共同遵守的標準，也確保最低程度的履行。行政中立的法律規範就是要強制約束公務人員，避免民選首長與政務人員濫用行政資源，因而導致不公平的政黨競爭。誠如威爾遜（W. Wilson）所言：權力本身並沒有危險性，只有當政治權力不對人民負責或不能控制時，才會有危險。[8]因此，陳義不必太高，但必須確實可行。所制定的法律或訂定的行政命令從「零」開始，由少而多，最後建立以「公務人員行政中立法」為骨幹的行政中立制度。大體言之，行政中立規範的本身較為抽象，偏向消極，強調公平，具有強制力量，不容任何人挑戰。國家之所以要制定法律規範，代表因應時代變遷，已到刻不容緩的地步。

要言之，行政中立三個層次的性質是不同的，各有偏重的。以價值理念為起始，原只有少數人的認知與執著，然後因應環境需要，透過法律規範的強制力，要求全民建立最低程度的共同標準，最後透過各種教育與訓練方式，深入每個人的內心，也塑造社會全面的共識。行政中立的性質由內而外彰顯出來，行政中立的執行成效也會得到更多的肯定。[9]

參、行政中立的意義

　　近年來，行政中立已成爲政府機關與行政學界極爲熱門的談論課題之一，每逢公職人員選舉之際，更是發燒發燙不已。若說不知行政中立的性質、內涵等，也許還說得過去，但若說不曾聽聞行政中立這一名詞，恐怕就難以置信。

　　到底「行政中立」是何物？其意義爲何？識者固然不少，但眾說紛紜，且不乏爭議。由於我國公務人員行政中立法及相關法規均未對行政中立予以定義，故行政中立一詞並無法律定義，只是學術名詞；[10]或是法律名詞而已；且缺乏操作性定義及對現況的因應。[11]也因此行政中立經常與文官中立、政治中立等詞混淆不分，不過一般仍以行政中立之用法最爲普遍，並廣爲眾人接受。

　　正因爲行政中立仍無一致的法律定義，故所謂「行政中立」，學者專家看法各異其趣，不盡相同。美國學者傑恩（R. B. Jain）曾以四個層面界定行政中立的內涵，即：1.公務員在決策過程中行使影響力的程度，以及政務人員與常任人員之間關係的性質與二者互動的範圍；2.公務員介入政治與政黨活動的程度；3.政治與政黨干預公務員工作的程度；4.公務員的一般形象；[12]惟並未對行政中立加以清楚的定義。王作榮教授謂文官系統依法行政，依法律推行政務，不受各利益團體的影響，不受各黨派的操縱，中立的行使職權，即是行政中立。[13]許濱松教授謂：行政中立乃指公務員是全體國民之服務者，並非部分國民之服務者，是以公務員處理事務，應公正衡平，並秉其中立能力，亦即對政府工作以專業方式處理的能力，處理其事務，並做到：1.超然於個人政治理念之外，不偏袒某一政黨或政治團體；2.不受利益團體影響，圖利某一利益團體；3.不受個人價值理念的影響，以中立能力公平衡平處理事務。[14]許南雄教授謂：行政中立的消極性意義在規範事務官不參與政治活動，不介入黨政紛爭，

不受政治因素影響，亦不與利益團體勾結，而在依法行政與文官法
制範疇內忠於職守，以維護行政領域之安定與持續；在積極性意義
方面，公務人員之身分、地位、職務與權益不受政治干預，而受法
制保障，其能力與成就在永業制與功績制之基礎上，亦具有若干政
治角色。[15]

　　傅肅良教授說：行政中立之含義，一爲對公務之處理，以現行
法規爲依據，處理公務之政策、原則、程序與方法，如在法令中已
有規定者，應依法令規定處理，不得對某政黨或所屬政黨有所偏
離。二爲政黨推行黨的政策，應先透過政黨政治常軌，將政黨政策
轉化爲法制後執行，不逕令黨員執行。[16]徐有守教授認爲行政中立，
意指執政的政黨雖然交替變更，但無論如何，行政工作人員，主要
指的也就是常務次長以下永業常任的，或非常任的事務官，都應當
善爲遵照，切實貫徹執行，不可以因爲個人的黨籍原因或政治觀點
的不同，而批評政策或拒絕執行政策，或不努力執行。[17]吳定教授界
定文官行政中立的意義，是指涉政府機關中的公務人員，在推動各
項政策及行政活動的過程中，應保持中立立場，遵循依法行政、人
民至上、專業倫理等三項原則，不受政黨、派系、民意代表、利益
團體、上司等之操縱、支配與關說的影響。[18]

　　陳德禹教授則分從兩個角度觀之，所謂行政中立，就行政系統
來看，是指行政系統中的事務官對於政治事務保持超然之地位；就
公務人員個人層次來看，在責任方面，文官應盡忠職守推動貫徹由
政府所制定的政策；在立場方面，文官在處理公務上，其立場應超
然、客觀、公正、一視同仁、無所偏愛或偏惡；在態度方面，文官
在執行法律或政務官所定政策，應採取同一標準，公平對待任何個
人、團體或黨派，而無所倚重倚輕之別；在角色方面，文官不介入
政治紛爭，只盡心盡力爲國爲民服務，本著他們所擁有的專門知

識、技能與經驗，於政務主管擬訂政策時提供協助，於政務主管無政策意見時，依自身之專業意見執行政務並建議因應新發生問題的政策方案，同時就所主管之業務注意民意而作適當反應。[19]

蔡良文教授認為行政中立是指文官對處理公務保持中立、客觀及公平的立場，以國家、人民的整體或多數利益為考慮，並非指絕不可涉入政治事務，但不可涉入政爭。[20]學者桂宏誠謂行政中立係指行政人員於執行公務時，對：1.政治團體或政治活動之中立；2.利益團體之中立；3.對個人價值理念之中立。[21]學者林文益則簡要言之，行政中立就是指公務人員的政治中立。[22]

以上引述十一個學者專家的看法，雖然不盡一致，不過歸納其核心意義，卻也有諸多雷同之處。彼等所指均以常任文官為主，面對社會各界，特別是政黨，均以公正的、同一的態度去執行職務，沒有任何偏袒或厭惡。析而論之，行政中立可分從下列五個角度探討其意義：

一、適用對象

行政中立的適用對象，也就是規範範圍，僅以具永業性質的常任文官為限，即依公務人員任用及派用的人員為範圍；亦即僅限於最狹義、最核心的公務人員，並不包括民選首長、政務人員、公立學校教師及其他公營事業人員在內。這類人員非僅限於在行政機關任職者，也包括在立法機關或公立學校等機關（構）任職的狹義公務人員。由於他們是輔佐民選首長及政務人員推動國家行政業務的主力，握有職務範圍內的資源與權力，也享有永業任職的保障，理論上既應該，事實上也必須維持行政中立，所以行政中立法制適用對象乃以此為主。至於其他人員如有規範之必要者，如約聘、約僱人員，則以準用方式行之。

二、面對客體

行政中立的面向，表面上雖是社會大眾全體，對任何人皆應一視同仁，採同一標準服務或對待，但實際上則聚焦於政黨及與其有關的政治人物，如公職擬參選人、公職候選人等；也就是掌握政治權力，彼此相互競爭的政黨雙方，包括執政黨與在野黨的民意代表、政務人員及黨職人員。由於朝野政黨競爭激烈，他們在擴張版圖、擴大影響力的過程中，難免會動到運用常任文官的念頭，特別是執政黨，總在有意或無意之間，透過政務人員的指揮監督權，要求常任文官偏袒自己。行政中立的脆弱，正在於其所面對的客體是強勢的、不易討好的政黨及政治人物。職是，各政黨能否充分尊重行政中立的精神，實為行政中立能否落實的主要關鍵。

三、指涉事項

行政中立的指涉範圍不限於與個人職務有關事項，例如機關首長是否以同一標準，去准駁前來借用禮堂充當政見發表會的不同政黨候選人；也包括與全體公務人員身分有關事項，例如任何公務人員均不得利用上班時間參與政黨活動。其指涉程度則有涉及違法或僅屬不當之別，前者如違反公職人員選舉罷免法第71條「不得為罷免案提議人」之規定，以及下班後為某一政黨候選人站台助講之情事。至於指涉期間，雖涵蓋整個公務人員任職期間，但主要仍以各種公職人員選舉投票之前的競選期間，最受世人矚目。

四、規範標準

對於公務人員行政中立的要求，既是約束，也是保障；既是國家基於「公法上職務關係」而對公務人員的特別要求，也不能忽略國家站在「國民主權原理」而以憲法賦予每一公民的參政權利；兩

者必須求取適當的平衡與妥協，才能免於偏頗之弊。就實際執行情形言之，公務人員應以同一標準與尺度去面對不同政黨，不能有任何差別待遇，才不致陷於「兩大之間難為小」、「兩婆之間難為媳」的困境。固然行政中立的具體標準不易訂定與量化，在實際上卻必須堅持，始克有成。

五、具體作法

前曾述及行政中立是由國外輸入，是先有理念，覺得行政中立重要，才漸次有各種作為出現，行政中立的組織文化因此逐漸成形，最後始建構行政中立法制，要求全體公務人員執行，其發展軌跡不言已喻。就公務人員行政中立法及相關法規所規定的行政中立事項內容觀之，顯然是以依法為前提，以公平、消極與不作為為核心，再輔以保障公務人員權益之規定。此一情形，與其他職掌事項明顯有別。在其他公務人員職掌事項，多數要求公務人員勇於任事；但在行政中立方面，卻反其道而行，以消極不為的作法為大宗，所謂「多做多錯，少做少錯，不做不錯」，在此確有其適用性。

綜上論之，行政中立可謂是「政府機關的公務人員依法且公正執行職務，不涉入政黨或政治活動，並以同一標準服務社會大眾，不因政黨屬性或個人價值等因素，而改變其態度與作法。」固然行政中立偏向消極面，理論上容易做到，實際上卻不然。因為行政中立所面對的民選首長、政務人員與民意代表等人，是權力擁有者，往往有擴大權力的傾向，甚至到濫用權力的地步。儘管行政中立如此脆弱，卻十分重要。為促進政黨良性競爭，確保社會多元發展，維持行政健全運作、維護公務人員權益計，吾人自應堅守行政中立規定，落實行政中立的各項具體作法。那才是國家之幸！人民之福！[23]

肆、行政中立的理論基礎

行政中立是近年來政府部門與社會大眾關注的焦點之一，特別是愈接近選舉，政府部門與國會議員就愈強調，新聞媒體與社會大眾也更重視。深怕因行政不中立，淪落為不公平的選舉，甚且改變選舉結果。隨著民主政治的發展，定期選舉與政黨輪替既已成為常態，行政中立當然也愈趨重要。

行政中立既然漸趨重要，其植基的理論基礎為何？即值得探究。大致言之，行政中立的理論基礎主要有下述四端：

一、行政能與政治分立，而且必須分立

行政中立的首要基礎，是行政能與政治分立，而且必須分立。本來政府是一體的，不僅在政府機關內部上下左右必須維持和諧一致，在時間前後亦應維持連貫順暢。欲維持「政府一體」，則有賴首長的領導與統合，不論其階級高低與職務性質，皆統一在首長的領導之下，理論上行政是完全涵括在政治範圍之內，政治與行政是難以截然區分的。不過在1887年威爾遜（Woodrow Wilson）發表「行政的研究」一文，謂：國家高層的統治行為叫做政治，中低階層的治理行為叫做行政；以及在1900年古德諾（Frank Goodnow）提出「政治是國家意志的表現，行政是國家意志的執行」之概念後，行政學即獨立出來，與政治學分途發展，也讓政治與行政有較清晰的輪廓與區隔。雖然也有學者認為近年來社會政治發展的結果，已使政治與行政增進相融關係，兩者的區別或分離益形困難。[24]行政不能不注意到政治的因素，政治亦不能不顧行政的事實，二者必須密切聯繫，相互配合。[25]不過大致言之，政治的範圍較廣，層級較高，偏於領導與政策決定及溝通；行政的分類較多，層級較低，偏於協調、管理、執行事項。行政既與政治有別，兩者即能分立。

　　近代民主國家在人才選拔方面，除定期改選外，大致均援引英國的政務官制度，藉以協助民選首長推動政務，並隨著政黨更迭執政或政策進退而決定政務官的去留。政務官的進用方式，與常任文官依考試進用，且受永業保障者明顯不同；而所負職責偏於政策面，與常任文官僅負執行之責，亦有不同。職是，可謂政治屬於民選公職人員與政務官，行政則屬於常任文官。不論那一政黨執政，常任文官在民選首長與政務人員領導之下，均應忠實執行政策；不論面對那一政黨，他都應維持中立地位，始能確保國家統治機器的持續運轉。此故，常任文官必須維持中立，也應儘量保持中立。

二、個人價值應該儘量理性中立

　　行政中立的次要基礎，是個人價值應該儘量理性中立。人是有血有肉有思想的社會動物，每個人都有其獨特的生命與個性，加上所處的時空環境背景不同，以其自己為核心的主觀認知與人際交往脈絡於是出現。既無法排除感情的因素與主觀的立場，欲求價值中立與理性，顯然違反基本人性，也不易做到。不過德國社會學家韋伯（Max Weber）首先提出價值中立的概念，[26]第二次世界大戰後，美國行為主義（Behavioralism）學派特別強調要將事實（actuality）問題與價值（value）問題區分，也就是「是」（is）的問題與「應該」（ought）的問題要加以區別。所謂價值自由（value - free）或價值中立（value - neutral）就是指把這兩種問題分開，在研究上不表示個人價值意見，也就是與研究自然科學一樣，秉持理性、公正、客觀、中立的精神，不受個人價值觀念的影響之意。[27]於是追求價值中立的社會科學研究，一時蔚為風氣。

　　公務人員是政策的執行者，而非決定者，對事而非對人。理論上應該忠實的執行政策、絕對的依法行政，不宜將個人的情感因素或意識型態置入職務行使之中，也不涉入政黨的政策辯論或爭論，

做到價值中立。不過在實際上，因個人主觀因素等各種干擾或限制，卻無法百分之百做到，只能要求儘量的理性中立。正因為價值中立是可欲的、值得追求的目標，植基於其上的行政中立，也才有實踐的可行性。

三、常任文官具有國家僱員的身分

行政中立的第三個基礎，是常任文官具有「國家的僱員」身分，與國家存在「特別權力關係」或「公法上職務關係」。大致言之，行政中立規範的對象主要就是狹義的公務人員，也就是以執行公權力為主的常任文官；其他未具公權力，或公權力較低的廣義公務員，如公立各級學校聘任教師、公營事業人員、各級機關的聘僱人員等，則視其職務性質而有準用的空間。但一般社會大眾，除非涉及行政事務、行政資源、行政場所，否則均不必遵守行政中立規定。

何以公務人員必須受到行政中立的約束與限制，一般社會大眾卻不必受到限制呢？這主要是因公務人員的身分不同所致。大體言之，一般社會大眾基於「一般統治關係」，僅具有「國家的人民」身分；但公務人員除具有「國家的人民」身分外，尚基於「特別權力關係」或「公法上職務關係」，另外具有「國家的僱員」身分。公務人員必須受到行政中立的限制與約束，正是因為彼等具有「國家的僱員」身分之故。

人民是國家的構成要素之一，沒有人民，國家就不存在。基於「一般統治關係」，公務人員與所有人民一樣都是國家的人民，並無特殊之處。國家基於主權行使而實施概括統治，在法定範圍內，人民必須服從國家之支配，公務人員也以一般人民的身分盡其義務、享其權利，並無特別優待或限制之處。在某一方面，國家以民

主與法治爲手段，消極的保護人民生命與安全，積極的增進人民權益與福祉；另一方面，人民是國家的主人，以選舉及罷免方式決定國家重要人事，包括民選政府首長與民意代表，以公民投票方式，保留國家重要政策的決定權。就此而言，公務人員是「國家的人民」當中的一部分，人民既無遵守行政中立的義務，公務人員亦理該如此。

不過，公務人員因職業屬性與僱主的關係，成爲特殊的人民，因而與一般人民有所區隔。這也就是說，公務人員是以人民做爲基礎，在具備特定資格，並經國家特別選任後，始能成爲「國家的僱員」，從而直接或間接代表國家行使公權力。基於「特別權力關係」或「公法上職務關係」，國家可以制定法律或訂定行政命令，給予公務人員特別的權利或課予特別的義務，相較於一般人民，公務人員對於國家顯然負有更多的義務與責任。行政中立即是公務人員應該遵守的特別義務之一，而一般人民則無遵守行政中立的義務。

四、兼顧人民參政權與國家統治權的平衡

行政中立的第四個基礎，是兼顧人民參政權與國家統治權的平衡。按說憲法對於人民參與政治活動的權利，僅有原則性的規定與保障，法律據以延伸的運作規定，在不違背憲政精神的原則下，是可以酌加限制的。易言之，如無特別排除規定，憲法賦予人民參與的政治權利是完整的、百分之百的，一般人民所擁有的政治權利原則上是不打折扣的。不過任何公務人員都是國家統治機器的一部分，其本身就是國家統治機器的一個環節，基於統治權的必要，也避免兼具治者與被治者角色分際的衝突，民主先進國家均未給予公務人員完整的政治權利。如統治權與參政權可能有所衝突或牴觸之際，則允許對公務人員的政治權利適度的加以限制，讓公務人員以

一般人民身分所取得的參政權，與代表國家行使的公權力之間，取得適度的平衡，這便是行政中立之所由生。[28]

要之，行政中立的由來，在實務上有其特定的時空背景，在理論上也有其不朽的立論基礎。如果沒有行政與政治能分立且應分立、個人價值應該儘量理性中立、公務人員與一般人民的不同身分、兼顧人民參政權與國家統治權的平衡等四個基礎，行政中立將無由立基出現。吾人也深信：只有在瞭解行政中立的理論基礎後，始有助於對行政中立全面的掌握以及落實行政中立的推動。

伍、行政中立理念的建構

一、前　言

行政中立（administrative neutrality），一個似是陌生、又很熟悉，好像很遙遠，卻近在身旁的課題，近年來已受到輿論媒體廣泛之報導，也得到政府機關公務人員高度的重視。隨著民主政治的成熟以及每年或間年都有選舉的情況，行政中立的熱度，勢必愈來愈高。我們怎能不去注意呢？

為建構行政中立理念，藉以作為探討行政中立法制的基礎，爰分別就行政中立意義的界定、事物的源起、性質的探尋、內涵的確立、目的的設定等項探討之。

二、意義的界定

「行政中立」的意義為何？論者固然提出不少定義，但眾說紛紜，且不乏爭議。由於我國公務人員行政中立法並未對行政中立加

以規定，故行政中立一詞並無法律定義，只是學術名詞而已；[29]且缺乏操作性定義及對現況的因應。[30]因此行政中立經常與文官中立、政治中立等詞混淆不分，不過一般仍以行政中立之用法最為普遍，並廣為眾人接受。

所謂行政中立，學者看法不盡相同，不過，小異中亦有共通之處。大致言之，在適用對象上，是指以具永業性質的公務人員為限；在面對客體上，雖廣及社會大眾每一個人，但主要指政黨相關人員；在指涉事項上，包括與職務及身分相關的行為，特別著重在競選活動期間；在規範標準上，必須以同一標準尺度為之，且在限制公務人員參與政治活動的同時，也必須兼顧公務人員的參政權利；在具體作法上，主要偏向抽象的、消極的不作為義務。

易言之，學者專家對於行政中立的看法，雖然不盡一致，不過歸納其核心意義，卻也有諸多雷同之處。彼等所指均以常任文官為主，面對社會各界，特別是政黨，均以公正的、同一的態度去執行職務，沒有任何偏袒或厭惡。析而論之，行政中立可分從下列五個角度探討其意義：

（一）適用對象

行政中立的適用對象，也就是規範範圍，僅以具永業性質的常任文官為限，即依公務人員任用法與派用人員派用條例及其他特種人事法律規定任用的最狹義、最核心公務人員，並不包括民選公職人員、政務人員、公立學校教師及其他公營事業人員在內。這類人員除在行政機關任職者外，也包括在立法機關或公立學校等機關（構）任職的狹義公務人員。由於他們是輔佐民選首長與政務人員推動國家行政業務的主力，握有職務範圍內的資源與權力，也享有永業任職的保障，理論上既應該，事實上也必須維持行政中立，所

以行政中立法制適用對象乃以此為主。至於其他人員如有規範之必
要者，如約聘、約僱人員，則以準用方式行之。

（二）面對客體

　　行政中立的面向，表面上雖是整個社會大眾，對任何人皆應一
視同仁，採同一標準服務，但實際上則聚焦於政黨，即掌握政治權
力，彼此相互競爭的政黨雙方，包括執政黨與在野黨的民意代表、
政務人員及黨職人員。由於朝野政黨競爭激烈，他們在擴張版圖、
擴大影響力的過程中，難免會動到運用常任文官的念頭，特別是執
政黨，總在有意或無意之間，透過政務人員的指揮監督權，要求常
任文官偏袒自己。行政中立的脆弱，正在於其所面對的客體是強勢
的、不易討好的政黨及政治人物。職是，各政黨能否充分尊重行政
中立的精神，實為行政中立能否落實的主要關鍵。

（三）指涉事項

　　行政中立的指涉範圍不限於與個人職務有關的事項，例如：機
關首長是否以同一標準，去准駁前來借用禮堂充當政見發表會的不
同政黨候選人；也包括與全體公務人員身分有關的事項，例如：任
何公務人員均不得利用上班時間參與政黨活動。其指涉程度則有涉
及違法或僅屬不當之別，前者如違反公職人員選舉罷免法第71條
「不得為罷免案提議人」之規定，顯已違法；後者如政務人員動用
行政資源為執政黨候選人助選之情事，因目前法律並無禁止規定，
故僅為不當。至於指涉期間雖涵蓋整個公務人員任職期間，但主要
仍以各種選舉投票之前的競選期間，最受世人矚目。

（四）規範標準

對於公務人員行政中立的要求，既是約束，也是保障，既是國家基於「公法上職務關係」而對公務人員的特別要求，也不能忽略國家站在「國民主權原理」而以憲法賦予每一公民的參政權利，兩者必須求取適當的平衡與妥協，才能免於偏頗之弊。就實際執行情形言之，公務人員應以同一標準與尺度去面對不同政黨，不能有任何差別待遇，才不致陷於「兩大之間難為小」、「兩婆之間難為媳」的困境。固然行政中立的規範標準不易訂定與量化，在實際上卻必須堅持，始克有成。

（五）具體作法

行政中立是由國外輸入，先有理念，覺得行政中立很重要，才漸次有各種作為出現，行政中立的組織文化因此逐漸成形，接下來要求建立中立法制，其發展軌跡不言已喻。就行政中立事項內容觀之，顯然是以依法為前提，以公平、消極與不作為為核心，再輔以保障公務人員權益之規定。對於其他許多職掌事項，公務人員理應勇於任事，但在行政中立方面，公務人員卻以消極不為的作法為大宗，所謂「多做多錯，少做少錯，不做不錯」，在此確有其適用性。

綜上論之，行政中立的定義，可以說就是：政府機關的公務人員依法且公正執行職務，不涉入政黨或政治活動，並以同一標準服務社會大眾，不因政黨屬性或個人價值等因素，而改變其態度與作法。

三、事物的源起

中者，正也，不偏不倚之謂；立者，站也，位置所在之謂。顧

名思義，中立即面對立場不同、針鋒相對的兩方，居於中間，不偏袒或厭惡任何一方，以同一態度公平對待雙方之謂。國人一向喜用「中」字，也特別鍾愛中庸之道，故先民居住之所在，稱為中原、中州、中土，現在海峽兩岸均以中華開頭。在歷史傳統中，「中庸」、「中和」、「中道」等用詞隨處可見，倒是「中立」一詞幾乎不見。顯然可知，中立不是我國傳統的產物。

中立的概念首先由德國社會學家韋伯（Max Weber）提出。[31]第二次世界大戰之後，美國行為主義（Behavioralism）學派主張事實問題與價值問題應該加以區分，並強調研究人員應該價值中立，不啻奠定各國日後建立行政中立制度的理論基礎。1970年代興起的新公共行政（New Public Administration）學派，雖然反對價值中立觀，卻強調社會公正的重要性，主張行政人員應忠於服務對象與計畫。於是一套以建立常任文官依法忠實執行政策，公平對待每一政黨及個人，以及充分保障常任文官的行政中立制度，乃逐漸成形。

世界上最早有行政中立觀念與作為的國家，首推英國。該國的行政中立制度，最早可以上溯自1853年去除政黨贍恩徇私或政治分贓的文官制度改革運動；惟以1910年樞密院令禁止公務人員公開參加政治紛爭為濫觴，並以1953年財政部命令為主軸。該命令將公務人員區分為政治自由類、中間類及政治限制類等三類，詳細規範公務人員參與政治活動的範圍，其中包括中上級科員以上職務的政治限制類公務人員，不得從事全國性政治活動，但對於地方性政治活動，經過核准後仍得參加。[32]

我國行政中立之受重視，始自民國81年12月，考試院面對當時激烈競爭的第二屆立法委員競選活動，公開呼籲朝野政黨共同尊重文官中立的精神。其後於82年4月，考試院院長邱創煥在就任記者會上宣布，建立行政中立法制為其任內首要工作。銓敘部隨即於同年

10月以「如何建立行政中立法制案」為中心議題，提報全國人事主管會報研討，並組成「公務人員行政中立法草案專案小組」，積極研擬草案條文，經於83年11月定稿陳報考試院審議，考試院隨即於同年12月函請立法院審議。該院法制委員會於85年11月完成審查，並將法案名稱修正為「政治中立法草案」，可惜朝野委員之間仍有不同看法，始終未能經院會三讀通過。考試院復於92年9月、94年10月、97年12月三度函送立法院審議，終於在98年5月完成三讀，並於同年6月咨請總統公布；考試院也在98年11月訂定發布公務人員行政中立法施行細則。我國公務人員行政中立法制，於焉建立。

　　由上所述，可知行政中立在理論上乃源自價值中立的概念，在實務上則以英國最早付諸施行。我國相關政府部門歷經十多年努力，公務人員行政中立法才能誕生，而行政機關的行政中立文化也能逐漸的形塑與落實，可謂極其不易，值得珍惜。

四、性質的探尋

　　性質者，事物本來的質地。事物的質地大致是長久不變的，不過仍可能因主客觀因素的巨大改變而變更，也可能因觀察角度與層次之不同，而有不同的認知。行政中立的層面從最小的個人出發，廣及整個社會與國家，每個層面關切的角度與重點各有不同。誠如蘇東坡所言：「橫看成嶺側成峰，遠近高低各不同；不識廬山真面目，只緣身在此山中。」若就個人言之，行政中立是一種價值理念；就社會言之，行政中立是一種文化風氣；就國家言之，行政中立則是一種法律規範；角度既異，對性質的看法也有不同。謹分述如下：

（一）行政中立是一種價值理念

就個人角度來說，行政中立是個人認知系統的一部分，是一種價值系統的判斷與選擇。行政中立原本來自學者對中立價值的肯定，以及解決政黨分贓帶來民主倒退困境的省思，在尚無法律規範及未普遍形成社會共識之前，行政中立是以價值理念的型態存在。作為一種價值理念，行政中立並沒有拘束力，只能說是個人的態度認知與道德情操，如果個人願意自我約束，並將認知化為具體行動，才有效力可言。不過「有權者必濫權」，有權力者通常都有擴大使用權力的傾向，其權力也不願被拘束限制。我國歷史上一向主張「德治」，極力追求「聖君賢相」、「才德兼備的賢能之士」，希冀有才能者能克制私慾，竭盡所能為大眾謀幸福，但通常是事與願違，政治清明承平時期短，而混亂不振時期長。由此可見作為個人的一種價值理念，行政中立只是道德良心的一部分，實在是脆弱的、不易生存的。

（二）行政中立是一種文化風氣

就社會角度來說，行政中立是社會文化風氣的一部分，是全民的普遍共識，約定成俗，接近倫理道德的意義。這種權威並無法律做為後盾，不過卻有輿論在背後督促，一旦建立，任何人都不容挑戰，否則必然引起公憤與指責。行政中立想要生根，甚至成長茁壯，不能只靠少數一二人的理念堅持，也無法憑藉法律加以威嚇，建立表象，而是要內化進入每一個人的心中，普遍形成社會大眾的共識，大家願意主動遵守，始能有成。因此行政中立這個層次的意義是最重要的，行政中立的生長性也顯而易見。

（三）行政中立是一種法律規範

就國家角度來說，行政中立是法律規範的一部分，做為法律規

範，旨在建立全國人民共同遵守的標準，也確保最低程度的履行。行政中立的法律規範就是要強制約束公務人員，避免民選首長與政務人員濫用行政資源，因而導致不公平的政黨競爭。誠如威爾遜（W. Wilson）所言：權力本身並沒有危險性，只有當政治權力不對人民負責或不能控制時，才會有危險。[33]因此，陳義不必太高，但必須確實可行。所制定的法律或訂定的行政命令從「零」開始，由少而多，最後建立以「公務人員行政中立法」爲骨幹的行政中立制度。大體言之，行政中立規範的本身較爲抽象，偏向消極，強調公平，具有強制力量，不容任何人挑戰。國家之所以要制定法律規範，表示因應時代變遷，已到刻不容緩的地步。我國相關政府部門在歷經十多年的努力後，終於制定公務人員行政中立法，並據以執行；可知建構一種法律規範，必須要以社會大眾的共識爲基礎，始能有成。

要言之，行政中立三個層次的性質是不同的，各有偏重的。以價值理念爲起始，原只有少數人的認知與執著，然後因應環境需要，透過法律規範的強制力，要求全民建立最低程度的共同標準，最後透過各種教育與訓練方式，深入每個人的內心，也塑造社會全面的共識。行政中立的性質由內而外彰顯出來，行政中立的執行成效也會得到更多的肯定。

五、內涵的確立

行政中立的理念已普遍爲先進國家所接受，以美、英、日等國實施經驗觀之，行政中立的內涵大致包括：1.界定公務人員之責任、角色與立場；2.保障公務人員的工作權；3.限制公務人員參加政黨活動；4.限制公務人員參與競選或選舉活動[34]；以及5.限制公務人員政治活動範圍或對象。

　　就公務人員行政中立法規定內容觀之，其內涵不外：1.以依法行政、公正執法及酌予限制政治活動作爲基本要求；2.以常任文官爲主要適用對象；3.依憲法規定之基準，適度限制公務人員從事政治活動；4.採規範限制與保障救濟兼顧並行；5.公務人員違反行政中立應負行政責任。

　　由上所述，可知行政中立的主要內涵，如不談相關的公務人員責任與保障等事項，純就行政中立實體事項言之，大致可歸納爲依法行政、公平對待與適度限制參加政治活動三者。茲分述如下：

（一）依法行政

　　所謂「依法行政」，就是公務人員依據法律執行公務之意。除形式上須以法律爲依據及踐行法定程序外，尚須受實質法律的支配，包括行政規章命令、法之一般原理、公益及行政目的等，亦應遵守正當法律程序，方能實踐程序正義與實質正義。就實務言之，依法行政包括事前依據法令規定，事中按照法定程序、事後提供救濟管道等三原則。依法行政本是民主法治國家的常態，但在威權統治國家，人治色彩濃厚，領導者經常干預部屬，依法行政往往成爲空話或侈談。就當前情形論之，依法行政既是公務人員執行職務的最高衡量準據，也是公務人員最起碼的民主素養與中立表現，只有依法才有中立可言。惟究應如何行政，才是「中立」？「中立」的準則如何？當然只有以法規定，依法爲之，本於法律，才能堅守原則與立場，而不致隨著政黨的拉鋸進退而搖擺不定，依法行政也就理所當然的成爲行政中立的首要內涵。

（二）公平對待

　　公務人員本於職權，掌握行政資源，直接或間接代表國家執行

公權力，由於立法機關政策制定能力減弱，政治任用的職務數目有限且任期不長，以及科層體制自我條件成熟等因素，行政職能日漸擴張，常任文官愈形重要。如果公務人員面對競爭激烈的不同政黨，不能以同一標準公平對待而有所偏愛或偏惡時，勢必對政黨造成有利或不利的影響。一旦偏惡的政黨取得執政權，亦將對不同立場的所屬公務人員採取報復或迫害手段，行政的不穩定現象將因而出現。因此，公務人員執行職務時，必須本於中立原則，公平、公正對待每一政黨及候選人，公平對待也因此成為行政中立的次要內涵。

（三）適度限制參加政治活動

參政權是憲法賦予每一公民的基本權利，只要法律許可的政治活動，公務人員亦如同一般公民不受限制，然而因為公務人員身分與職務的特殊性，在公法上職務關係理論的基礎之上，自可以特別法酌加限制。此一特別限制，如不影響其基本的政治權利，是被憲法所許可的。為維持行政運作的穩定，避免捲入政黨競爭之中，適度限制公務人員參與政治活動，自有必要。職是，適度限制公務人員參與政治活動，也就成為行政中立的最重要內涵之一。

綜上述之，行政中立的主要內涵看似紛雜，其實歸納起來不外依法行政、公平對待與適度限制參加政治活動三者。至於實際的規定則係此三個內涵的細部規定，自不待言。

六、目的的設定

所謂目的，是指個人主觀期欲達到的企圖；與社會普遍認為可以達成的「功能」略有不同，不過一般均混加使用而未區分。吳定教授認為文官行政中立的目的，在避免公務人員發生介入政爭、黨

政掛勾、利益輸送、以私害公等情事，進而保障事務官的永業性、國家政局的穩定性及政策執行的連貫性，[35]不無見地。大致言之，行政中立具有政治、行政、社會、個人等四方面的目的。茲分述如次：

（一）促進政黨的良性競爭

就政治面言之，行政中立的最大意義在「一碼歸一碼」、「路歸路、橋歸橋」、「上帝的歸上帝、凱撒的歸凱撒」；藉由行政中立與不涉入政治運作，反向告訴政治人物不要破壞行政中立，期能力擋各方政治力染指行政事項，特別是避免執政黨伸手進入行政領域，造成政黨之間的不公平競爭。易言之，行政中立在政治上的目的，就是營造公平的競爭環境，促進政黨的良性競爭。

（二）維持行政的健全運作

行政中立的本體是行政，旨在追求中立，包括行政人員、行政事務、行政場所與行政資源的中立等。行政如果不中立，向執政黨傾斜，資源勢將被扭曲與濫用，選舉時動員公務人員助選或造勢，行政運作就會受到影響，甚至出現所謂「選舉假期」。故就行政面言之，其目的乃在避免選舉期間法律假期的出現，確保機關業務的順利推展，維持行政體系的健全運作。

（三）維護人員的切身權益

公務人員不可能大富大貴、飛黃騰達，而是依年資與考績逐級晉升，一切按部就班，循序漸進。如果遵守，這一切是可以預期的，因為行政中立係賦予公務人員免除政治力干擾之法定的防禦權或安全瓣。不過如果不中立，在選舉期間選邊站，或政黨標籤明

顯，涉入選舉期間的惡鬥或政黨的漩渦中，縱然押對寶，不見得會被不次拔擢，但如押錯寶，鐵定慘遭秋後算帳，或坐冷板凳，或發配邊疆，或降調職務。所以就公務人員個人而言，行政中立可以消極的確保公務人員個人的相關權益。

（四）確保社會的多元發展

行政中立既然期望政治與行政分立，讓政治的歸政治，行政的歸行政，政治依循民主軌道前進，行政朝專業方向邁進，兩者相關但不互相干預。社會的多元意見在公平的環境下都有表達的機會，自能確保社會的多元發展。再者，避免執政黨濫用國家公器與行政資源，不但可以增進人民對政治的信心，也能提升人民對國家的信任。這就是行政中立在社會面的目的。

要之，行政中立的要求雖然偏向消極事項居多，不做或少做是對的，多做反而可能惹來麻煩、平添困擾。不過藉由公務人員的潔身自愛與中立要求，不沾政治，在面向政治、行政、個人與社會層面時，便可以促進政黨的良性競爭，維持行政的健全運作，維護人員的切身權益，確保社會的多元發展。

七、結　語

行政中立之於我國，首先經由學術闡釋與教育訓練，讓行政中立的本質與輪廓，愈來愈清晰可見，也愈來愈深入人心；行政中立的價值與功能，也愈來愈被肯定與接受。在歷經十多年的努力之後，公務人員行政中立法終於在民國98年6月制定公布施行；各政府機關嗣後推動行政中立工作，總算取得法律依據，得以大力的、更有效的執行。

　　逝者如斯，往者已矣！吾人深切期盼：在建構公務人員行政中立法制後，全體公務人員能身體力行，將法律規定內化成為理念價值的一部分，奉行不渝；而政治人物也能充分體認民主與法治的價值，不要破壞行政中立，染指行政資源，則國家甚幸！社會甚幸！人民甚幸！且讓我們共同為國家的未來祈禱。

陸、行政中立的主要概念

　　行政中立的源起、性質、意義、理論基礎業已敘明如上，為期能在最短的時間內對於行政中立有扼要的瞭解，爰就行政中立的主要概念，分就下列各項說明如下：

一、行政中立的數字觀

　　（一）一條紅線：劃出公務人員不可參與政治活動的界線，是一條法律的線。各國紅線劃的寬嚴不一；界內可做，界外不可做，違反者則受懲處。

　　（二）兩種期間：不特別區分平時與選舉期間。平時規範較少，主要規範參加政黨或政治團體之活動；選舉期間規範較多，主要規範競選與政治活動。社會大眾及媒體輿論重點通常置於選舉期間。

　　（三）兩種作為：主要規範消極不作為事項，即「不得」為之；但也有少部分規範積極作為事項，即「應」或「得」為之。

　　（四）三個面向：包括人員、場所與資源。其中人員包括適用人員與準用人員；此外，首長或主管人員、長官亦有部分適用。場

所指機關辦公所在，原則上政黨及競選標誌不可進入辦公場所。資源指本於職權，可以動用的有形與無形的利益，例如經費使用、事務准駁等。

（五）三重限制：包括上班限制、職務限制與身分限制；所謂上班限制，是指在上班或勤務時間不得爲之的事項，但非上班或勤務時間即可去做；所謂職務限制，是指不可利用職務上的權力、機會或方法去做的事情；所謂身分限制，是指只要具有公務人員的身分，均不得爲之的事項；目前行政中立限制多數規定屬身分限制，故上下班、放假、請假期間，乃至於休職、停職、留職停薪期間都要受限制。

（六）四不原則：係指不利用上班時間，不利用公家資源，不利用職務關係，不應該公然爲之。

二、行政中立的規範事項

（一）消極不作爲事項：均屬「不得」的、強制的具體要求，包括：

1.不得對任何團體或個人予以差別待遇。

2.不得兼任政黨或其他政治團體之職務。

3.不得利用職務上之權力、機會或方法介入黨派紛爭。

4.不得兼任公職候選人競選辦事處之職務。

5.不得利用職務上之權力、機會或方法，使他人加入或不加入政

黨或其他政治團體；亦不得要求他人參加或不參加政黨或其他政治團體有關之選舉活動。

6.除執行職務之必要行為外，不得於上班或勤務時間，從事政黨或其他政治團體之活動。

7.不得利用職務上之權力、機會或方法，為政黨、其他政治團體或擬參選人要求，期約或收受金錢、物品或其他利益之捐助；亦不得阻止或妨礙他人為特定政黨、其他政治團體或擬參選人依法募款之活動。

8.不得為支持或反對特定之政黨、其他政治團體或公職候選人從事下列活動：

（1）動用行政資源編印製、散發、張貼文書、圖畫、其他宣傳品或辦理相關活動。

（2）在辦公場所懸掛、張貼、穿戴或標示特定政黨、其他政治團體或公職候選人之旗幟、徽章或服飾。

（3）主持集會，發起遊行或領導連署活動。

（4）在大眾傳播媒體具銜或具名廣告。但公職候選人之配偶及二親等以內血親、姻親只具名不具銜，如不涉及其職務有關事項者，不在此限。

（5）對職務相關人員或其職務對象表達指示。

（6）公開為公職候選人站台、助講、遊行或拜票。但公職候選人之配偶及二親等以內血親、姻親，如未涉及其職務有關事項者，

不在此限。

9.不得利用職務上之權力、機會或方法，對於公職人員之選舉、罷免或公民投票，要求他人不行使投票權或為一定之行使。

10.公務人員登記為公職候選人者，自候選人名單公告之日起至投票日止之事假、休假申請，長官不得拒絕。

11.公務人員於職務上掌管之行政資源，受理或不受理政黨、其他政治團體或公職候選人依法申請之事項，不得有差別待遇。

12.長官不得要求公務人員從事本法禁止之行為。

13.公務人員依法享有之權益，不得因拒絕從事本法禁止之行為而遭受不公平對待或不利處分。

（二）積極作為事項

1.屬於「應」的抽象訓示規定及具體要求部分：

（1）應嚴守行政中立，依據法令執行職務，忠實推行政府政策，服務人民。

（2）應依法公正執行職務。

（3）公務人員登記為公職候選人者，自候選人名單公告之日起至投票日止，應依規定請事假或休假。

（4）公務人員於職務上掌管之行政資源，受理或不受理政黨、其他政治團體或公職候選人依法申請之事項，其裁量應秉持公平、

公正之立場處理。

（5）各機關首長或主管人員於選舉委員會發布選舉公告日起至投票日止之選舉期間，應禁止政黨、公職候選人或其支持者之造訪活動；並應於辦公、活動場所之各出入口明顯處所張貼禁止競選活動之告示。

（6）公務人員違反本法，應按情節輕重，依公務員懲戒法、公務人員考績法或其他相關法規予以懲戒或懲處；其涉及其他法律責任者，依有關法律處理之。

2.屬於「得」的裁量作為部分：

（1）公務人員得加入政黨或其他政治團體。

（2）長官要求公務人員從事本法禁止之行為者，公務人員得檢具相關事證向該長官之上級長官提出報告，並由上級長官依法處理，未依法處理者，以失職論，公務人員並得向監察院檢舉。

（3）公務人員如因拒絕從事本法禁止之行為，而遭受不公平對待或不利處分時，得依公務人員保障法及其他有關法令之規定，請求救濟。

三、行政中立的限制層次

（一）上班限制

指在上班或勤務時間，不得作為事項；易言之，只要在下班、放假、請假時間，即可去做。

公務人員除依其業務性質，執行職務之必要行為外，不得於上班或勤務時間，從事政黨或其他政治團體之活動。

（二）職務限制

指與職務執行有關事項，基本上不可利用職務上之權力、機會或方法去做的事情，特別是指權力，包括組織體系中具有指揮、監督、考核權限的上下級關係，以及公務人員執行職務的對象。主要指：

1.公務人員應依法公正執行職務，不得對任何團體或個人予以差別待遇。

2.公務人員不得利用職務上之權力、機會或方法介入黨派紛爭。

3.公務人員不得利用職務上之權力、機會或方法，使他人加入或不加入政黨或其他政治團體；亦不得要求他人參加或不參加政黨或其他政治團體有關之選舉活動。

4.公務人員不得利用職務上之權力、機會或方法，為政黨、其他政治團體或其他擬參選人要求、期約或收受金錢、物品或其他利益之捐助；亦不得阻止或妨礙他人為特定政黨、其他政治團體或擬參選人依法募款之活動。

5.公務人員不得利用職務上之權力、機會或方法，對於公職人員之選舉、罷免或公民投票，要求他人不行使投票權或為一定之行使。

6.公務人員於職務上掌管之行政資源，受理或不受理政黨、其他

政治團體或公職候選人依法申請之事項，其裁量應秉持公正、公平之立場處理，不得有差別待遇。

7.長官不得要求公務人員從事本法禁止之行為。

（三）身分限制

指不論是否上、下班、放假、請假、留職停薪、停職、休職期間，只要具有公務人員身分，均不得作為之事項。包括：

1.公務人員不得兼任政黨或其他政治團體之職務；亦不得兼任公職候選人競選辦事處之職務。

2.公務人員不得為支持或反對特定之政黨、其他政治團體或公職候選人，從事下列活動：

（1）動用行政資源編印製、散發、張貼文書、圖畫、其他宣傳品或辦理相關活動。

（2）在辦公場所懸掛、張貼、穿戴或標示特定政黨、其他政治團體或公職候選人之旗幟、徽章或服飾。

（3）主持集會，發起遊行或領導連署活動。

（4）在大眾傳播媒體具銜或具名廣告。但公職候選人之配偶及二親等以內血親、姻親只具名不具銜，且不涉及與職務上有關事項者，不在此限。

（5）對職務相關人員或其職務對象表達指示。

（6）公開爲公職候選人站台、助講、遊行或拜票。但公職候選人之配偶及二親等以內血親、姻親，如不涉及其職務有關事項者，不在此限。

四、行政中立的規範面向

行政中立主要是適度限制公務人員參與政治活動，但除人員行爲外，對於辦公場所、行政資源亦有規範。是行政中立的主要規範面向包含人員、場所與資源三者。

（一）人員

在政府機關，民選公職人員、狹義政務人員原則上不適用，僅於少數特定事項適用；至於公務人員、準政務人員、聘用、僱用人員、技工工友、臨時人員均適（準）用之。

1.適用人員：以常任文官爲主；即法定機關依法任用、派用之有給專任人員及公立學校依法任用之職員。

2.準用人員：

（1）公立學校校長及兼任行政職務之教師。

（2）公立學校舊制職員及私校改制公校留用職員。

（3）公立社教機構專業人員及公立學術機構兼任行政職務之研究人員。

（4）各級行政機關軍職人員及教育行政主管機關軍訓單位或各級學校軍訓教官。

（5）各機關及公立學校依法聘用、僱用人員。

（6）公營事業負有決策責任人員。

（7）經正式任用為公務人員前之學習或訓練人員。

（8）行政法人有給專任人員。

（9）代表政府或公股出任私法人之董事及監察人。

（10）憲法或法律規定須超出黨派以外，依法獨立行使職權之政務人員；即一般所稱之準政務官。

3.部分適用人員：

（1）長官：對於公務人員登記為公職候選人者之請假，長官不得拒絕；長官亦不得要求公務人員從事本法禁止之行為。

（2）首長或主管人員：於選舉委員會發布選舉公告日起至投票日止之選舉期間，應禁止政黨、公職候選人或其支持者之造訪活動；並應於辦公、活動場所各出入口明顯處所張貼禁止競選活動之告示。

4.其他比照人員：各政府機關、公立學校技工、工友及其他臨時人員，雖未納入本法規定，但依工友管理規則等行政規則規定，仍應遵守行政中立規定。

（二）場所

1.不得在辦公場所懸掛、張貼、穿戴或標示特定政黨、其他政治

團體或公職候選人之旗幟、徽章或服飾。

　　2.於選舉委員會發布選舉公告日起至投票日止之選舉期間，應禁止政黨、公職候選人或其支持者之造訪活動；並應於辦公、活動場所各出入口明顯處所張貼禁止競選活動之告示。

（三）資源

　　1.不得動用行政資源編印製、散發、張貼文書、圖畫、其他宣傳品或辦理相關活動。

　　2.公務人員於職務上掌管之行政資源，受理或不受理政黨、其他政治團體或公職候選人依法申請之事項，其裁量應秉持公正、公平之立場處理，不得有差別待遇。

　　總之，行政中立雖屬抽象的概念，其規範不易掌握，不過透過上述扼要的說明，相信對於行政中立的概念，應已能有所掌握矣！

柒、行政中立的目的

　　「行政中立」在臺灣已不是新鮮話題，近年來，每每隨著公職人員選舉而浮出檯面，成為社會矚目的焦點，但選舉過後又回歸平靜，不再被關心，宛若金門與烈嶼之間，金門人經常戲稱「金門跨海大橋」的「浮橋」性質一般。不過每經一次選舉，就多一次體認行政中立的重要性。當社會大眾，特別是政府主管官員與立法委員等有權者普遍瞭解行政中立的意義與價值時，行政中立法制的重要性，即已特別突顯矣！

　　行政中立，指行政要秉持中立原則，不可有所偏袒或偏惡。大致可區分為行政與中立兩部分，行政主要指政府文官體系中的行政人員，中立是指對政黨政治運作採取中立的立場。[36]雖然學者專家對行政中立的看法不盡一致，不過大體上是指政府機關的公務人員依法且公正執行職務，不涉入政黨或政治活動，並以同一標準服務社會大眾，不因政黨屬性或個人價值等因素，而改變其態度與作法。規範對象為行政人員、行政事務、行政資源及行政場所；易言之，行政中立雖以公務人員為主，不過在牽涉行政職權及行政資源的分配使用時，也包括民選首長、政務人員、民意代表，甚或一般社會大眾在內。職是，公務人員固有遵守行政中立規範的絕對義務，不過任何人也都應養成尊重行政中立精神的基本認知。

　　雖然行政中立在理論上可否成立，在實務上是否可行，仍有爭議。有人認為行政中立來自於價值中立，但人人都有七情六慾，各有立場態度，價值觀不可能中立，行政就不可能中立。有人認為行政既然不能與政治完全切割，彼此互有滲透性與重疊性，況且政治在上位，又較為抽象，所以行政無法排除政治的影響，行政中立既不可能，也沒必要。也有人認為專業服從民主，是民主政治的基本原則，所以行政要絕對服從政治領導，完全對政治忠誠，故只要強調行政忠誠即可，不必侈談行政中立。這些都是較為負面的否定看法，雖有其立論基礎，但終究是少數意見，不能蔚為主流。

　　當前學術界與行政實務界普遍認為：政治與行政雖不能完全釐清，但兩者定位與重心明顯不同，故政治與行政分立是可欲的，也是可行的。政治主要遵循民主原則，行政則應遵循法治、專業與中立原則，兩者關係密切，但遵循原則有別。雖然完全中立的行政確實不易做到，但仍應勉力去做，行政中立的目的才能達成。（行政中立的體系建構，如圖1-1）

　　所謂目的，是指個人主觀期欲達到的企圖。與社會大眾認知的
「功能」略有不同，不過一般均混加使用而未區分。吳定教授認為
文官行政中立的目的，在避免公務人員發生介入政爭、黨政掛勾、
利益輸送、以私害公等情事，進而保障事務官的永業性、國家政局
的穩定性及政策執行的連貫性，[37]不無見地。如再加以引伸，行政中
立具有政治、行政、社會、個人等四方面的目的。茲分述如次：

一、政治的目的

　　在政治面，行政中立的最大意義，就是「路歸路、橋歸橋」、
「上帝的歸上帝、凱撒的歸凱撒」，藉由行政的中立與不涉入政治
運作，反向告訴政治人物不要破壞行政中立，力擋各方面的政治力
藉口染指行政事項，特別是避免執政黨將手伸進行政領域，造成政
黨之間的不公平競爭。易言之，行政中立在政治上的目的，就是營
造公平的競爭環境，促進政黨的良性競爭。

二、行政的目的

　　在行政面，行政中立的本體是行政，旨在追求中立，包括行政
人員、行政事務、行政場所與行政資源的中立等，行政如果不中
立，向執政黨傾斜，資源勢將被扭曲與濫用，選舉時動員公務人員
助選或造勢，行政運作就會受到影響，甚至出現所謂的「選舉假
期」。就行政面言之，其目的乃在避免選舉期間法律假期的出現，
確保機關業務的順利推展，維持行政體系的健全運作。

三、個人的目的

　　在人員面，公務人員的生活不可能大富大貴，飛黃騰達，而是
依功績表現，如工作績效、年資與考績等項，予以評價後逐級晉

升，一切按部就班，循序漸進，如果遵守行政中立，這一切是可以預期的，因為行政中立就是賦予公務人員免除政治力干擾之法定的防禦權或安全瓣[38]。如果不中立，在選舉期間選邊站，或政黨標籤明顯，涉入選舉期間的惡鬥或政黨的漩渦中，縱然押對寶，不見得會被不次拔擢；但如押錯寶，鐵定慘遭秋後算帳，或坐冷板凳，或發配邊疆，或降調職務。所以就公務人員個人而言，行政中立可以消極的確保公務人員個人的相關權益。

四、社會的目的

在社會面，行政中立既然期望政治與行政分立，讓政治的歸政治，行政的歸行政，政治依循民主軌道前進，行政朝專業方向邁進，兩者相關但不互相干預。社會的多元意見在公平的環境下都有表達的機會，自能確保社會的多元發展。再者，避免執政黨濫用國家公器與行政資源，不但可以增進人民對政治的信心，也能提升人民對國家的信任。

要之，行政中立的要求雖然偏向消極事項居多，不做或少做是對的，多做反而可能惹來麻煩、平添困擾。不過藉由公務人員的潔身自愛與中立要求，不沾政治，在面向政治、行政、個人與社會層面時，自然可以促進政黨良性競爭，維持行政健全運作，維護公務人員權益，確保社會多元發展。[39]

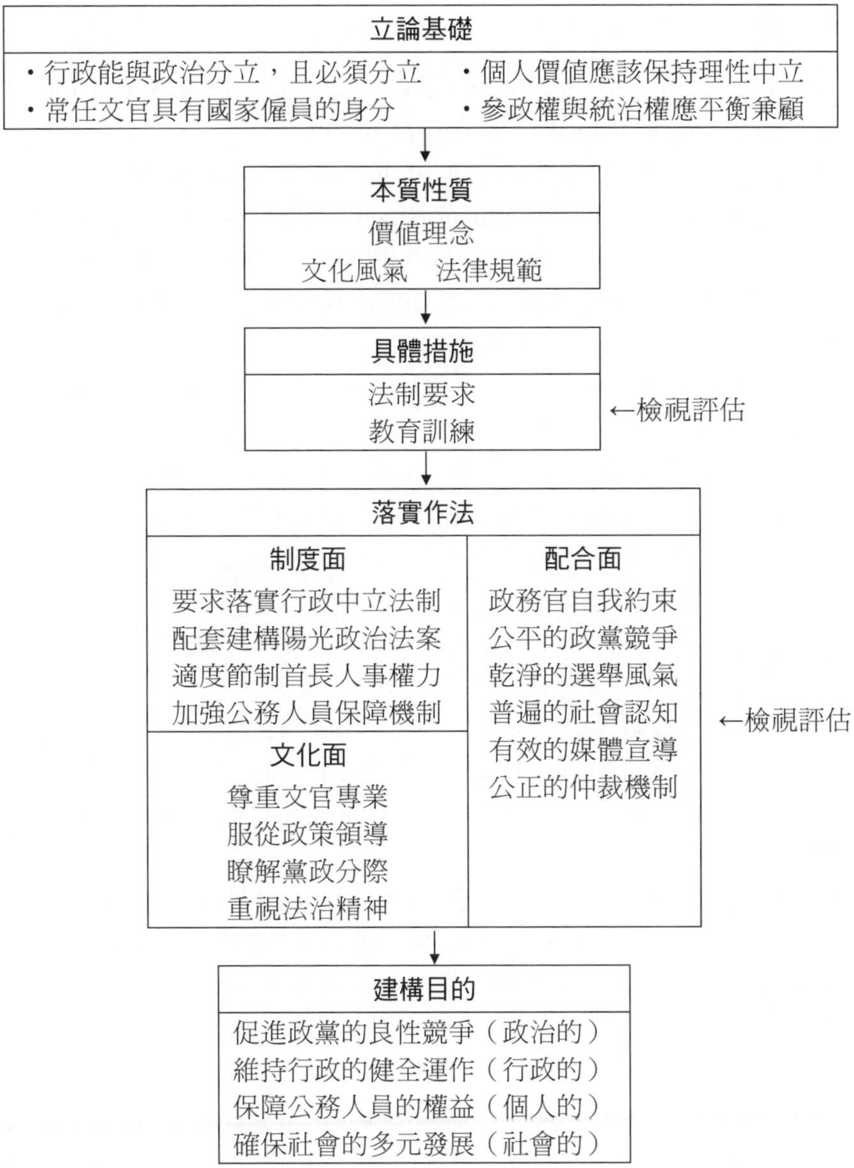

立論基礎

・行政能與政治分立，且必須分立　・個人價值應該保持理性中立
・常任文官具有國家僱員的身分　・參政權與統治權應平衡兼顧

本質性質

價值理念
文化風氣　法律規範

具體措施

法制要求
教育訓練　　　←檢視評估

落實作法

制度面	配合面
要求落實行政中立法制	政務官自我約束
配套建構陽光政治法案	公平的政黨競爭
適度節制首長人事權力	乾淨的選舉風氣
加強公務人員保障機制	普遍的社會認知
文化面	有效的媒體宣導
尊重文官專業	公正的仲裁機制
服從政策領導	
瞭解黨政分際	
重視法治精神	

←檢視評估

建構目的

促進政黨的良性競爭（政治的）
維持行政的健全運作（行政的）
保障公務人員的權益（個人的）
確保社會的多元發展（社會的）

圖1-1　行政中立的體系建構

註　釋

[1] Ajoy Bagchi, Civil Service Neutrality: Concept and Practice, National Academy of Administration, Journal 17, June 1972, p. 339.

[2] N. Rajagopalan, Political Neutrality of the Civil Service: A Perspective Study, The Indian Journal of Public Administration, Vol. 23, January, 1977, p. 59.

[3] 施能傑，美國政府人事管理（商鼎文化出版社，1999 年 4 月出版，臺北市），第 258 頁。許南雄，各國人事制度（商鼎文化出版社，2002 年 3 月第 5 版，臺北市），第 560 頁。

[4] Gavin Drewry & Tony Butcher, The Civil Service Today, Oxford: Basil Blackwell Ltd., 1988, p. 129.

[5] 陳鋕雄，日本公務員地位之中立，刊載：張金鑑先生八秩榮慶論文集（聯經出版公司，民國 71 年 11 月出版，臺北市），第 439 頁。許濱松，各國公務人員政治活動之研究，刊載：公務人員行政中立法專輯（銓敘部主編，民國 84 年 5 月出版，臺北市），第 159 頁。

[6] 劉昊洲，行政中立的源起與意義，刊載：考選周刊第 922 期（考選周刊社，民國 92 年 7 月 17 日出版，臺北市），第 3 版。

[7] 劉昊洲，論行政中立規範的特色，刊載：游於藝雙月刊第 43 期（公務人力發展中心，民國 93 年 1 月出版，臺北市），第 5 版。

[8] W. Wilson, The study of Administration, Political Science Quarterly, Vol.2, June, 1887, p. 197.

[9] 劉昊洲，論行政中立的性質，刊載：臺北商業技術學院校刊第 17 期（臺北商業技術學院，民國 92 年 9 月 30 日出版，臺北市），第 8 版。

[10] 桂宏誠，何謂行政中立，刊載：國家政策論壇月刊第 2 卷第 3 期（國家政策論壇月刊社，民國 91 年 3 月出刊，臺北市），第 1 頁。

[11] 蔡良文，行政中立與政治發展（五南圖書出版公司，民國 87 年 9 月初版 1 刷，臺北市），第 81 頁。

[12] R. B. Jain, Politicization of Bureaucracy: A Framework for Comparative Measurement, The Indian Journal of Public Administration, Vol. 20, October 1974, p. 797.

[13] 王作榮，談文官制度（上），刊載：考選周刊第 299 期（考選周刊社，民國 80 年 5 月 14 日出版，臺北市），第 2 版。

[14] 許濱松，英美公務員政治中立之研究——兼論我國公務員政治中立應有之作法，刊載：彭錦鵬主編，文官體制之比較研究（中央研究院歐美研究所，民國 85 年，臺北市），第 155 頁。

[15] 許南雄，行政學概論（商鼎文化出版社，2000 年 8 月增訂 4 版，臺北市），第 375 頁。

[16] 傅肅良，人事行政的守與變（三民書局，民國 79 年初版，臺北市），第 217 頁。

[17] 徐有守，公務人事制度的行政意義與政治意義，刊載：行政管理論文選輯第三輯（銓敘部主編，民國 77 年 12 月初版，臺北市），第 169 頁。

[18] 吳定，如何落實文官行政中立的理念，刊載：公務人員行政中立法專輯（銓敘部主編，民國 84 年 5 月初版，臺北市），第 61 頁。

[19] 吳定等人，行政學（二）（國立空中大學，民國 85 年元月初版，臺灣省臺北縣），第 407 頁。

[20] 同註 11，第 82 頁。

[21] 同註 10，第 2 頁。

[22] 林文益，公務人員行政中立之研究（國立政治大學公共行政研究所碩士論文，民 國 80 年 7 月），第 7 頁。

[23] 同註 6。

[24] S. W. Hays & R. C. Kearny, Public Personnel Administration: Problems & Prospects, N. J. Prentice-Hall, Inc., 1983, p. 12.

[25] 劉季洪等，雲五社會科學大辭典第七冊行政學（臺灣商務印書館，民國 59 年 12 月初版，臺北市），第 11 頁。

[26] 同註 1。

[27] 華力進，行為主義評介（經世書局，民國 69 年 6 月初版，臺北市），第 28 頁。

[28] 劉昊洲，論行政中立的理論基礎，刊載：游於藝雙月刊第 45 期（公務人力發展中心，民國 93 年 5 月出版，臺北市），第 8 版。

[29] 同註 10。

[30] 同註 11。

[31] 同註 1。

[32] 同註 4。

33　同註 8。

34　同註 19，第 409 頁。

35　同註 18，第 62 頁。

36　同註 1，第 385 頁

37　同註 18，第 62 頁。

38　關中，公務人員行政中立法制化的精神與意義，刊載：公務人員行政中立法專輯（銓敘部主編，民國 84 年 5 月初版，臺北市），第 23 頁。

39　劉昊洲，論行政中立的目的，刊載：考選周刊第 964 期（考選周刊社，民國 93 年 5 月 13 日出版，臺北市），第 3 版。

第二章
行政中立法制之探討

壹、公務人員行政中立法的立法背景

　　行政中立是行政與政治二者千絲萬縷、難以切割的主要介面之一，也是民主選舉制度下的重要浮橋之一。平時鮮少有人正視，一到選舉之際，便被拿出來大肆炒作一番，因而受到社會大眾高度的矚目，說是浮橋，實不爲過。

　　行政中立的課題，歐美民主先進國家早已有之，美國自1939年即制定赫奇政治活動法案（一般簡稱赫奇法案；「the Hatch Act」），專法限制聯邦常任公務人員參加某些政黨政治活動，並禁止政治首長引誘或強制來自公務人員的政黨支持。英國財政部於1953年發表白皮書，將公務人員分爲政治自由類、中間類及政治限制類，並規範其政治活動的範圍與限制。[1]日本則於1947年公布國家公務員法，一併規範限制公務人員的政治活動。我國原無行政中立法律規範，亦未在相關法律中予以規定，僅有主管機關的行政命令規定。惟早自民國82年即已展開法案研擬工作，且函送立法院討論與審查，只是未能完成三讀付諸施行而已。最後終於在民國98年5月完成立法程序，同年6月咨請總統公布施行，雖遲但已以專法規定

矣！

　　回顧過去立法之前，社會各界要求行政中立立法的呼聲始終未曾止歇，對於政府主管部門與國會議員均帶來相當的壓力。細究這些年來的國內政治情勢發展，不但可以知道此法的立法背景，更可進一步瞭解此法必須立法的必要性。一般言之，與行政中立立法密切相關的政治因素，也可說是行政中立的立法背景，不外下述四項：

一、威權體制解構

　　在革命民主憲政時期，我國處於威權體制之下；充其量只能說是「半吊子的民主」。民國76年我國解除戒嚴體制，80年動員戡亂時期終止，以及第一屆資深中央民意代表全面退職，黨國不分、以黨領政的威權體制解構；此後國家、政府與執政黨三位一體的情形才有區隔，這在我國民主發展史上可謂是非常重要的里程碑。中國國民黨由支配者的角色轉為競爭者，正是因為威權體制解構，我國政治與行政才能明確區分，政務官不再是事務官的延伸與晉升，事務官也只依專業與才能進用，不再有政治考量，行政中立乃有追求的可能。

二、政黨競爭激烈

　　我國在解嚴前後，在野的群眾力量大增，不只每次選舉所獲席次均有成長與進步，所發動的街頭社會運動亦聲勢懾人，例如民國79年的野百合學運，已嚴厲挑戰國民黨的執政優勢。正因為政黨政治雛形已具，朝野政黨之間的競爭日趨激烈，為使各政黨取得較公平的競爭地位，行政中立乃成為當年在野黨最重要的主張之一。

三、選舉風氣敗壞

長久以來國內選舉風氣不佳，每逢選舉總是「賄聲賄影」，頻頻傳出金錢與暴力介入的傳聞，加上有心人士的操弄與控制，選風愈見沉淪，距離「選賢與能」的目標似乎更為遙遠。為導正選風，避免公務人員捲入惡質的競選文化之中，故倡導行政中立，並推動行政中立的立法工作，自有其必要性。

四、資源遭致濫用

國家資源理應屬全國民眾共有共享，執政者雖有權依法加以分配，但仍應以大多數人的權益為重，並顧及公平正義及少數弱者。在執政過程中完全公平、公正、公開、透明，庶幾國家資源得到合宜的配置與運用。不過遺憾的是，長久以來國家資源幾乎被執政黨所壟斷，在執行過程中也有濫用的情形。為確保在執行過程中，國家資源不被執政黨扭曲與濫用，能夠維持起碼的公平起見，行政中立的立法顯屬必然。

總之，在客觀環境上，威權體制解構、政黨競爭激烈、選舉風氣敗壞與資源遭致濫用四者，可謂這十多年來行政中立立法最重要的立法背景因素，其中前兩者屬政治轉型因素，尤為關鍵。

在前述背景下，銓敘部前部長陳桂華於民國80年8月在中國國民黨中常會中提出「整建現行文官制度之構想與作法」報告，內曾言及「對文官中立及政務官、事務官正確職務分際，宜於相關法令中研擬具體規範，以奠定國家行政常態穩定的根基」。[2]此雖屬政黨之事，且僅屬政策構想，但當時執政黨顯然已認知行政中立的重要性。我國政府部門最早提及行政中立的，當推民國81年12月，考試院針對當時如火如荼、積極展開的第二屆立法委員選舉，公開呼籲

朝野各政黨尊重文官中立制度，並要求全體公務人員遵守行政中立原則。民國82年4月，考試院院長邱創煥在就任記者會上宣布，建立行政中立法制為其首要工作。銓敘部爰擬具「如何建立行政中立法制案」為中心議題，提報同年10月舉行之全國人事主管會報研討，對於部擬兩項辦法，即建立行政中立文化與積極整建行政中立法制，與會人員均表贊同。銓敘部嗣於83年7月函請中央及地方各主管機關表示意見，復於同年10月成立「公務人員行政中立法草案專案小組」，積極研擬草案條文。[3]在定稿後，該部於民國83年11月報請考試院審議，考試院歷經四次審查，旋於同年12月函送立法院審議。立法院即交該院法制委員會併同黃昭輝委員等16人、林濁水委員等16人、黃爾璇委員等17人所提三案併案審查，歷經七次全體委員會議，終於在民國85年11月完成審查；除大幅更動條文內容外，並將名稱修正為政治中立法草案，旋即函復院會排入二讀待審法案中。惟因朝野委員意見仍不一致，雖經朝野黨團舉行多次協商會議，仍未能達成共識，以致未能提報院會進行二、三讀。迨至民國91年1月，依立法院職權行使法第13條「屆期不連續」規定，隨著第四屆立法委員任期終了，本草案在立法院的審議也畫下句號。

前開四個提案，考試院、黃昭輝等委員及林濁水等委員均以公務人員為規範對象，惟黃爾璇等委員之提案，不只法案名稱有別，適用對象與限制範圍也更為廣泛。在法制委員會審查過程中，因黃爾璇等委員強力主導，並運用人數優勢，不只法案名稱修正為政治中立法（草案），適用對象依其主張擴大至包括政務人員、軍人、教育人員、公營事業人員在內，且處罰從嚴加重至一年以下有期徒刑、拘役或科或併科十萬元以下之罰金，並課服務機關之主管或首長以重責。[4]正是因為這些改變，最後審查通過的版本與考試院所提草案頗有差距，考試院對此結果亦表示不能接受，遂種下日後難以獲致共識，法案也因而面臨屆期失效困境的遠因。

　　民國89年，我國中央政府首度政黨輪替，由民進黨執政，考試院經政策考量審酌，認為行政中立法制之建立確有其必要，爰請銓敘部重行草擬草案條文報院審議。在會請行政院同意後，於民國92年9月二度送請立法院審議。該院雖已交法制委員會審查，惟仍未完成審查，迄至民國94年1月，朝野委員仍未能摒除己見、達成共識，本法案又隨第五屆立法委員任期之結束，再度畫上句號。

　　其後，考試院有感於行政中立法制的重要性，復於94年10月再度就原擬草案條文重新整理後，函請立法院審議，可惜朝野立法委員仍無共識，隨著第六屆立法委員97年1月任期結束，再度畫上句號。第七屆立法委員上任後，考試院於97年12月第四度函請立法院審議，經多次審查及協商，終於在98年5月三讀通過，隨即咨請總統公布，前後歷時十五年，真是得之不易，彌足珍貴。

　　平心而論，從解嚴後國內政治情勢觀之，行政中立之立法實有其必要。然而行政中立一旦完成立法，對於擁有政治資源的執政黨是較為不利的。執政黨有無胸襟與器量放棄行政優勢，與在野黨從事公平競爭，在野黨有無智慧與能耐訴諸社會輿論，而取得立法主導權，其實是行政中立能否完成立法的重要關鍵。[5]

貳、公務人員行政中立法的立法沿革

　　行政中立，一個已從學術名詞及社會慣用名詞進化至法律名詞的概念，但在公務人員行政中立法通過前，只見諸相關法律一隅—因規範訓練種類及機關權責，而在公務人員訓練進修法第5條意外出現，這也是當時唯一法律層級提到行政中立之處。隨著政府機關公務人員全面性的行政中立訓練告一段落，伴隨陸續來到的立法委員選舉及總統選舉，以及地方縣（市）長等公職人員選舉，行政中立

勢必再受到高度囑目與重視。

　　按我國行政中立之出現，始自民國七十年代陳德禹與許濱松兩位教授的為文呼籲，以為前導。其後，在政府部門，民國81年12月，考試院面對當時競爭激烈的第二屆立法委員競選活動，公開要求朝野政黨共同尊重文官中立的精神。民國82年4月，考試院院長邱創煥在就任記者會上宣布建立行政中立法制為其首要工作。銓敘部爰擬具「如何建立行政中立法制案」為中心議題，提報同年10月舉行之全國人事主管會報研討，對於部擬兩項方案，即建立行政中立文化與積極整建行政中立法制，與會人員均表贊同。此外，該部於83年7月函請中央及地方各主管機關表示意見，復於同年10月成立「公務人員行政中立法草案專案小組」，積極研擬草案條文。經定稿後，銓敘部於民國83年11月報請考試院審議，考試院歷經四次審查，旋於同年12月函送立法院審議。立法院即交該院法制委員會併同黃昭輝委員等16人、林濁水委員等16人、黃爾璇委員等17人所提三案併案審查，歷經七次全體委員會議，終於在民國85年11月完成審查，將法案名稱修正為政治中立法草案，旋即函復院會排入二讀待審法案中。惟因朝野委員意見仍不一致，雖經朝野黨團舉行多次協商會議，仍未能達成共識，以致未能提報院會進行二、三讀。民國88年元月立法院職權行使法公布施行，雖未因「有條件的屆期不連續」而失效；但民國90年11月該法修正改採「屆期不連續」規定後，隨著第四屆立法委員91年元月任期終了，本草案在立法院的審議也畫下句號。

　　其後考試院經政策考量審酌，認為行政中立法制之建立確有其必要，爰請銓敘部重行草擬草案條文報院審議，並於民國92年9月二度送請立法院審議。該院雖已交法制委員會審查，惟始終未召開委員會議審查，迄至民國94年元月，朝野委員仍無共識，本草案又隨

第五屆立法委員任期之結束，再度畫上句號。

　　民國94年10月，考試院審酌後認爲公務人員行政中立法草案仍有立法之需要，於是第三度就銓敘部研擬的草案條文審議定案後函請立法院審議。草案主要內容與前兩次差異不大，極少數修正部分是參酌立法委員與學者專家之建言，酌予修正而來。立法院嗣經交付該院法制委員會審查，該會經於民國95年4月及96年5月召開審查會議三次，分別由召集委員吳志揚與雷倩主持，併同國民黨黨團提案審查，審查完竣後函復院會，惟因仍有三項款條文被保留，所以仍應先經黨團協商。可惜最後因朝野黨團協商仍未獲致共識，本草案之立法過程亦於97年元月第六屆立法委員任期終了之際，再度畫上句號。

　　按96年5月立法院法制委員會審查通過版本共計20條條文，其中3條部分項款保留，11條照考試院提案通過，5條修正通過，並增訂1條條文。與考試院提案相較，主要在增列本草案具有基準法之屬性；明確界定上班或勤務時間之定義；刪除縣（市）政府機要進用之一級主管可以主持集會等助（輔）選行爲之規定；增訂公務人員不得配合選舉或罷免，預作人事安排或動用行政資源，以及上級長官未依法處理不中立者，公務人員得向監察院檢舉，監察院應優先處理之規定；增列政府捐資超過百分之五十之財團法人等團體之從業人員、政府機關技工、工友及其他按月支薪之臨時人員爲準用人員；明訂準用人員違反規定時，依其適用之人事法令處罰，其權利救濟事項則依訴願法或其他法律處理之。此外，復增訂授權考試院訂定施行細則之法源。

　　民國97年12月，考試院以立法院第六屆第五會期法制委員會審查通過之版本爲基礎，復參酌立法委員及學者專家意見，第四度擬具公務人員行政中立法草案函請立法院審議。由於朝野委員歧見已

化解，本草案遂能很快的在98年3月經該院司法及法制委員會審查通過，旋即於同年5月提報院會完成三讀程序，並於6月咨請總統公布。全文20條，旨在規範公務人員依法行政、公正執行，適度規範公務人員參與政治活動的權利。依照該法第19條授權規定，考試院亦於98年11月訂定發布公務人員行政中立法施行細則，全文11條，以作為輔助性的規範。

　　民國103年11月，地方公職人員選舉正如火如荼進行，部分候選人及新聞媒體抨擊，行政中立規定不近人情，過於嚴苛；立法院司法及法制委員會遂併同鄭天財委員等18人、高志鵬委員等21人，民進黨黨團、尤美女委員等19人，鄭天財委員等20人提案審查，獲致共識後提報院會完成三讀，隨即咨請總統公布。主要修正該法第5條、第9條及第17條條文。考試院隨後亦配合於104年2月修正發布公務人員行政中立法施行細則相關條文。行政中立法制首度修法完成。

　　要之，行政中立法立法進程，始自民國83年11月銓敘部函公務人員行政中立法草案陳報考試院審議。考試院因立法院「屆期不予繼續審議」之規定，前後也四次函請立法院審議公務人員行政中立法草案。第一次提案，因朝野易位，且認知差距太大，故雖已進入黨團協商階段，且協商多次，最後仍無功而返。第二次提案，連委員會審查都未排上，直接放到屆期失效。第三次提案，業經委員會審查完竣，並由黨團協商中；由於這次朝野委員歧見不若第一次大，而部分朝野委員亦頗積極推動，迥異於第二次。不過因朝野立法委員最後仍無共識，且有眾多優先法案待審，最後仍未完成立法。第四次提案，因朝野立法委員未有歧見，乃能順利完成立法程序。

　　綜上所述，可知行政中立法的立法過程充滿艱辛困頓，一部僅

有20條條文的中小型法律，從首次提送草案，到最後完成立法，竟花費十四年半的時間，立法耗時甚長。這部法律可謂彌足珍貴，得之不易。

參、公務人員行政中立法的法律性質

公元二千年總統大選後，我國歷史上首度發生政黨輪替現象，國家政權經由民主選舉，和平轉移至相互競爭的政黨手中，前所未見，也開啓政治的新頁。在這政黨輪替過程中，建構政務人員制度與行政中立法制，無疑是最重要的兩件大事。因為只有建構有別於常任文官，且符合實際需要的政務人員制度，才能符合執政黨進用理念相同的人才，進入政府部門任職的需求；也只有建立行政中立法制，才能免除執政黨濫用行政資源的可能性，避免常任文官捲入政黨競爭之中，從而確保朝野政黨的公平競爭，維持行政事務的健全運作，兩者的重要性可見一般[6]。其中行政中立的要求廣及公務人員，攸關行政文化風氣，也需要長時間培養，似乎更值得重視。

正因為行政中立有其不可忽視的重要性，所以不論在國民黨執政時期或民進黨執政之後，政府相關部門均戮力推動行政中立的相關工作，特別是銓敘部積極研擬公務人員行政中立法草案，以及保訓會通函各機關辦理所屬人員行政中立訓練，影響尤為重大。這不但讓行政中立成為政府機關公務人員言談之間的熱門話題，也讓行政中立的發展步上新的里程碑，更是值得喝采。

按公務人員行政中立法草案，最早是在民國83年12月由考試院送請立法院審議，該院法制委員會雖歷經多次全體委員會議完成審查，可惜因朝野委員歧見甚大，始終未能完成協商排上院會二讀、三讀議程中。迄至91年1月因立法院職權行使法第13條「屆期不連

續」的規定，逐隨著第四屆立法委員任期終了而畫上句號。銓敘部於是另起爐灶，重新擬具草案報請考試院審議，並於92年9月二度函送立法院審議，該院雖即交由法制委員會審查，惟迄至94年1月仍未能完成，隨著第五屆立法委員任期終了，再度畫上句號。其後，又於94年10月第三度函請立法院審議，可惜仍是無功而返，97年1月再度失效。第七屆立法委員上任，考試院復於97年12月第四度函請立法院審議，終於在98年5月完成三讀。期間既長，協商過程亦頗不易。

經查考試院歷次所送草案內容，雖有小修，其實差異不大，計有18條條文，不分章節，除界定適用對象外，主要規範公務人員應依法行政、公平對待、適度限制參加政治活動等行為規範義務，以及違反義務者如何處罰等事宜。

從這些條文規定中，不難歸納本法的法律性質，大致有下述八點：

一、國內法

國內法與國際法不同，國內法乃規範本國統治權所及範圍的法律，不及於國外；國際法則是規範國與國關係的法律。本法旨在規範我國公務人員應遵守的行政中立義務，雖然在國外的公務人員，如外交官，也應一體遵守，但不涉國際事務，亦非國與國之間簽訂的條約，純為本國公務人員適用的法律，自屬國內法無疑。

二、公法

公法與私法有別，公法是指規範個人與國家的關係，或國家政府內部的事務，亦即公權利義務關係的法律，私法是指規範個人與

個人的關係，也就是私權利義務關係的法律。此一源自羅馬法時代的區分，晚近因公私混合法域的出現而日漸模糊，不過仍有其重要性。本法目的在規範「國家的僱員」，即公務人員，應該遵守的行為規範，乃屬國家政府內部事務的規範，論其性質屬於公領域範圍，當然是公法。

三、行政法

　　一般所稱六法，乃將現行法區分為憲法、民法、民事訴訟法、刑法、刑事訴訟法、行政法等六大類。憲法是萬法之法、眾法之母，規定立國精神、國家重要組織、人民權利義務、基本國策等事項。行政法乃規範國家行政權作用的國內公法總稱，數量最多，種類也最複雜。其他四類則分別規定民事、刑事的實體與程序。本法乃規範公務人員遵守行政中立的義務規範，就其位階與性質言之，實為行政法之一種，殆無可疑。

四、作用法

　　作用法與組織法、救濟法不同，組織法乃規定各政府機關靜態的組織結構及職掌權限，包括單位設置、員額配置、隸屬關係等；作用法又稱行為法，乃規定各政府機關基於職掌事項所為的各種動態行為或活動，包括行政執行與行政罰等；救濟法乃規定各政府機關，因違法或不當的行政行為致侵犯人民的權利，人民得向國家請求矯正補救的制度措施。本法乃考試院本於職掌，要求公務人員遵守行政中立的義務及相關事項，自屬作用法無疑。

五、特別法

　　普通法與特別法是相對的概念，凡適用於全國任何地區、任何

時間與任何人員的法律，就是普通法，例如刑法；僅適用於特定地區、特定人員與特定時間的法律，則是特別法。不過若相較於更特別的法律，它可能就相對居於普通法的地位。本法適用於特定的公務人員，不適用於一般民眾，乃爲特別法。不過觀諸第1條第2項「本法未規定，或其他法律另有嚴格規定者，適用其他法律之規定」，似又增添幾許普通法與補充法的意味。

六、實體法

實體法與程序法是以法律規定的內容區分，實體法亦稱主法，是規定法律關係之實體，亦即規定權利義務實體的法律；程序法亦稱助法或手續法，乃規定權利義務運用手續的法律。[7]本法主要規定公務人員的行爲義務，即義務實體，非關權利，也不是如何行使權利或履行義務的規定，顯然是實體法。

七、強行法

強行法與任意法是以法律之適用程度，即個人能否自由決定遵守法律而區分，凡法律規定一律遵行，而不問個人意願，即絕對適用者，斯爲強行法；如適用法律與否可聽諸當事人自行決定，即相對適用者，乃爲任意法。[8]通常刑法、行政法等公法法規的條文中，均有「應」或「不得」之用詞，即爲強行法，或稱強行規定；而民法中許多條文均有「得」之規定，乃屬任意法，或稱任意規定。本法除少數一、二處用「得」規定外，其餘均用「應」或「不得」加以規定，強行法的規定十分濃烈。

八、公務員法

行政法若按業務性質與主管機關區分，復可大別爲組織、內

政、國防、財政、經濟、教育、勞動、農業、醫藥、交通、環保、人事與救濟等類。其中人事法又叫公務員法，是規範執行國家公權力的主體，即公務員與國家之間權利義務關係的法律。本法旨在規範公務人員應遵守的行政中立義務規範，自為公務員法之一種。[9]

　　總而言之，在公務人員行政中立法草案尚未完成三讀付諸施行前，因保訓會積極推動行政中立訓練，行政中立理念的養成與行政中立文化的建立，已有緩慢的增進。在本法完成立法，付諸施行以來，行政中立所帶來的功效，更是顯而易見。觀諸民主先進國家行政中立體制，大都來自較為健全的政黨政治、責任政治及法治政治的背景。[10]因此，瞭解本法的法律性質，洵有其必要。

肆、從公務人員行政中立法草案到政治中立法草案的轉變

　　公務人員的行政中立或政治中立，自解除戒嚴以來，因為選舉競爭激烈的緣故，屢屢成為朝野政黨與大眾輿論矚目的焦點。除紛紛呼籲執政黨面對公職人員選舉應公平競爭外，也要求公務人員嚴格遵守行政中立規定。一時之間，公務人員行政中立的課題，乃受到社會大眾高度的矚目與重視。

　　行政中立或政治中立的指涉意義，學者專家並無一致看法，亦有多人混用不分。不過嚴格的講，兩者仍略有不同，行政中立係指常任文官系統的公務人員，依法且公正執行職務，以同一標準服務社會大眾，不因政黨屬性或個人價值等因素，而改變其態度與作為。政治中立係指廣義公務員，依法公正的、以同一標準面對政黨、政務官或政治活動。易言之，行政中立的適用對象較窄，較偏重面對行政顧客處理行政事務時的中立性，而政治中立的適用對象

較廣，較偏重對政黨、政務官或政治活動的中立性。[11]

　　我國行政中立之受到重視，始自民國81年12月，考試院面對當時正如火如荼展開的第二屆立法委員競選活動，公開呼籲各政黨尊重文官中立精神，不要動員軍公教人員輔選或助選。民國83年11月銓敘部草擬「公務人員行政中立法草案」報請考試院審議，考試院院會審議通過後，旋即於同年12月函請立法院審議，案經該院交法制委員會併同黃昭輝委員等16人、林濁水委員等16人、黃爾璇委員等17人所提三案併案審查。歷經七次全體委員會議，終於在85年11月完成審查，名稱修正為「政治中立法」草案，旋即函復院會排入二讀待審法案中。[12]其後因朝野立法委員未能協商獲致共識，始終未能完成三讀付諸施行。因「屆期不連續」之故，考試院復於92年9月第二次擬具草案送請立法院審議，兩次草案條文內容差異不大，惟一樣未能完成審議。嗣後考試院復於94年10月及97年12月二度函送，終於在98年5月完成三讀，真是不易。

　　綜觀考試院83年12月第一次函請立法院審議的「公務人員行政中立法草案」，凡18條條文，其主要內容有五：1.以常任文官系統的公務人員為適用對象；2.應依法行政，公正執法，忠實推行政府政策；3.適度限制從事政治活動；4.對於公務人員採取保障及救濟措施；5.違反行政中立者應負懲戒責任。[13]至於立法院法制委員會85年11月審查通過的「政治中立法草案」，條文達24條，一樣不分章節，除文字表述不同外，適用範圍擴及廣義公務員，包括政務官與軍人在內；其限制作為與積極應作為事項也以列舉方式增列許多，同時規定的更為細緻；處罰的種類型態除原有懲戒規定外，並增加有期徒刑、罰金等刑罰，與罰鍰金額不等的行政罰，以及依選舉罷免法規定撤銷候選人登記或提起當選無效之訴，同時並課主管或首長一定之責任。

　　從公務人員行政中立法草案到政治中立法草案，其改變幅度頗大，幾乎是大翻修；與原考試院所提的版本內容大異其趣，則是不可否認的事實。茲將這些重大改變敘明如後：

一、適用對象擴大

　　考試院原擬草案，原僅以法定機關依法任用、派用之有給專任人員及公立學校依法任用之職員為適用對象。至於公立各級學校校長及社會教育機構專業人員、公營事業對經營政策負有主要決策責任人員、各機關及公立學校依法聘用、僱用人員，則列為準用對象；適用範圍顯以常任文官系統的狹義公務人員為主。立法院法制委員會審查通過的法案，則將適用對象分為三大類，其一為司法院、監察院、考試院、國家安全會議所屬國家安全局、法務部、行政院人事行政局之政務官；以及省（市）政府之一級政風、警政、人事機關首長；其二為前款第一目所定以外之其他政務官；其三為其他人員，復包括：1.法定機關依法任用、派用之有給專任公務人員及公立學校職員；2.現役軍官及其他政戰人員；3.公立學校校長及國民教育學校之教師；4.公營事業機關相當經理或處長級以上職務或對經營政策負有主要決策責任之人員；5.各機關及公立學校依法聘用、僱用之人員。既已無適用與準用的分別，且適用對象大幅增加，已非原先行政中立所能涵括，而規範之主體也一變而為政務官矣！

二、規範事項增多

　　較之考試院原擬草案，立法院法制委員會審查通過的法案在作為與不作為事項的規範上，既按對象類別分別規範，限制事項也增列許多。例如增列司法院等機關的政務官（即第1款或第1類人員）與其他人員（即第3款或第3類人員），不得擔任政黨或其他政治團體職務、顧問或其他相當職位，且不得行使輔選、助選或其他輔助

之行為。全部人員均不得在職務上掌管或在執行職務之場所，為任何政黨作與本身職務無關之宣傳、指示及其他相關行為；也不得假藉職務上之權力、機會或方法，為配合某特定公職人員之選舉、罷免，預作人事上之安排而調動人員及動用行政資源，或干涉各級選舉委員會之人事或業務。學校教育人員不得利用教育場所或教學機會，為支持或反對特定政黨、政治團體或公職候選人宣揚。政府各機關學校、軍事機關營地，不得在辦公廳舍、場地，為表示支持或反對立場，懸掛、揭示、張貼特定政黨、其他政治團體或公職候選人旗幟、徽章、肖像或類似之標識。凡此種種，即可知規範事項已明顯增列許多，不但在程度上有所增進，在性質上也超出行政中立之範圍，故不得不以政治中立名之。

三、處罰從嚴加重

考試院原擬草案，對於違反本法規定者，僅規定應依公務員懲戒法予以懲戒，或依公務人員保障法規定處理，處罰種類既少也輕，且屬原則性的規定。然而立法院法制委員會審查通過的草案，除保留這些規定外，並視其違反不同條款之規定，分別科處：

1.一年以下有期徒刑、拘役或科或併科新臺幣十萬元以下罰金，其接受捐助所得財物沒收之，或追徵其價款。

2.六個月以下有期徒刑、拘役或科或併科新臺幣五萬元以下罰金。

3.處新臺幣十萬元以上，二十萬元以下罰鍰；如經監察人員制止不聽者，並得按日連續處罰。

4.由選舉委員會撤銷其候選人登記，或提起當選無效之訴。

　　由以上規定觀之，處罰種類不只增加刑罰之主刑與從刑，亦增加罰鍰及行政手段之行政罰，而處罰程度亦明顯加重，使得本草案也增添特別刑法的意味。

四、課以長官重責

　　在考試院原擬草案中，多數條文係針對一般常任公務人員加以規範，對於長官之要求與課責，僅有第14條而已。而立法院法制委員會審查通過的法案，不但加以保留，且課主管或首長重責。例如有關各級政府機關、公立學校適於集會、演講之場所，如未公平開放予任何政黨、其他政治團體及公職候選人依法申請利用者，應由該廳舍、場所之主管或首長負責。又如長官要求所屬人員從事本法禁止之行為，因而受有罪判決確定者，長官以教唆論罪。

　　這些規定，在在說明課責對象已由公務人員個人擴及主管或首長等長官，已不無「連坐法」之考量矣！

五、主管機關模糊

　　在考試院原擬草案中，雖未明定主管機關，不過考試院基於職掌所管轄人員而擬定適用對象，既無不當之處，在提案機關就是主管機關的認知下，以考試院為公務人員行政中立事項的主管機關，諒無爭議。然而在立法院法制委員會審查通過的法案，適用對象已大幅擴張，公務人員只是「其他人員」的一類而已，考試院能否「越界」管到教師與軍人？是否會引發行政院與考試院的職權爭議？如遇違反政治中立規定之案件時應由那一機關移送法辦？這一連串的問題，一方面肇因於適用對象大幅增加，一方面也因為主管機關未明確規定所致。[14]

　　總而言之，從考試院草擬送請立法院審議的公務人員行政中立法草案，到立法院法制委員會審查通過的政治中立法草案，表面觀之，只是併同其他三個立法委員的提案版本加以審查，由18條條文增爲24條條文，內容似無多大改變。但究其實，適用對象擴大，規範事項增多，處罰從嚴加重，課以長官重責，主管機關轉趨模糊，變化不可謂不大。或不能謂改的面目全非、體系大亂，但至少已非原來面貌、不易辨識。雖然前後這兩個版本均因立法院職權行使法「屆期不連續」的規定而作罷，但在行政中立立法史上，曾有如此巨大的變化，一樣值得你我關心與留意！

伍、政治中立法草案評析──民國85年11月立法院法制委員會審查通過版本

一、前言

　　「政治中立」，對絕大多數人言之，是個相當陌生的名詞，因爲在民國85年11月前，大家所見所聞的只有「行政中立」一語；「政治中立」一詞幾乎不曾出現在政府公務文書或報章雜誌。然而斯時立法院法制委員會針對考試院送審的「公務人員行政中立法」（草案），修正定名爲「政治中立法」（草案）之後，一夕之間「政治中立」的知名度暴漲許多。隨著立法腳步，由陌生而認識，再進爲熟稔，似將是必然的趨勢。

　　所謂政治中立（political neutrality），係指公務人員免受政黨因素左右，獨立公平執行職務之謂，通常與行政中立（administrative neutrality）混用。不過兩者實有不同，行政中立指公務人員執行政府決策或處理行政事務時，應秉持中立的態度與立場，較偏重於面對行政顧客處理行政事務時的中立性；至於政治中立，旨在透過對

特定政治行為的限制，促使公務人員秉持中立及公正執行，較偏重於對政黨、政務官或政治活動的中立性。[15]

　　政治中立法草案的立法工作，源自民國80年8月銓敘部蒐集英、美、法、德、日等五國的文官中立規範。接著在82年10月以「如何建立行政中立法制案」為中心議題，提全國人事主管會報研討，獲致共識後旋即研擬草案初稿，並於83年11月報請考試院審議。案經考試院第八屆第203次會議審議通過，[16]法案名稱定為「公務人員行政中立法」（草案），隨即於同年12月函請立法院審議。立法院經一讀付委，即交法制委員會併同黃昭輝委員等16人、林濁水委員等16人、黃爾璇委員等17人所擬具的草案加以審查，經於85年11月完成審查，（詳參附錄一）旋即於12月提報院會排入二讀待審法案。[17]惟嗣後並未能完成二、三讀立法程序。

　　雖然政治中立法草案並未完成立法，此事已經成為過去。惟為使社會大眾對此一法案的相關事項有所瞭解，以下仍就草案內容加以摘述，進而評析其主要特色與相關問題。

二、政治中立法草案內容摘述

　　按考試院函請立法院審議的公務人員行政中立法草案，原有18條條文，惟立法院法制委員會採納黃爾璇等委員提案，將法案名稱修正為政治中立法草案，條文重新調整為24條，一樣不分章節。（詳參附錄二）除文字表述不同外，立場與觀點的歧異，才是各草案版本最大的差別。茲就立法院法制委員會審查通過，報請院會審議的草案條文內容，摘要說明如次：

（一）立法目的

本草案第1條規定，為確保依法令從事於公務之特定人員，依法公正行使職務，建立政治中立規範，維護民主政治精神，特制定本法。斯即為本法之立法目的。此外本條後半段規定，本法未規定者，適用其他有關法令之規定。也明確指出有關事項的優先適用次序。

（二）適用對象

本草案第2條第1項規範的適用對象分為三大類，其一為司法院、監察院、考試院、國家安全會議所屬國家安全局、法務部、行政院人事行政局之政務官；以及省（市）政府之一級政風、警政、人事機關首長。其二為前款第1目所定以外之其他政務官。其三為其他人員，復包括：1.法定機關依法任用、派用之有給專任公務人員及公立學校職員；2.現役軍官及其他政戰人員；3.公立學校校長及國民教育學校之教師；4.公營事業機關相當經理或處長級以上職務或對經營政策負有主要決策責任之人員；5.各機關及公立學校依法聘用、僱用之人員。該條第2項界定政務官，係指政務官退職酬勞金給與條例第2條所定之人員。第3項亦規定適用次序，即其他法令對於司法、軍職、警察、情報、安全、政風、人事人員政治中立規範，如有較嚴格之限制規定者，從其規定。

（三）禁止事項

本草案規範重心在限制參與政治活動部分，從第3條至第9條及第12條、第13條條文均有「不得」字樣中已可看出端倪。第3條規定職務性質特殊之政務官，即前開第2條第1項第1款所指司法院等機關的政務官；以及軍官、公立學校校長、教職員、公營事業經理或處長級以上人員、常任文官及聘用、僱用人員，即前開同條項第3款所

稱之其他人員，不得擔任政黨或其他政治團體職務、顧問或其他相當職位。第4條規定，第二條所定全部人員均不得利用職稱、職權，使他人加入或不加入政黨或其他政治團體；亦不得在職務上掌管或在執行職務之場所，爲任何政黨作與本身職務無關之宣傳、指示及其他相關行爲。第5條規定，第二條第一項第一款及第三款所定人員不得於規定之上班或勤務時間，從事政黨或其他政治團體之活動。

　　第6條規定，第二條所定人員不得爲政黨、其他政治團體或公職候選人要求、期約或收受金錢、物品或其他利益之捐助；亦不得阻止或妨礙他人爲特定政黨或其他政治團體依法募款之活動。第7條第1項規定，第二條所定人員不得爲支持或反對特定之政黨、其他政治團體或公職候選人，在辦公場所印製、散發、張貼文書、圖畫或其他宣傳品；或在辦公場所穿戴或標示特定政黨、其他政治團體之旗幟、徽章及類似服飾。同條第2項則規定，第二條第一項第一款及第二款所定人員不得：1.主持集會、發起遊行及領導連署活動；2.在大眾傳播媒體具銜或具名廣告；3.邀集職務相關人員或其職務對象表達指示；4.其他經考試院會同行政院以命令禁止之行爲。

　　第8條係規定，第二條第一項第一款及第三款所定人員對於公職人員之選舉、罷免，不得行使輔選、助選或其他輔助之行爲。第9條則規定，第二條所定人員不得假借職務上之權力、機會或方法，爲配合某特定公職人員之選舉、罷免，預作人事上之安排而調動人員及動用行政資源，或干涉各級選舉委員會之人事或業務。

　　又，第12條規定，學校教育人員不得利用教育場所或教學機會，爲支持或反對特定政黨、政治團體或公職候選人宣揚。第13條規定，長官不得要求第二條所定之人員從事本法禁止之行爲；長官不得因第二條所定人員拒絕從事本法禁止之行爲，對其依法享有之權益，給予不公平對待或任何不利處分。

（四）應為事項

　　本草案有關積極應作為之規定，放在第10條與第11條條文。第10條規定，第二條所定人員除法令另有規定及司法官未辭職不得登記為公職人員選舉之候選人外，其為政黨提名之候選人，自其政黨公布推薦提名名單之日起；其為非政黨提名之候選人，則自有事實足認其從事競選活動之日起，至投票日止，應依規定請事假或休假，長官不得拒絕或藉故刁難。第11條規定，政府各級機關、公立學校適於集會、演講之場所，應公平開放予任何政黨、其他政治團體及公職候選人依法申請利用；並不得利用職權提供特定之個人或團體使用。但軍事、法院、警察、安全機關不得提供為政治性集會、演講之場所。政府各機關、學校、軍事機關營地不得在辦公廳舍、場地，為表示支持或反對立場，懸掛、揭示、張貼特定政黨、其他政治團體或公職候選人旗幟、徽章、肖像或類似之標識。

（五）責任歸屬

　　本草案第14條規定，長官違反前條第一項之規定者，有關人員應向其上級長官提出報告，並由其上級長官依法處理，未依法處理者，以失職論。第二條第一項第三款所定人員遭受前條第二項之不公平對待或不利處分時，得依公務人員保障法及其他有關法令之規定，請求救濟。即為有關責任追究與申請救濟之規範。

（六）處罰規定

　　本草案第15條至第21條均為違反中立規定的處罰條文。第15條規定，違反第六條之規定者，處一年以下有期徒刑、拘役或科或併科新臺幣十萬元以下罰金。違反第七條第二項第一款至第三款及第十一條第二項之規定者亦同。犯第一項之罪者，其接受捐助所得財物沒收之；如全部或一部不能沒收者，追徵其價款。違反第十一條

第二項規定者，由該廳舍、場所之主管或首長負責，並以明知其情事或已經告知而仍不清除者爲限。第16條規定，違反第四條及第七條第一項之規定者，處六個月以下有期徒刑、拘役或科或併科新臺幣五萬元以下罰金。

第17條規定，違反第五條、第九條、第十條第二項、第十一條第一項及第二條第一項第三款第三目所定人員違反第十二條之規定者，處新臺幣十萬元以上，二十萬元以下罰鍰。違反第八條之規定，經選舉委員會監察人員制止不聽者，亦同；並得按日連續處罰，至其停止行爲爲止。違反第十一條第一項規定者，由該廳舍、場所之主管或首長負責。第18條規定，依公務員服務法規定之長官違反第十三條第一項之規定，致屬官犯本法所定之罪，受有罪判決確定者，以教唆論。第19條則規定，違反第十條第一項之規定者，選舉投票前由選舉委員會撤銷其候選人登記；當選後依公職人員選舉罷免法規定，提起當選無效之訴。

至於第20條規定，違反第三條規定者經銓敘部或當事人所屬最高主管機關限期令其辭去該項職務或職位，逾期不從者，應通知該管機關撤銷其公職。第21條則規定，第二條所定人員違反本法之規定者，除依第十五條至第二十條處理外，並依公務員懲戒法之規定予以懲戒或依公務人員保障法之規定處理。前項之懲處，第二條第一項第三款第三目及第五目所定人員違反本法之規定者，比照公務員懲戒法處理；同款第二目所定人員除監察院對軍官提出彈劾案，應依公務員懲戒法懲戒外，依陸海空軍懲罰法處理。

（七）執行規定

除以上六部分規定外，本草案爲求周延，尚有三條執行事項的規定。第22條規定，第二條所定人員違反本法之規定者，任何人均

得檢舉或告發。第23條規定，依本法科處之罰鍰，經通知限期繳納後，逾期未繳納者，移送法院強制執行。第24條規定，本法自公布日施行。

　　總之，政治中立法草案共有24條條文，乍看不多，卻可分為以上立法目的、適用對象、禁止事項、應為事項、責任歸屬、處罰規定與執行規定等七部分，這七部分並環繞著人、行為、處罰三個主題。這些條文規範除極少數為現行或擬議中相關規定的重複說明外，均係重要的新創規定，對於政府機關相關人員必將有所衝擊與影響。

三、政治中立法草案主要特色

　　從以上對政治中立法草案條文內容的歸納與摘述中，似不難瞭解本草案至少具有如下六個特色：

（一）就立法方式言之，係採綜合立法規範

　　按歐美先進國家有關政治中立或行政中立的法律規定，大體有綜合立法與分立立法兩種途徑。所謂綜合立法，係指不分各類人員，均以同一法規就中立事項加以規定；所謂分立立法，又稱「單獨立法」，係指各類不同人員或事項，分別在不同法規中規定。考試院原送請立法院審議的「公務人員行政中立法草案」，即係採用分立立法方式，只以概括方式針對常任文官加以規範，並未包括政務官、軍官、公立學校教師及公營事業機構經理或處長級以上人員。但本草案在立法院法制委員會審查時，採納黃爾璇委員意見，為免社會大眾誤以為只有常任文官才應當信守政治中立，故將適用對象擴大，一體適用之，亦即已改採綜合立法方式規範之。

（二）就規範事項言之，旨在規範政治活動

從英、美、法、德、日等國規範行政中立的內涵觀之，不外乎界定公務人員之責任、角色與立場，保障公務人員工作權，限制公務人員參與政黨活動，限制公務人員參加競選或選舉活動[18]。觀諸我國亦相去不遠，除保障公務人員工作權已另於公務人員保障法規定外，就政治中立法草案七部分的條文規定觀之，仍以限制公務人員參與政黨活動及競選或選舉活動為主，也就是說以規範動態的政治活動為重點。至於相關的財產公開、政治捐獻等規定，則不在此一範圍之內。而適用對象、責任歸屬、處罰規定等，均屬政治活動規範的必要配套。本草案以規範政治活動為重點的立場，已昭然若揭。

（三）就規範性質言之，義務規定較居多數

從行政法的觀點出發，本草案顯屬作用法，規範常任文官及相關人員的作為與不作為義務，違反義務規定者處罰隨之，幾無權利可言。義務內容又具有相當的強制性，若非「應」，即是「不得」如何的規定，毫無彈性可言。乍看本草案條件十分嚴苛，惟因原則性規定過於籠統，具體性規定尺度標準及客觀認定頗為不易，灰色地帶勢將無法避免，也將增加日後執行之困擾。此一偏向強制性的義務規定，亦為本草案的特色之一。

（四）就事項性質言之，多偏禁止限制規定

如前所述，本草案以規範常任文官及相關人員的義務與處罰為主。所謂義務，乃在公法關係上為保障當事人權益的實現，對相對人課予一定的拘束力。[19]就義務性質加以區分，可分為作為義務與不作為義務兩種，作為義務之條文冠有「應」字，不作為義務之條文則冠有「不得」字樣，本草案關於不作為義務的禁止規定計有第3條

等九條條文,占全部24條條文的五分之二左右,其重要性不言可喻。正因爲不作爲義務居多,所以只要消極不做,違法之虞即可望減少。

(五)就規定方式言之,列舉規範多於概括

法規就各種事項之規定,主要有列舉與概括兩種方式,列舉方式係就相關事項一一加以臚列,較爲明確,便於遵行,卻可能有所遺漏;概括方式則僅以概括性的文字籠統規範,雖無遺漏之虞,卻不夠明確。本草案就各種作爲與不作爲義務逐一加以規定,乃以列舉方式爲主,但又有「其他經考試院會同行政院以命令禁止之行爲」之概括條款,顯係以概括方式爲輔。本草案列舉規定多於概括規定,已無庸多言。

(六)就執行效力言之,藉助刑罰作爲後盾

本草案就立法目的、適用對象、義務規範等方面以觀,均屬一般行政法之範圍無疑,但若就處罰規定而言,對於違反義務規定者,視其情節輕重,除可處以罰鍰、撤銷公職、懲戒等行政罰外,尚能科處有期徒刑、拘役、罰金或沒收等刑事罰,似又有特別刑法之意味。觀諸現實,爲貫徹執行行政法規起見,雖也有在法律條文中規定刑罰之法例,但究屬少數,且爲非常態現象。考試院送請立法院審議的公務人員行政中立法草案,僅有依法移送懲戒之規定,並無刑罰規定,但立法院法制委員會卻納入刑事罰,而且處罰頗重,不無使本草案日後的拘束力與執行力大爲提高之用意。

從以上的說明中,可以知道政治中立法草案,因爲是國內首創,所以具有許多特色。雖源自全國最高人事主管機關的草擬,卻與其他人事法律明顯不同;雖屬行政作用法之一種,卻是政治性頗

高的法律。明乎這些與眾不同的特色，本草案的精髓已在掌握之中矣！

四、政治中立法草案問題探討

政治中立法草案自民國80年8月銓敘部開始研擬，雖經有關機關不斷討論與審議，不過從上述內容摘要與特色歸納中，卻也不難發現存在許多問題。茲就其犖犖大者分述如次：

（一）適用對象過於龐雜

法律規範貴在明確具體可行，不但規定事項應該如此，適用或準用對象亦然。本草案將政務官、軍公教人員、公營事業經理或處長級以上人員幾乎全數納入，然後分門別類適用之，既顯得龐雜，讓人有「貪多嚼不爛」的感覺，而且也仍有不合理、不周延之處。例如：總統為國家元首，拋開其政黨職務時，更應遵守政治中立，但本草案完全未加規範；又省（市）長、省（市）政府一級機關首長，如建設廳（局）長、教育廳（局）長等職務，依地方制度法之規定，均為政務官，本草案第2條第1項第1款第2目卻只規範政風、警政、人事機關首長，同條第2款亦無適用餘地，該等人員顯亦被排除在外。

又第3款以「其他人員」為名，用詞至為不當。而本款第3目僅限公立學校校長及國民教育學校教師，則公私立大專、高中（職）教師、私立國中小教師顯然不受限制，可是卻又受第12條學校教育人員之限制；第4目對於公營事業低於處長或經理之人員，完全不適用，亦有可議之處。至於民意機關正副首長、民選地方政府首長、各機關學校為數頗多的技工工友，以及政府捐資成立的財團法人或基金會職工，亦毫無限制，是否意味即可不受本草案的約束？以上

這些適用對象的問題，如不能有效釐清與克服，似將影響執行的成效。

（二）法律位階有所矛盾

在不同法律條文中，相互配合援引，是常有的事情，也可被大家所接受。本草案分別援引公務員服務法、公務員懲戒法、公務人員保障法、公職人員選舉罷免法等規定，既無矛盾或扞格之處，反而增添彼此的配合度，自屬妥適。然而第1條後段規定「本法未規定者，適用其他有關法令之規定」，顯然說明本法草案的優先適用性，其他法律只是補充而已；而第2條第3項復規定「其他法令對於司法、軍職、警察、情報、安全、政風、人事人員政治中立規範，如有較嚴格之限制規定者，從其規定」，似又顯示本法不如其他法規，只居於補充地位。前後兩條規定不無矛盾衝突之處，似宜加以統合，並明確界定其優先次序。

（三）主管機關晦昧不明

本草案係併案審查考試院與相關立法委員擬議的「公務人員行政中立法草案」等四個版本修正而成，基於提案機關就是主管機關的認知，本法施行後的主管機關應是考試院無疑。然而考試院原先基於職掌所管轄人員而擬定的適用對象已大幅擴張，常任文官只是本法適用對象中「其他人員」的一小部分而已。在本草案條文並未明定考試院是主管機關的前提下，考試院能否「越界」管到教師與軍人？是否會引發行政院與考試院的職權爭議？而違反本法規定者由何機關移送法辦？這一連串的問題，均因主管機關未明確規定而起，在在值得斟酌。

（四）列舉規定不夠周延

本草案有關政治活動之規範，不論作為或不作為義務，均以列舉規定為主，概括規定為輔。在列舉規定中，有一條文規定單一事項或一組相關事項，也有一條文分數項甚或數款規定各事項之情形，體系顯然過於零亂。又，本草案僅列舉十七種事項，是否足敷適用？實在令人存疑。按列舉規定本不易求其周延，更何況政治中立之內涵，在我國尚未確立；隨著政治環境的變遷，新的情況可能隨時出現，自應以概括規定保留些許適用上的彈性，方屬周妥。本草案第7條第2項第4款雖亦有「其他經考試院會同行政院以命令禁止之行為」之概括條款，但顯然不能包括應作為義務，也不能將行政院院長等政務官包括在內，仍然有所遺漏。

（五）處罰條款過於嚴苛

考試院送請審議的公務人員行政中立法草案，原只籠統規定「違反本法規定者，應依公務員懲戒法予以懲戒，或依公務人員保障法規定處理」，但在立法院法制委員會審查過程中，多數委員為強化拘束力，確保執行成效，遂決議分別針對違反各項義務者，科處一年以下或六個月以下有期徒刑、拘役、新臺幣十萬元以下或五萬元以下罰金、沒收等刑事罰；或處以新臺幣十萬元以上，二十萬元以下罰鍰之行政罰；或撤銷候選人登記，提起當選無效之訴；或通知撤銷其公職。除此之外，尚得依公務員懲戒法或陸海空軍懲罰法予以懲戒或懲罰。較諸外國相關法制或其他人事法規，處罰不可謂不重。這些不同處罰方式併存於同一法規之中，既顯示處罰體系的多元零亂，也暴露處罰程度的嚴苛與重複，似有悖於「比例原則」與「一事不二罰」之法理，但也充分說明立法者強制貫徹執行的決心。

（六）執行規定有欠周詳

　　本草案係政治性頗高的法律規範，日後在執行或審理過程中，政黨或政治團體將無可避免的介入，加上處罰又重，因此認定、移送、施行及過渡等執行規定，均應具體明確與完整周延。遺憾的是本草案有關執行的規定僅有檢舉或舉發、逾期未繳納罰鍰者移送法院強制執行以及施行日期等三項，其餘均未規定，甚至連授權訂定施行細則的法源也未植入。究竟是法律本身已很周延，故不再需以施行細則加以補充規定？抑或根本沒有考慮周詳，完全忽略施行細則的功能與重要性？從以上論述中似不難窺其端倪。

　　綜上所論，考試院為健全文官體系，朝野立法委員為端正政治風氣，促進政黨政治良性發展，都希望法案早日通過。他們的用心，固然令人敬佩與肯定；然而深究其實，立法品質卻未如預期的好。以上六點缺失，僅屬例舉性質，值得吾人共同關心。

五、結　語

　　政治中立法草案是個政治性頗高的法案，在政治力凌駕一切的國家是不可能制定的，我國雖步英、日、美、法等先進國家之後，制定專法以規範相關人員的政治活動，並已完成委員會的審查，然而法律並非裝飾品，惟有透過實際執行，方能確實展現其成效。過去我國許多法律執行成效不佳，癥結不在規定不周延或處罰不夠重，往往是執行不夠落實，法律規定與實際執行之間有甚大落差之故。較諸其他法律，政治中立事項不但規範不易，日後執行恐怕更有困難。在適用對象擴大至廣義公務員，規範標的限縮至與政治活動有關事項，並以處罰強制其執行後，到底是好轉或轉壞呢？目前似乎仍不明朗。[20]

　　不過從這二十四條條文中，既不難歸納其特色，也不難發現其缺失。正因為提案機關考試院與未來主要執行機關行政院對這些缺失均感疑慮，同聲表示反對，加上朝野立法委員各有堅持，此一法案在此後的朝野黨團協商中，始終沒有任何進展，第三屆立法委員任期內如是，第四屆立法委員任期內亦復如是。屆至民國91年1月，隨著第四屆立法委員任期終了，依照立法院職權行使法第13條「屆期不連續」之規定，本草案的審議到此畫上句號。空留遺憾，也頗為可惜。

陸、公務人員行政中立法草案評析——民國92年9月考試院提案版本

一、前　言

　　「公務人員行政中立法」（草案）——一部在民國83年11月銓敘部即已草擬完成，考試院並於同年12月送請立法院審議，歷經多年，迄仍難完成立法的重要法案。因為93年3月第十一任正副總統大選及同年12月第六屆立法委員選舉，朝野政黨的激烈對決，它再度成為眾所矚目的焦點。

　　在我國，行政中立受到重視，可上溯自81年12月，考試院面對當時正如火如荼展開的第二屆立法委員競選活動，公開呼籲各政黨尊重文官中立。隨後在83年11月，銓敘部草擬「公務人員行政中立法草案」報請考試院審議，考試院旋即於同年12月函請立法院審議，案經該院交法制委員會併同黃昭輝委員等16人、林濁水委員等16人、黃爾璇委員等17人所提三案併案審查。歷經七次全體委員會議，終於在85年11月完成審查，名稱修正為「政治中立法」（草案），旋即函復院會排入二讀待審法案中。惟因修正幅度頗大，適

用對象大幅放寬，處罰規定也從嚴加重，考試院無法接受，以致遲遲不能完成朝野協商，排上院會議程。迄至91年1月，第四屆立法委員任期屆滿，仍未能完成三讀，依新修正的立法院職權行使法第13條「屆期不連續」規定，凡未審議完成的法案均不予繼續審議。銓敘部只得重來，重新草擬「公務人員行政中立法」（草案），並報請考試院於92年5月經院會通過，並於函詢行政院後於同年9月送請立法院審議[21]，惟一樣仍未能完成三讀及付諸施行。殊屬遺憾可惜！（立法院審議公務人員行政中立法草案情形，參見表2-1）

中立，是面對不同的勢力，維持等距關係，既不偏袒，也不偏惡某方。所謂行政中立，是指公務人員依法且公正執行職務，不涉入政黨或政治活動，並以同一標準服務社會大眾，不因個人政黨屬性或價值偏好等因素，而改變其態度與作為。從英、美、日等國的實施經驗觀之，行政中立的主要內涵，除界定其適用對象與範圍、對於違反者之處罰，以及受不當或不利處分者之救濟予以規範外，在實體上不外乎規定：1.依法行政；2.公平對待；3.適度限制參加政治活動三者。考試院研擬的草案，亦以此為範圍，且變化不大。

行政中立能否落實執行，不僅與當前組織文化、行政運作、政黨競爭、選舉風氣密切相關，且攸關國家社會的未來長遠發展，可謂「國之大事」。職是，一部規範行政中立的專法能否順利三讀通過付諸施行，自是值得重視的課題。雖已事過境遷，惟從歷史角度觀之，為使社會大眾對此一草案能有進一步的瞭解，仍值得探討。爰分從內容要點、主要特色與問題探討三方面扼要說明之。

二、公務人員行政中立法草案內容要點

按考試院民國92年5月研擬完成，並於同年9月送請立法院審議的公務人員行政中立法草案，主要是延續83年12月向立法院提案的

版本，以及爲配合立法院法制委員會審查，而於85年11月修正通過
的草案版本，其中雖有若干斟酌損益之處，但主要變化不大。[22]一樣
不分章節，維持18條條文。（詳參附錄三）茲將條文內容重點摘述
如下：

（一）立法宗旨

本草案第1條第1項規定本法之立法宗旨，或稱立法目的，係爲
確保公務人員依法行政、執法公正及建立行政中立之規範。

（二）法律屬性

本草案第2條第1項規定本法之法律屬性，或稱法的適用優先順
序，即：「公務人員行政中立之規範，除其他法律另有嚴格規定者
外，適用本法之規定」。此一規定，將本法定位在普通法與補充法
的屬性，一改以往歷次草案版本「本法未規定者，適用其他有關法
令之規定」的母法與特別法性質，可謂一大改變。

（三）適用對象

本草案第2條藉由對公務人員之定義，規範適用範圍爲「法定機
關依法任用、派用之有給專任人員及公立學校依法任用之職員」。

（四）應爲義務

本草案規定公務人員應作爲的行政中立義務共有四條，第3條規
定：「公務人員應嚴守行政中立，依據法令執行職務，忠實推行政
府政策，服務人民」，主要規範依法行政；第4條規定：「公務人員
執行職務，應秉持公正立場，對待任何團體或個人」，第12條規
定：「公務人員以其職務上掌管之行政資源，得裁量受理或不受理

政黨、其他政治團體或公職候選人依法申請之事項，並應秉持公正公平之立場處理，不得有差別待遇」，乃規範公平對待；這三條均屬一般的作為義務規定。第11條規定：「公務人員登記為公職候選人者，自候選人名單公告之日起至投票日止，應依規定請事假或休假」，則屬特別的作為義務規定。

（五）禁止義務

本草案規範的重心在限制作為的禁止義務規定，計有六條。第5條規定：「公務人員得加入政黨或其他政治團體，但不得兼任政黨或政治團體之職務；不得介入黨政派系紛爭；不得兼任公職候選人競選辦事處之職務」。第6條規定：「公務人員不得利用職務上之權力、機會或方法，使他人加入或不加入政黨或其他政治團體」。第7條規定：「公務人員不得於規定之上班或勤務時間，從事政黨或其他政治團體之活動」。第8條規定：「公務人員不得利用職務上之權力、機會或方法，為政黨、其他政治團體或公職候選人要求、期約或收受金錢、物品或其他利益之捐助；亦不得阻止或妨礙他人為特定政黨、其他政治團體或公職候選人依法募款之活動。」第9條採列舉方式，規定：「公務人員不得為支持或反對特定之政黨、其他政治團體或公職候選人：1.在辦公場所印製、散發、張貼文書、圖畫或其他宣傳品；2.在辦公場所懸掛、張貼、穿戴或標示特定政黨、其他政治團體或公職候選人之旗幟、徽章或服飾；3.主持集會、發起遊行或領導連署活動；4.在大眾傳播媒體具銜或具名廣告；5.邀集職務相關人員或其職務對象表達指示；6.其他經考試院會同行政院以命令禁止之行為。」第10條規定：「公務人員對於公職人員之選舉、罷免，不得利用職務上之權力、機會或方法，要求他人不行使投票權或為一定之行使。」這六條均屬強制性的限制作為義務。

（六）規範長官

本草案規範長官之處有二，一是第11條第2項，規定：「對於公務人員登記為公職候選人者，依規定之請假，長官不得拒絕。」二是第13條第1項，規定：「長官不得要求公務人員從事本法禁止之行為。」

（七）保障規定

本草案給予公務人員的保障規定在第13條與第14條。第13條第2項規定，長官違反「不得要求公務人員從事本法禁止之行為」者，公務人員得向該長官之上級長官提出報告，並由上級長官依法處理。未依法處理者，以失職論。第14條規定，公務人員依法享有之權益，不得因拒絕從事本法禁止之行為而遭受不公平對待或不利處分；公務人員遭受前項之不公平對待或不利處分時，得依公務人員保障法及其他有關之法令規定，請求救濟。

（八）處罰規定

本草案第15條規定，公務人員違反本法，應按情節輕重，依公務員懲戒法、公務人員考績法或其他相關法規予以懲戒或懲處，其涉及其他法律責任者，依有關法律處理之。乃本草案中有關處罰的唯一規定。

（九）準用人員

本草案有關準用人員之規定有兩條，第16條規定：1.公立學校校長及兼任行政職務之教師；2.教育人員任用條例公布施行前已進用未納入銓敘之公立學校職員，以及私立學校改制為公立學校未具任用資格之留用職員；3.社會教育機構專業人員及學術研究機構兼任行政

職務之研究人員；4.各級行政機關具軍人身分之人員，各級教育行政主管機關軍訓單位或各級學校之軍訓教官；5.各機關及公立學校依法聘用及僱用人員；6.公營事業對經營政策負有主要決策責任之人員；7.經正式任用為公務人員前，實施學習或訓練人員；均準用之。第17條規定：憲法或法律規定須超出黨派以外，依法獨立行使職權之準政務官，完全準用；至於狹義政務官與民選地方首長，除有部分條文之準用外，並特別規定：對於公職人員之選舉、罷免，不得動用行政資源，從事助選，或要求他人不行使投票權或為一定之行使。不過這些規定復給予落日條款規定，如政務人員行政中立事項之相關法律公布施行時，即失其效力。

（十）施行規定

本草案第18條規定，本法自公布日施行，即為施行規定。

要之，本草案計有十八條條文，其內容要點大致可歸納為上述十點。這十點如再加以濃縮，可歸納為：1.宣示公務人員行政中立原則；2.限制公務人員政治行為；3.禁止不利行為之對待；4.違反政治活動限制行為之罰則；5.公務人員身分及權益之保障。[23]分別環繞著人、行為、處罰三個主題。這些條文除少數是現行規定或擬議法規的重複說明外，多數均係新創規定。值得關切注意！

三、公務人員行政中立法草案主要特色

公務人員行政中立法草案的內容要點經摘述如上，從前面摘述中，不難瞭解本草案具有以下五個特色。謹分別說明如次：

（一）針對常任文官

本草案藉由對公務人員的定義，界定適用範圍是法定機關依法任用、派用之有給專任人員以及公立學校依法任用之職員。易言之，是以依公務人員任用法及派用人員派用條例進用且銓敍有案之常任文官爲適用對象。至於其他人員，如有遵守行政中立之必要者，如約聘、約僱人員，則以準用方式出現。可見本草案主要是針對常任文官而爲規範。

（二）禁止義務居多

公務人員遵守行政中立之義務，與在職務上應遵守之義務不同，在職務上應積極作爲、勇於任事，但行政中立反以不作爲爲主。本草案以「不得」爲開頭之強制禁止義務多達六條，居全部條文三分之一，不可謂不多。這些禁止規定，主要是適度限制公務人員參與政治活動的權利，藉由禁止作爲而達成行政中立的目的。

（三）訓示偏重抽象

本草案規範公務人員應積極作爲之條文不多，除登記爲公職候選人者應依規定請事假或休假，屬特別之義務規定外，在一般之義務規定方面，僅有三條文訓示應依法行政與公平對待；卻未見進一步說明，顯然過於抽象與籠統。雖有訓示效果，但實質意義並不大。

（四）重點指向選舉

行政中立事項，平常固屬重要，但選舉前的競選期間，尤爲各政黨及社會人士所重視，本草案自不例外。除第5條及第17條第3項是專爲選舉而設之規定外，其他相關條文亦多有提及公職候選人

者，可見選舉在行政中立所占的份量甚大。

（五）止於行政懲罰

依本草案第15條規定，若有違反行政中立者，應依公務員懲戒法、公務人員考績法或其他相關法規予以懲戒或懲處；若涉及其他法律責任者，依有關法律處理之。此條後段係指如另涉違反選罷法等情時，可能涉及的民、刑事或選舉罷免訴訟責任，自應依法為之，不在話下。至如單純違反行政中立規定時，僅依懲戒法與考績法懲戒或懲處，可謂止於政府機關的懲罰。懲戒案大多數雖由監察院提案彈劾，公懲會審理，但仍非屬司法訴訟案件，其理至明。

綜上論之，本草案主要規定常任文官面對政治時的作為與不作為義務。較之立法院法制委員會審查通過之政治中立法草案或其他相關法律，顯然具有上述五個特色。在掌握這些特色後，對於本草案之精髓一定更能了然於心矣！

四、公務人員行政中立法草案問題探討

本草案雖在民國92年5月考試院才正式提出，在徵得行政院同意後，始於同年9月向立法院提案。但若論其前身，則遠自民國80年8月銓敘部即已著手蒐集資料、研擬草案，這段期間不可謂不長。有關問題早經熱心的有識之士提出，並經主管機關檢討納入改進。平實論之，本草案大致完備、周延可行。不過基於求全求好心理，仍然要雞蛋裡挑骨頭，提出一些問題加以探討：

（一）創制複決應否加以規定問題

行政中立所面對的對象主要是政黨或政治團體，對於屬人的選

舉與罷免案，政黨或政治團體固然都積極動員、全力以赴，希冀支持的候選人當選或過關，所以可能發生違反行政中立的問題。然而在屬法的創制與複決，已因公民投票法之通過而完成法制化，且日趨重要之際，為政黨的意識型態或政策主張，勢必更加強力推銷與賣力動員，也可能發生違反行政中立的問題。然而本草案除平時的規範外，僅對選舉、罷免案有所規範，對於創制與複決案則隻字未提，顯然有所不足。

（二）命令禁止行為可否處罰問題

本草案第9條首先以列舉方式禁止公務人員從事部分政治活動，最後再以概括方式，總括其他經考試院會同行政院以命令禁止之行為，其本意乃在避免掛一漏萬，日後在適用上可能有所不足，故有此舉。不過因為此一法律授權條款形同空白支票，以後如何填發，悉聽考試院與行政院之便，立法院再無聞問空間，是否與法律保留原則相牴觸，恐有值得探討之處。再者因為準用之故，政務人員等其他人員亦均在限制之列，違反者一樣依懲戒法或考績法論處。前者形成依法律去處罰違反行政命令者的頭重腳輕現象，後者在法理上似有不通之處，不無值得深思之必要。

（三）長官是否應加明確定義問題

如前所言，本草案提及長官之處有二，旨在規範長官之義務。然而所謂長官，依公務員服務法規定，包括主管長官與兼管長官兩種。本法究何所指，究竟僅指主管長官？抑或包括兼管長官？均未明言。此外，由於公務人員散布在各階層、各角落之中，公務人員之長官有可能是公務人員、政務人員、公立學校校長、兼任行政職務之教師，這些人員均在適用或準用之列，並無爭議；但也有可能是總統、民意機關首長，這兩種人員並不在準用範圍，如拒不依法

辦理時又該如何？本草案隻字未提，似有不盡周延之處。

（四）準用人員是否應該擴大問題

　　本草案規範適用對象，僅以依法任用、派用之公務人員爲限。而準用人員，除增列政務人員外，亦以公務員服務法界定之範圍爲限，且不及於軍人。此一規定，恐怕有畫地自限，走不出去之憾！而社教機構專業人員與學術研究機構研究人員一向等同看待，前者準用，後者只限兼行政職務者才準用，似有不平衡之疑慮。又，民選總統是國家元首，較之政務人員有更大的空間與機會可能濫用行政資源、破壞行政中立，卻完全不受限制，恐有缺漏。而各級民意機關首長亦可能動用各該機關之行政資源，從事不公平競爭，亦應加以限制。至於政府出資成立之財團法人、基金會從業人員、各機關基層服務人員，如技工、工友、以工代職人員等，亦應納入準用範圍，方稱周延。

（五）施行細則法源應否植入問題

　　就立法體例與實施經驗言之，由於法律只能就原則及重大事項加以規定，無法及於執行細節，因此在組織法通常都授權各該機關訂定處務規程，而在作用法也都授權訂定施行細則，期使法規的細密度增加，周延性提高。然而本草案卻一反常態，未有授權訂定施行細則之法源，是否表示本草案已夠周延，不再需要藉助施行細則補充規定呢？還是有所疏漏？如從前述提及的一些疑義看來，恐怕還有勞在施行細則中規範，才能釋疑。

　　要之，制度設計之目的在求實用，故周延無瑕疵之考量是十分重要的，然而環顧四周，盡善盡美的制度卻也是不存在的。觀諸公務人員行政中立法草案，雖然主管機關已儘量求其周延可行，但如

上所述，仍難免有思慮不周之處，有待檢討改進。

五、結　語

中立與獨立的強調，通常是弱者的呼喊與期盼，但事實上也經常得不到。面對上游的、上位的各方政治力量，要行政保持等距與中立，又談何容易呢？不過為求國家社會的長遠發展，行政也非中立不可。在這樣的情況下，去研擬公務人員行政中立法草案，本身既有困難，內容拿捏也非常不易。銓敘部與考試院確實有勇氣，不畏艱難，能夠兩度提出草案，並透過教育宣導，逐漸蔚為風氣，的確令人敬佩。

綜觀前述，本草案具有相當的政治性與抽象性，又屬新的制定案，研擬條文本屬不易，所以難免會有一些思考不周之處。吾人殷殷期盼，以本文草案內容要點之摘述、主要特色之掌握與問題之探討作為基礎，繼續對本草案加以檢視，或稍有助於公務人員行政中立專法立法品質的提升。[24]

柒、公務人員行政中立法草案相關問題探討——民國92年9月考試院提案版本

一、前　言

行政中立——過去往往因為選舉的激烈競爭才浮出檯面、倍受關注的課題，在民國93年3月總統大選之際，甚至超乎以往受到更多重視；不只保訓會通函各機關要求辦理行政中立訓練，銓敘部、人事行政局及相關機關亦要求所屬公務人員嚴守行政中立規定。以故，儘管公務人員行政中立法草案是時仍未三讀通過，但在這次大

選期間，公務人員遵守行政中立的情形，明顯已有所進步。

公務人員行政中立法草案是規範公務人員行政中立的主要法律依據。考試院前曾於民國83年12月將本草案函請立法院審議，該院法制委員會雖於85年11月完成審查，並將名稱修正爲政治中立法草案，惟迄至91年1月第四屆立法委員任期屆滿之際，仍未能獲得各黨團協商一致同意排上院會二、三讀議程。依立法院職權行使法第13條屆期不連續之規定，考試院只得重新提案，經於92年9月再度函請立法院審議，雖已交付法制委員會審查，惟仍未於94年1月第五屆立法委員任期屆滿之前通過，依法嗣後仍應重行提案。

按這次所提公務人員行政中立法草案，全文凡18條，不分章節。（詳參附錄四）攸關我國行政發展的程度及公務人員遵守的意願，能否落實的貫徹執行，既涉及政黨競爭、選舉風氣，甚至國家社會未來的長遠發展，不可謂不重要。故公務人員行政中立法草案的條文內容有何規定，如何規定，自是值得正視。爲使社會大眾對此一法案及相關問題，能有進一步的瞭解，爰分就制定前提、實質內容與相關事項加以探討。

二、制定前提探討

從公共政策角度觀之，問題認定乃政策制定的第一步。[25]在公務人員行政中立法草案尚未制定前，是否存在窒礙難行的嚴重問題，而有非立法不可的迫切需要？易言之，在政治環境方面，公務人員行政中立法有無制定之必要？在政策目的方面，政府當局希冀解決的問題能否藉由立法手段予以解決？如果非制定不可的話，究應採取那種方式立法？始符經濟有效及合適周妥之原則？在在需先加以釐清瞭解，始能正本清源，並收提綱挈領之效。

（一）應否制定的問題

在解嚴之前，我國均處於黨國不分的威權體制之下，國家、政府與執政黨三位一體，政務官與事務官渾然不分，社會標榜的主流價值是「忠黨愛國」；所謂行政中立，根本是不存在或不曾出現的名詞。不過在民國七十年代以後，黨外勢力崛起，75年9月民主進步黨正式成立，在歷次選舉中所獲選票均有明顯成長；89年3月陳水扁當選總統，取得中央執政權；90年12月底立法委員選舉，民進黨並成為國會第一大黨。而解除戒嚴，終止動員戡亂體制，國民黨擺脫「革命民主政黨」的屬性，轉型為民主政黨，不僅有助於政黨之間的競爭，也有益於政黨政治的建立。

我國原無行政中立的法律規範，惟為因應解嚴與廢止動員戡亂體制的政治發展，確保朝野政黨之間的公平競爭，維持政府行政的健全運作，避免常任文官捲入政黨競爭的漩渦中，論者無不主張應制定公務人員行政中立法，藉以統整要求公務人員遵守行政中立的規範。但亦有少數學者認為行政中立僅為原則，其內容過於抽象，實在不必大張旗鼓的制定新法，只要在公務員服務法或其他相關法律中增加數條規定即足敷適用。[26]也有認為行政中立只是規範公務人員政治活動的一環，而非全部，故宜改為公務人員政治活動規範法，方符實際。[27]這些見解，固然不無道理。不過在法治原則下，國家公權力應受法規限制，[28]政府一切作為均應依法行政；且揆諸我國人事法制一向採個別立法主義的傳統，即一事項原則上以一法律規範之。為突顯行政中立的重要規定，經參考美國赫奇法案（the Hatch Act）的作法，單獨制定公務人員行政中立法，應是較為周延妥適的考量與作為。

（二）如何制定的問題

應否立法，係屬價值判斷；如何立法，則為技術考量。對於某一政策事項，通常是在價值上決定要立法後，才在技術上考量如何立法的問題；不過也有兩者併予考量，甚至因立法技術上無法克服解決，反過來使得立法工作遲滯延宕，甚至不了了之。從如何制定的角度出發，本法草案至少有下述三個問題應先考慮清楚，始不致橫生枝節、平添紛擾：

1.是否遷就現實，抑或構建理想的問題

法律並非從天而降、憑空生出，也不能照抄外國法條或完全按照理想設計。法律終究是社會的產物，既反應民意與事實需要，也表露有權者的意圖。絕對理想與絕對現實是兩個極端，所有法律都擺盪在這兩者之間，只是成分的多寡而已。公務人員行政中立法雖係初創，但在立法前並非毫無章法，只是均屬急就章的通函規定，且分散在不同的主管機關而已，其體系較為零亂，位階與效力均低。如果可以完全不顧現實，逕依理想設計，當然不錯，不過未來在執行上恐怕就會出亂子。如果過於遷就現實，欠缺前瞻性與整體性，那麼法律做為引導社會進步的功能也就盡失。在兩者之間如何拿捏，取得平衡，便是一個值得思考的重要課題。

2.是否制定專法，抑或配合修法的問題

行政中立事項在決定以法律加以規範後，接下來要考慮的便是到底要重新制定專法呢？抑或在相關的公務員服務法或公務人員基準法草案等法律中配合修正增列部分條文呢？以美、日為例，美國早先係制定赫奇法案，以專法加以規定；日本則在國家公務員法與地方公務員法中納入規定，即屬合併立法，兩者作法明顯有別。大

致言之，這兩種方式皆是可行之道，也各有優缺點，前者更能突顯重要性，但立法成本較高，形成共識不易；後者較爲精簡省時，牽動不大，不過卻難以顯現其重要性。銓敍部前部長關中則認爲採取單獨制定專法的途徑，可能較符合當前政治生態與社會環境的需要。[29]考試院最後決定採取前一作法，卻因形成共識不易，所以本草案送至立法院審議後，不但曾被大幅修改，且延宕十多年之久，與此不無關聯。

3.是否原則規定，抑或詳細規定的問題

法律如採原則規定，其條文數必然不多，除規範重要事項外，其餘均留待行政命令予以全面的、完整的規定；如採詳細規定，其條文數一定不少，舉凡相關事項，必然都以法律加以規定。究係原則規定或詳細規定，則視立法政策與法律保留原則而定。行政中立事項之性質由於較爲抽象，如欲詳細規定，似有不能；如僅原則規定，又顯空洞，依所擬草案條文觀之，似乎介於兩者之間。

綜上述之，行政中立法究應如何制定，乃屬技術層面的問題，相較於應否制定的考量，雖然層次較低，卻也是在立法之前就必須考慮的政策決定。惟此一問題似乎一直未得到應有的重視，不無遺憾之處。

三、實質內容探討

行政中立事項在決定立法，並決定制定專法及詳略相濟、兼顧理想與現實的立法原則後，接下來要考量的便是要規範哪些事項內容？包括哪些實體事項、程序事項與相關事項？這些均需事先周妥的考量，一部好的法律才會出現。茲依公務人員行政中立法草案條文內容分別探討析述如次：

（一）適用範圍問題

大致言之，在政府部門任職的公務員，不問職位高低或職務性質為何，均應遵守行政中立規範，對國家忠誠。不過中立規範的尺度卻因職務性質與職位高低而有明顯不同，愈是高層，就愈開放，政策性愈高，遵守中立的尺度就愈寬鬆；職務愈與執行公權力或維護公平正義相關者，就愈有遵守行政中立的必要性。因此，政務官毋須與一般公務人員一樣遵守行政中立規範，只須遵守較為寬鬆的政治中立規範即可；而第一線執行公權力的檢、警、調與職司審判的法官，以及手握武力的軍人，勢須較一般公務人員遵守更嚴格的行政中立規範。英國的行政中立規定將公務人員區分為政治限制類、中間類、政治自由類，應與此有關。我國在立法之初，遭遇到的首要挑戰就是如何界定適用範圍的問題，考試院堅持以公務人員為適用範圍，且不再加以區分，但當時在野黨立法委員黃爾璇等人卻強烈主張採綜合立法方式，也就是將政務官、軍人、教師一併納入規範。[30]正因為如此，雙方數度溝通均無交集，行政中立法也就暫時沒有下文。

（二）名詞界定問題

行政中立源自價值中立，但價值能否中立，在社會科學領域一直有所爭議，新公共行政學派一向認為公務人員只有忠誠問題，沒有中立問題。其後雖因政黨不斷更迭執政的客觀發展情勢，行政中立的主張已成為主流意見，惟究應採行政中立的用法呢？還是使用政治中立的名稱呢？又是一個爭議的焦點。有人認為公務人員主要是對政治保持中立，行政本身是依法行政、盡忠職守，故無行政中立問題，只有政治中立可言，所以應使用政治中立一詞，而非行政中立。[31]此一說法固非無見，不過更多人認為行政中立是指行政本身對任何事物均應保持中立，政治面只是其一，因此使用行政中立一

詞的含義更爲廣泛，更貼近實際，行政中立的說法明顯優於政治中立。於是考試院在草擬法案之初，即以行政中立名之。

（三）義務內容問題

　　行政中立事項是對公務人員的義務要求，既有作爲義務，也有不作爲義務。不過與其他職責上所要求的義務相較，行政中立偏向不作爲的義務較多，而作爲的義務較少。到底哪些義務事項應放在法律層次？哪些事項只須放在行政命令層次？哪些事項完全不須規定？也是一個有待斟酌的重要課題。本法草案針對作爲義務，僅有三條抽象的訓示規定，而不作爲義務規定則達六條，明顯偏重不作爲義務規定，且兩者合計達九條條文，占全部條文數的二分之一，其重要性不難想見。不過這些列舉的義務規定是否已足堪當前使用？如有不足，該如何補強？是否一句「其他經考試院會同行政院以命令禁止之行爲」即可應付？恐怕宜先綢繆。然而遺憾的是目前草案中似無著墨，誠然有待改進矣！

（四）保障規定問題

　　行政中立的義務規範，是要弱勢的公務人員去對抗強勢的長官，包括民選首長、政務人員，以及具有監督權的民意代表，其難度本就甚高，因此給予公務人員明確具體的保障規定，對於長官違反行政中立規定者課予一定的處罰，才能安公務人員遵守中立的心，也能遏阻長官及民意代表不當干預的念頭。然而本草案對於公務人員之保障規定只有兩條，且重點擺在得依公務人員保障法及其他有關法令請求救濟，實在是畫蛇添足，應付了事。按所有公務人員自覺權益受損時，即可依公務人員保障法請求救濟，根本無待此處另爲規定；而此一說明又是不痛不癢，對公務人員的保障顯然有所不足。

（五）處罰規定問題

行政中立既以禁止的不作為義務規定為主，而非權利給與，故為確保義務的貫徹執行，便須設定違反義務者之處罰，藉收威嚇之效。本草案立基於此一想法，故也在第15條設有規定，如違反本法者，應按其情節輕重，依公務員懲戒法、公務人員考績法及其他相關法規予以懲戒或懲處，其涉及其他法律責任者，依有關法律處理。不過此一條文規定僅在說明而已，其實不具任何意義，因為縱未在此規定，公務人員違反任何義務規定，均得依懲戒法或考績法論處；多此一舉，只是徒具形式，未有實益可言。

要之，公務人員行政中立法草案雖經考試院研議多時，且已二度函送立法院審議，此一過程不可謂不慎重嚴謹。然而在實質內容方面，卻仍有適用範圍、名詞界定、義務內容、保障規定、處罰規定等不夠周妥明確之處，以致出現瑕疵，值得正視。

四、相關事項探討

行政中立規定雖以前開規定事項為主，但並非以前開規定事項為限。為充分表現法制的周延性，本法在規範適用的人員、行為以及違反者之處罰後，復就準用人員加以規範。易言之，如無規定準用人員，並無損於本法的完整性；但對準用人員加以規定，則可增加本法的周延性，故將準用人員置入，實有加分效果。除此之外，本法草案中應規定而未規定之相關事項，亦有三點值得一探究竟。茲探討如下：

（一）準用人員範圍應否擴大問題

本草案的適用人員基本上係以依法任用、派用的公務人員為限，而準用人員的規定看似洋洋灑灑有七款之多，然而卻不脫公務

員服務法的範圍，雖將政務人員、公立學校兼行政職務之教師、公營事業負有決策之人員納入準用範圍，但軍人、公立學校一般教師、公營事業一般人員、政府機關技工、工友，甚至政府捐資成立之財團法人從業人員均未納入。按這些人員所從事之工作均與公益有關，薪俸都來自公庫，軍人且握有武力，自應同在準用之列。而總統、副總統與各級民選政府首長、民意機關首長所掌握之行政資源更多，破壞行政中立的可能性也更大，卻不在準用之列，恐怕也有值得檢討之處。

（二）公民投票事務應否限制問題

行政中立主要是要求公務人員，在面對政黨、政治團體及其舉辦的政治活動時，應保持中立態度與作為。當然政黨與政治團體對於選舉與罷免案，可能因過度動員、逾越分際而衍生影響公務人員行政中立的問題，然而對於訴諸全民意志的創制複決事項，即公民投票事務，政黨或政治團體更有可能為其政策主張而全力動員，因而難免也會有違反行政中立的問題。不過本草案除平時的規範外，僅對選舉、罷免案有所規範，對於公民投票事務則完全沒有規範，顯然也有不足。

（三）應否增訂施行細則法源問題

前言之，本草案較偏原則與抽象規定，此與一般法律只就原則及重大事項加以規定之情形相去不遠。不過一般法律為彌補無法及於施行細節之缺憾，在「法律保留原則」之下，通常組織法都會授權各該機關訂定處務規程，作用法也會授權訂定施行細則，期使法規的細密度增加、周延性提高，也使執法機關的正當性向上提昇。然而本草案卻一反常態，未有授權訂定施行細則法源，是否表示已夠周延？還是有所疏漏？如從前述提及的一些疑義觀之，恐怕後者

成分大些。亡羊補牢，恐怕還是得植入施行細則之法源，方爲正辦。

綜上述之，在相關事項方面，本草案似仍有思慮不夠周妥之處，就立法品質觀之，不無負面的損傷。如前述三個問題能有所參採改進，則我國有史以來的首部行政中立專法勢必更爲周延完善，更具可行性矣！

五、結　語

公務人員行政中立法這一部專法的立法工作，在我國不但史無前例，環顧各先進國家，亦是步美國赫奇法案（the Hatch Act）之後的第二部專法，可資參考或借鏡之處不多，其立法之困難度不難想見。從前述的探討中，也不難看到草案中的諸多問題所在。這些或許就是何以本法已延宕十多年之久，考試院已兩度函請立法院審議，然而卻始終不能完成三讀的癥結所在。

儘管立法進度不順，但面對競爭愈來愈激烈的政黨政治，行政中立愈顯得急切與重要。只有公務人員與相關人士均能深刻體認行政中立的重要性，且願意真心奉行遵守，行政中立才能真正落實執行，行政不再被政治任意擺布，我國的政治發展才有清明之期，行政運作也有健全之時。[32]

捌、公務人員行政中立法的立法過程與規範重點
——民國98年5月立法院三讀通過條文

一、前　言

　　行政中立，曾經是公務部門極為熱門的課題；每逢選舉，也都是政治人物攻防的焦點。在公務人員行政中立法於98年6月公布施行後，更成為媒體輿論與全體公務人員熱切討論的焦點之一。中立，顧名思義係指公正的站在中間，不偏不倚，不偏袒也不偏惡任何一方之謂。行政中立，就是指公務人員應依法且公正執行職務，不涉入政黨或政治活動，並以同一標準服務社會大眾，不因政黨屬性或個人價值等因素，而改變其態度與作法。在第二次世界大戰後，由於行為主義學派與新公共行政學派的興起，行政中立的課題早已受到歐美先進國家的重視。

　　公務人員行政中立法，是一部規範我國常任文官遵守行政中立事項的專門法律，從民國83年11月銓敘部草擬初稿完成，迄98年6月總統明令公布，前後歷時近十五年。此一期間因立法院實施「法案屆期不予繼續審議」之故，前後共四度由考試院函請立法院審議，立法過程可謂備極艱辛。在二次政黨輪替後，由於主管機關的積極推動及朝野黨團的共同努力，終能捐棄成見，化異求同，讓此一法案順利完成三讀，付諸施行。在公務人員法制上，這絕對是一個重要的里程碑，值得特別肯定。

二、公務人員行政中立法的立法背景

　　雖然我國早有學者專家探討行政中立的課題，但政府部門注意到此一課題則是民國八十年代的事情。民國80年8月，銓敘部部長陳桂華在中國國民黨中常會提出「整建現行文官制度之構想與作法」

報告，內曾言及「對文官中立及政務官、事務官正確職務分際，宜
於相關法令中研擬具體規範，以奠定國家行政常態穩定的根基」。
此雖屬政黨之事，且僅屬政策構想，但當時執政黨顯然已認知行政
中立的重要性。民國81年12月，考試院針對當時如火如荼、積極展
開的第二屆立法委員選舉，公開呼籲朝野各政黨尊重文官中立制
度，並要求全體公務人員遵守行政中立原則。民國82年4月，考試院
院長邱創煥在就任記者會上宣布，建立行政中立法制為其首要工
作。銓敘部爰擬具「如何建立行政中立法制案」為中心議題，提報
同年10月舉行之全國人事主管會報研討，對於部擬兩項辦法，即建
立行政中立文化與積極整建行政中立法制，與會人員均表贊同。此
外，並於83年7月函請中央及各地方主管機關表示意見，復於同年10
月成立「公務人員行政中立法草案專案小組」，積極研擬草案條
文。經定稿後，銓敘部於民國83年11月報請考試院審議，考試院歷
經四次審查，旋於同年12月函送立法院審議。於是，建構公務人員
行政中立法制由「坐而言」，邁向「起而行」的階段，以後一連串
的立法行為也從此展開。

　　衡諸當時的時空環境，我國行政中立法的立法背景，大致可歸
納為四項：

　　（一）威權體制解構：民國76年我國解除戒嚴體制，80年動員
戡亂時期終止，黨國不分、以黨領政的威權體制解構。此後國家、
政府與執政黨三位一體的情形才有區隔，這在我國民主發展史上可
以說是非常重要的里程碑。中國國民黨由支配者的角色轉為競爭
者，正是因為威權體制解構，我國政治與行政才能明確區分，政務
官不再是事務官的延伸與晉升，事務官也只依專業與才能進用，不
再有政治考量，行政中立乃有追求的可能。

　　（二）政黨競爭激烈：解嚴前後，我國在野的群眾力量大增，

不只每次選舉所獲席次均有成長與進步，所發動的街頭社會運動亦聲勢懾人，嚴厲挑戰國民黨的執政優勢。正因爲政黨政治雛形已具，朝野政黨之間的競爭日趨激烈，爲使各政黨取得較公平的競爭地位，行政中立乃成爲當年在野黨最重要的主張之一。

（三）選舉風氣敗壞：長久以來國內選舉風氣不佳，每逢選舉總是「賄聲賄影」，頻頻傳出金錢與暴力介入的傳聞，加上有心人士的操弄與控制，選風愈見沉淪，距離「選賢與能」的目標似乎更爲遙遠。爲導正選風，避免公務人員捲入惡質的競選文化之中，自應倡導行政中立，並推動行政中立的立法工作。

（四）資源招致濫用：國家資源理應由全國民眾共同享有，執政者雖有權依法加以分配，但仍應以大多數人的權益爲重，並顧及公平正義及少數弱者。在執政過程中完全公平、公正、公開、透明，庶幾國家資源得到合宜的配置與運用。不過遺憾的是，長久以來國家資源幾乎被執政黨所壟斷，在執行過程中也有濫用的情形。爲確保在執行過程中，國家資源不被公務人員扭曲及濫用，能夠維持起碼的公平起見，行政中立的立法與推動，顯屬必然。

要而言之，在客觀環境上，威權體制解構、政黨競爭激烈、選舉風氣敗壞及資源招致濫用四者，可謂我國行政中立法最重要的立法背景因素。其中前兩者屬政治轉型因素，尤爲關鍵；後兩者攸關民主選才與公共資源運用，亦屬重要。

三、公務人員行政中立法的制定經過

前言之，本法最早係在民國83年12月由考試院函請立法院審議，其後並在92年9月及94年10月兩度函送。法案名稱均以「公務人員行政中立法」爲名，實質內容差異不大，亦均因立法院職權行使

法第13條規定「屆期不予繼續審議」而失效。雖然這三次都未能完成立法程序，不過在委員會審查與黨團協商的過程中，也累積許多寶貴的經驗，足供主管機關參考改進，方能在這次第四度提案審議的過程中很快的獲得共識，順利完成三讀。職是，這三次「失敗」的立法經過情形，一樣值得探討。茲分述如次：

（一）民國83年12月提案的審查情形：按考試院此次提案計有18條條文，立法院法制委員會在85年11月併同黃昭輝委員等16人提案、黃爾璇委員等17人提案、林濁水委員等16人提案審查完成，法案名稱修正為「政治中立法」草案，除適用對象擴大至政務人員及軍公教人員外，規範事項也增列許多，處罰也從嚴加重，並課長官以相關責任，大幅超越考試院的規範範圍，也與考試院的政策方向有違，因此考試院未能接受。嗣後雖一再經朝野黨團協商，卻都沒有結果。迄88年元月第三屆立法委員任期終了時，雖不因「有條件的屆期不連續」而失效；但至91年元月，仍因立法院職權行使法第13條修正為「完全的屆期不連續」，而使本法草案的審議工作隨著第四屆立法委員任期終了而畫下句號。

（二）民國92年9月提案的審查情形：民國89年5月總統大選結果，臺灣首度政黨輪替。在民進黨主政之下，考試院依然蕭規曹隨，在92年9月提請立法院審議本法草案。查其條文數，仍維持18條，但條文文字內容則稍有變動。此次送立法院審議後，法制委員會並未開會進行實質審查，直接擱放至94年元月第五屆立法委員任期終了而失效。

（三）民國94年10月提案的審查情形：考試院第三度提請立法院審議之條文，計有19條。法制委員會經於96年5月併同國民黨黨團提案，分別由召集委員雷倩與吳志揚主持完成審查，法案名稱不變，條文數增列為20條。惟因仍有三項款條文被保留，朝野黨團協

商未果，迄至97年元月，隨著第六屆立法委員任期終了，一樣畫下句號。

綜上言之，可知考試院這三次送請立法院審議的法案名稱均是「公務人員行政中立法」（草案），條文數雖稍有變動，由18條增爲19條，但實質內容變化不大，並不因政黨輪替而大幅變更，這說明行政中立的規範內涵漸趨成熟穩定。儘管這三次立法最後都因「屆期不連續」而失效，卻積累不少寶貴的經驗，奠定日後順利完成立法程序的基礎。這些「失敗」，當然都是「值回票價」的。

四、公務人員行政中立法的審議情形

民國97年5月，臺灣經歷二次政黨輪替，國民黨重新取得執政權。考試院於同年9月改組後，即於12月第四度送請立法院審議公務人員行政中立法草案。條文數增爲20條，主要內容除基於考試院既定之政策構想外，也參酌先前法制委員會審查之結論，故在98年3月司法及法制委員會審查的過程中，其中除準用人員中「兼任行政職務之」教師與研究人員等文字被刪除外，可謂沒有遭受太大質疑，很快完成審查，提報院會處理。

雖然本法案在司法及法制委員會審查中沒有任何條文被保留，且決議無須交由黨團協商。不過因爲全教會等教師團體認爲刪除「兼任行政職務之」等文字後，全體教師均納入準用對象，既與公教分途原則有違，亦與大法官會議解釋公務員服務法之適用對象有背，強烈表達反對意見。因此本法案在提報院會進行二讀前，仍被要求退回進行黨團協商。

在黨團協商過程中，江義雄委員等人同意教育部意見，回復「兼任行政職務之教師」始納入準用對象，至於一般教師是否遵守

行政中立規範，則以附帶決議方式要求在教育法規中規定。然而研究人員中因未聞有反彈聲音，故仍依委員會議決議，以全體研究人員為準用對象，並不因其是否兼任行政職務而有不同。在98年5月19日立法院院會，即依黨團協商結論順利完成二、三讀程序，隨即咨請總統於6月10日公布施行。

要之，本法在第四度送請立法院審議的過程中，儘管有些爭議，但大致還算順利。這或許是歷經二次政黨輪替後，朝野政治人物更能深刻體認到行政中立的重要性；而在保訓會的積極訓練宣導之下，公務人員對於行政中立的理念，也愈來愈能掌握與實踐。所以本法能在立法院第七屆第三會期完成立法程序，可謂水到渠成、自然不過的事情。

五、公務人員行政中立法的規範重點

前言之，本法係在98年5月19日經立法院三讀通過，並咨請　總統在同年6月10日公布。共有20條條文，不分章節。（詳參附錄五）茲依條次歸納其規範重點如下：

（一）立法目的與位階：本法第1條規定，為確保公務人員依法行政、執行公正、政治中立，並適度規範公務人員參與政治活動，特制定本法。又規定公務人員行政中立之規範，依本法之規定；本法未規定或其他法律另有嚴格規定者，適用其他有關之法律。乃為本法立法目的與法律位階之規定。

（二）適用與準用人員：本法第2條規定，法定機關依法任用、派用之有給專任人員及公立學校依法任用之職員，為本法所稱之公務人員，乃本法之適用對象。又第17條規定：

1. 公立學校校長及公立學校兼任行政職務之教師；

2. 教育人員任用條例公布施行前已進用未納入銓敘之公立學校職員，及私立學校改制為公立學校未具任用資格之留用職員；

3. 公立社會教育機構專業人員及公立學術研究機構研究人員；

4. 各級行政機關具軍職身分之人員，及各級教育行政主管機關軍訓單位或各級學校之軍訓教官；

5. 各機關及公立學校依法聘用、僱用人員；

6. 公營事業機構人員；

7. 經正式任用為公務人員前，實施學習或訓練人員；

8. 行政法人有給專任人員；

9. 代表政府或公股出任私法人之董事及監察人；

　　上列九款人員準用本法之規定。此外，第18條復規定，憲法或法律規定需超出黨派以外，依法獨立行使職權之政務人員，準用本法之規定。這兩條即是本法準用人員之規定。

　　（三）中立與公正原則：本法第3條規定，公務人員應嚴守行政中立，依據法令執行職務，忠實推行政府政策，服務人民。又第4條規定，公務人員應依法公正執行職務，不得對任何團體或個人予以差別待遇。

（四）參加政黨之規範：本法第5條規定，公務人員得加入政黨或其他政治團體，但不得兼任政黨或其他政治團體之職務。公務人員不得介入黨政派系紛爭，亦不得兼任公職候選人競選辦事處之職務。又第6條規定，公務人員不得利用職務上之權力、機會或方法，使他人加入或不加入政黨或其他政治團體；亦不得要求他人參加或不參加政黨或其他政治團體有關之選舉活動。

（五）政治活動之規範：本法第7條規定，公務人員不得於上班或勤務時間從事政黨或其他政治團體活動；但依其業務性質，執行職務之必要行為，不在此限。所稱上班或勤務時間，係指下列時間：

1. 法定上班時間；

2. 因業務狀況彈性調整上班時間；

3. 值班或加班時間；

4. 因公奉派訓練、出差或參加與其職務有關活動之時間。

又第8條規定，公務人員不得利用職務上之權力、機會或方法、為政黨、其他政治團體或擬參選人要求、期約或收受金錢、物品或其他利益之捐助；亦不得阻止或妨礙他人為特定政黨、其他政治團體或擬參選人依法募款之活動。

再者，第9條規定，公務人員不得為支持或反對特定之政黨、其他政治團體或公職候選人，從事下列政治活動或行為：

1. 動用行政資源編印製、散發、張貼文書、圖畫、其他宣傳品

或辦理相關活動；

2. 在辦公場所懸掛、張貼、穿戴或標示特定政黨、其他政治團體或公職候選人之旗幟、徽章或服飾；

3. 主持集會、發起遊行或領導連署活動；

4. 在大眾傳播媒體具銜或具名廣告；

5. 對職務相關人員或其職務對象表達指示；

6. 公開為公職候選人站台、遊行或拜票；

7. 其他經考試院會同行政院以命令禁止之行為。

至於所稱行政資源，乃指行政上可支配運用之公物、公款、場所、房舍及人力等資源。

（六）選舉事務之規範：本法第10條規定，公務人員對於公職人員之選舉、罷免或公民投票，不得利用職務上之權力、機會或方法，要求他人不行使投票權或為一定之行使。又第11條規定，公務人員登記為公職候選人者，自候選人名單公告之日起至投票日止，應依規定請事假或休假。公務人員依前項規定請假時，長官不得拒絕。再者，第12條規定，公務人員於職務上掌管之行政資源，受理或不受理政黨、其他政治團體或公職候選人依法申請之事項，其裁量應秉持公正、公平之立場處理，不得有差別待遇。另外第13條亦規定，各機關首長或主管人員於選舉委員會發布選舉公告日起至投票日止之選舉期間，應禁止政黨、公職候選人或其支持者之造訪活動；並應於辦公、活動場所之各出入口明顯處所張貼禁止競選活動

之告示。

（七）處罰與救濟規定：本法第14條規定，長官不得要求公務人員從事本法禁止之行為。長官違反前項規定者，公務人員得檢具相關事證向該長官之上級長官提出報告，並由上級長官依法處理；未依法處理者，以失職論，公務人員並得向監察院檢舉；又第15條規定，公務人員依法享有之權利，不得因拒絕從事本法禁止之行為而遭受不公平對待或不利處分。公務人員遭受前項之不公平對待或不利處分時，得依公務人員保障法及其他有關法令之規定，請求救濟。再者，第16條規定，公務人員違反本法時，應按情節輕重，依公務員懲戒法、公務人員考績法或其他相關法規予以懲戒或懲處；其涉及其他法律責任者，依有關法律處理之。

（八）細則與施行規定：本法第19條規定，本法施行細則，由考試院定之。又第20條規定，本法自公布日施行。即為本法授權考試院訂定施行細則的法源依據，以及自98年6月12日開始生效的規定。

要之，本法乃規範公務人員行政中立的專法，只就行政中立的主要事項及相關事項加以規定，條文數僅有20條，其規範重點主要有上述八點，可謂不多。有人或仍批評本法規定的不夠周延完整，但因為是首次制定，且為當前全世界獨一無二的專法。能夠如此，其實已甚難能可貴矣！

六、結　語

如上所述，本法四度由考試院送請立法院審議，前後歷時近十五年，且橫跨兩次政黨輪替，立法過程可謂備極艱辛。不過在主管機關考試院及所屬銓敘部努力推動，執政黨與在野黨捐棄成見，共

同為建構良好行政中立文化的共識之下，最後終能順利完成三讀，付諸施行，誠屬不易，值得珍攝。

誠然，歷經多年的立法過程，在立法院三讀通過後，本法規範內容仍有不夠周延妥適之處，這或許就是民主妥協的不得不然。不過觀諸前述立法背景的迫切，制定經過的延宕以及審查情形的折衝，最終能夠完成立法程序，已屬不易。本於「先求其有」的基礎，嗣後針對不足之處局部加以修正，應是大家可以理解與期待的事情。相信在你我的共同關注之下，不只公務人員行政中立法能夠落實執行，建構優良的公務人員行政中立文化也是指日可待。

玖、公務人員行政中立法的檢視──民國98年5月立法院三讀通過條文

一、前　言

公務人員行政中立法是規範我國常任文官遵守行政中立事項的專門法律，也是當前全世界僅就行政中立事項予以規定的唯一法律。不論從我國人事法制的發展觀之，或從世界先進各國比較人事法制的角度觀之，均有其無與倫比的重要性。

查本法自民國83年11月銓敘部草擬初稿函報考試院，迄98年6月總統明令公布，前後費時將近十五年。此一期間，由於立法院實施「法案屆期不予繼續審議」的緣故，除83年12月首度由考試院函請立法院審議外，亦分別在92年9月、94年10月及97年12月三度函送。所送草案條文內容架構大致不變，僅有些微調整，可見得雖有兩次政黨輪替之變局，但朝野政黨攻守易位後的政策構想差別不大。在主管機關考試院及所屬銓敘部的積極推動，以及朝野立法委員的共

同努力之下，終能捐棄成見，化異求同，讓本法於立法院第七屆第三會期順利完成二、三讀，並付諸施行，誠屬不易。

茲分就本法的規範要點、制度特色、相關問題三部分探討之。

二、公務人員行政中立法的規範重點

本法係98年5月19日經立法院三讀通過，並經總統於同年6月10日公布。全文共有20條條文，不分章節，其主要內容要點有四：1.揭示立法目的、適用對象及公務人員行政中立之原則；2.明定公務人員參與政治活動之權利、限制及保障；3.公務人員經公告爲公職候選人之請假規定，以及各機關首長或主管人員在選舉期間應辦事項與相關限制；4.拒絕從事禁止行爲而遭受不公平對待或不利處分之救濟管道及違反本法規定之處理方式。（詳參附錄五）茲依條次歸納其規範重點如下：

（一）立法目的與位階：本法第1條規定，爲確保公務人員依法行政、執行公正、政治中立，並適度規範公務人員參與政治活動，特制定本法。又規定公務人員行政中立之規範，依本法之規定；本法未規定或其他法律另有嚴格規定者，適用其他有關之法律。此爲本法立法目的與法律位階之規定。

（二）適用與準用對象：本法第2條規定，法定機關依法任用、派用之有給專任人員及公立學校依法任用之職員，爲本法所稱之公務人員，乃本法之適用對象。又第17條規定：

1. 公立學校校長及公立學校兼任行政職務之教師；

2. 教育人員任用條例公布施行前已進用未納入銓敘之公立學校

職員，及私立學校改制爲公立學校未具任用資格之留用職員；

3. 公立社會教育機構專業人員及公立學術研究機構研究人員；

4. 各級行政機關具軍職身分之人員，及各級教育行政主管機關軍訓單位或各級學校之軍訓教官；

5. 各機關及公立學校依法聘用、僱用人員；

6. 公營事業機構人員；

7. 經正式任用爲公務人員前，實施學習或訓練人員；

8. 行政法人有給專任人員；

9. 代表政府或公股出任私法人之董事及監察人；

上列九款人員準用本法規定。此外，第18條復規定，憲法或法律規定需超出黨派以外，依法獨立行使職權之政務人員，準用本法之規定。這兩條即是本法準用人員之規定。

（三）中立與公正原則：本法第3條規定，公務人員應嚴守行政中立，依據法令執行職務，忠實推行政府政策，服務人民。又第4條規定，公務人員應依法公正執行職務，不得對任何團體或個人予以差別待遇。

（四）參加政黨之規範：本法第5條規定，公務人員得加入政黨或其他政治團體，但不得兼任政黨或其他政治團體之職務。公務人員不得介入政黨派系紛爭，亦不得兼任公職候選人競選辦事處之職

務。又第6條規定，公務人員不得利用職務上之權力、機會或方法，使他人加入或不加入政黨或其他政治團體；亦不得要求他人參加或不參加政黨或其他政治團體有關之選舉活動。

（五）上班時間之規範：本法第7條規定，公務人員不得於上班時間或勤務時間，從事政黨或其他政治團體之活動；但依其業務性質，執行職務之必要行為，不在此限。所稱上班或勤務時間，指下列時間：

1. 法定上班時間；

2. 因業務狀況彈性調整上班時間；

3. 值班或加班時間；

4. 因公奉派訓練、出差或參加與其職務有關活動之時間。

（六）職務行為之規範：本法第8條規定，公務人員不得利用職務上之權力、機會或方法，為政黨、其他政治團體或擬參選人要求、期約或收受金錢、物品或其他利益之捐助；亦不得阻止或妨礙他人為特定政黨、其他政治團體或擬參選人依法募款之活動。

（七）政治活動之限制：本法第9條規定，公務人員不得為支持或反對特定之政黨、其他政治團體或公職候選人，從事下列政治活動或行為：

1. 動用行政資源編印製、散發、張貼文書、圖畫、其他宣傳品或辦理相關活動；

2. 在辦公場所懸掛、張貼、穿戴或標示特定政黨、其他政治團

體或公職候選人之旗幟、徽章或服飾；

3. 主持集會、發起遊行或領導連署活動；

4. 在大眾傳播媒體具銜或具名廣告；

5. 對職務相關人員或其職務對象表達指示；

6. 公開為公職候選人站台、遊行或拜票；

7. 其他經考試院會同行政院以命令禁止之行為；

所稱行政資源，指行政上可支配運用之公務、公款、場所、房舍及人力等資源。

（八）選舉事務之規範：本法第10條規定，公務人員對於公職人員之選舉、罷免或公民投票，不得利用職務上之權力、機會或方法，要求他人不行使投票權或為一定之行使。又第11條規定，公務人員登記為公職候選人者，自候選人名單公告之日起至投票日止，應依規定請事假或休假。公務人員依前項規定請假時，長官不得拒絕。再者，第12條規定，公務人員於職務上掌管之行政資源，受理或不受理政黨、其他政治團體或公職候選人依法申請之事項，其裁量應秉持公正、公平之立場處理，不得有差別待遇。另外，第13條亦規定，各機關首長或主管人員於選舉委員會發布選舉公告日起至投票日止之選舉期間，應禁止政黨、公職候選人或其支持者之造訪活動；並應於辦公、活動場所之各出入口明顯處所張貼禁止競選活動之告示。

（九）處罰與救濟規定：本法第14條規定，長官不得要求公務

人員從事本法禁止之行為。長官違反前項規定者，公務人員得檢具相關事證向該長官之上級長官提出報告，並由上級長官依法處理；未依法處理者，以失職論，公務人員並得向監察院檢舉。又第15條規定，公務人員依法享有之權利，不得因拒絕從事本法禁止之行為而遭受不公平對待或不利處分。公務人員遭受前項之不公平對待或不利處分時，得依公務人員保障法及其他有關法令之規定，請求救濟。再者，第16條規定，公務人員違反本法時，應按情節輕重，依公務員懲戒法、公務人員考績法或其他相關法規予以懲戒或懲處；其涉及其他法律責任者，依有關法律處理之。

（十）細則與施行規定：本法第19條規定，本法施行細則，由考試院定之。又第20條規定，本法自公布日施行。即為本法授權考試院訂定施行細則的法源依據，以及自98年6月12日開始生效的規定。

總之，本法乃規範公務人員行政中立的專法，只就行政中立的主要事項及相關事項加以規定，條文數僅有20條，其規範重點主要可歸納如上述十點，可謂不多。不過行政中立的界線範圍、衡量尺度等主要規範內容，卻是鉅細靡遺，沒有遺漏。

三、公務人員行政中立法的主要特色

本法的內容要點經已摘述如上，從前述摘要中，不難瞭解本法具有下述五個特色。謹分述如次：

（一）主要針對常任文官：本法藉由對公務人員的定義，界定適用範圍是法定機關依法任用、派用之有給專任人員以及公立學校依法任用之職員。易言之，是以依公務人員任用法及派用人員派用條例進用且銓敘有案之常任文官為適用對象。至於其他人員，如有

遵守行政中立之必要者，如約聘、約僱人員，則以準用方式出現。可見本法主要是針對常任文官而爲規範。

（二）禁止義務居於多數：公務人員遵守行政中立之義務與在職務上應遵守之義務不同，在職務上應積極作爲、勇於任事，但行政中立反以不作爲爲主，本法以「不得」爲開頭之強制禁止義務的條文數，不可謂不多。這些禁止規定，主要是適度限制公務人員參與政治活動的權利，藉由禁止作爲而達成行政中立的目的。

（三）訓示規定較爲抽象：本法規範公務人員應積極作爲之條文不多，除登記爲公職候選人者應依規定請事假或休假，屬特別之義務規定外，在一般之義務規定方面，僅訓示應依法行政、執行公正、政治中立、忠實推行政府政策，卻未見進一步說明，顯然過於抽象與籠統。雖有訓示效果，但實質意義並不大。

（四）規定重點指向選舉：行政中立事項平常固屬重要，但選舉前的競選期間，尤爲各政黨及社會人士所重視，本法自不例外。從第5條至第13條規定，幾乎都與選舉事項有關，可見選舉在行政中立所佔的份量甚大。

（五）違者止於懲戒懲罰：依本法第16條規定，若有違反行政中立者，應依公務員懲戒法、公務人員考績法或其他相關法規予以懲戒或懲處；若涉及其他法律責任者，依有關法律處理之。此條後段係指如另涉違反選罷法等情時，可能涉及的民、刑事或選舉罷免訴訟責任，自應依法爲之，不在話下。至如僅違反行政中立規定時，則依懲戒法懲戒或考績法懲處，可謂止於政府機關的懲罰。懲戒案大多數雖由監察院提案彈劾，公懲會審理，但基本上仍是準司法性質，而非司法案件。

綜上論之，本法主要規定常任文官面對政治時的作爲與不作爲義務，顯然具有上述五個特色。在掌握這些特色後，相信對於本法之精髓一定更能了然於心矣！

四、公務人員行政中立法的相關問題

基於「屆期不連續」的規定，本法草案雖在民國97年12月考試院才正式提案，但若論其前身，則遠自民國80年8月銓敘部即已著手蒐集各國資料，這段期間不可謂不長。有關問題早經熱心的有識之士提出，並經主管機關檢討納入改進。平實論之，本法大致完備、周延可行。不過基於求全求好心理，仍應雞蛋裡挑骨頭，提出一些意見，藉供有司當局參考：

（一）關於創制複決應否加以規定的問題：行政中立所面對的對象主要是政黨或政治團體，對於屬人的選舉或罷免案，政黨或政治團體固然都積極動員、全力以赴，希冀支持的人選當選或過關，所以可能發生違反行政中立的問題。然而在屬法的創制與複決，已因公民投票法之通過而完成法制化，且日趨重要之際，爲政黨的意識形態或政策主張，勢必更加強力推銷與賣力動員，也可能發生違反行政中立的問題。然而本法除平時的規範及第10條有提到公民投票外，僅對選舉、罷免案有所規範，對於創制與複決案則隻字未提，顯然有所不足。

（二）關於命令禁止行爲可否處罰的問題：本法第9條首先以列舉方式禁止公務人員從事部分政治活動，最後再以概括方式，總括其他經考試院會同行政院以命令禁止之行爲。其本意乃在避免掛一漏萬，日後在適用上可能有所不足，故有此舉。不過因爲此一法律授權條款形同空白支票，以後如何填發，悉聽考試院與行政院之便，立法院再無聞問空間，是否與法律保留原則相抵觸？恐有值得

探討之處。況且形成依法律去處罰違反行政命令者的頭重腳輕現象，在法理上亦有不通之處，不無值得深思之必要。

（三）關於長官是否應加明確定義的問題：本法提及長官之處主要有第11條及第14條兩處，旨在規範長官之義務。然而所謂長官，依公務員服務法規定，包括主管長官與兼管長官兩種。本法究何所指，究竟僅指主管長官？抑或包括兼管長官？均未明言。此外，由於公務人員散布在各階層、各角落之中，公務人員之長官有可能是公務人員、公立學校校長、兼任行政職務之教師，這些人員均在適用或準用之列，並無爭議；但也有可能是民選首長、狹義的政務人員、民意機關首長，這三種人員並不在準用範圍，如拒不依法辦理時又該如何？本法隻字未提，似有不盡周延之處。

（四）關於準用人員是否應該擴大的問題：本法規範適用對象，僅以依法任用、派用之公務人員為限。而準用人員，大致上亦以公務員服務法界定之範圍為限，且不及於軍人，恐怕有畫地自限，走不出去之憾！又，民選總統、地方政府首長與政務人員，在高度上似有更大的空間與機會可能濫用行政資源，破壞行政中立，卻完全不受限制，恐有缺漏。而各級民意機關首長亦可能動用各該機關之行政資源，從事不公平競爭，似亦應一併加以限制，始稍允當。至於政府出資成立之財團法人、基金會從業人員、各機關基層服務人員，如技工、工友，以工代職人員等，亦未納入準用範圍，似亦有不夠周延之處，值得改進。

（五）關於研究人員是否一體準用的問題：本法第17條第1款僅規定公立學校兼任行政職務之教師納入準用對象，但第3款規定公立學術研究機構人員卻不管有無兼任行政職務，均一體準用。兩款規定顯然不平衡，有違教育與學術人員一視同仁、一體看待之原則；且研究人員所掌控之公權力終究較低，似亦無全面準用、予以限制

之必要。無怪乎本法公布後，引起中央研究院部分研究人員的激烈反彈矣！

要之，制度設計之目的在求實用，故周延無瑕疵之考量是十分重要的，然而環顧四周，盡善盡美的制度卻也是不存在的。觀諸本法，雖然主管機關已儘量求其周延可行，但如上所述，仍難免有思慮不周之處，誠然有待檢討改進。也只有不斷的檢討改進，制度才會更完美，也更為可行。

五、結　語

行政中立確實是值得肯定的價值。公務人員行政中立法既是要求公務人員遵守行政中立事項的專門法律，是要規範公務人員動用行政資源或行使公權力的中立性；然而行政中立所面對的主要客體卻是政治，包括平時的政黨活動與選前的競選行為，可以說是小巫見大巫，處於相對劣勢的地位。因此想要藉由本法規範去匡正選舉風氣、促進政黨良性競爭、建構良好組織文化，可謂極其不易。

在這樣的背景下，本法之制定過程可以說是備極艱辛，但完成立法後，也絕對是劃時代的里程碑。如上所述，儘管本法仍有規定不盡周延妥適之處，執行成效如何亦未可知；然而這第一步已經跨出。何況只是略有疏漏，自是瑕不掩瑜，無礙大局；當然也樂見本法修得更符合實際需要。

拾、公務人員行政中立法的大要——民國103年11月立法院修正通過版本

一、前　言

　　爲因應國內外政治環境的發展趨勢，建構公務人員優質的行政中立文化及法制，以健全文官制度；歷經多年努力，我國在民國98年6月制定公布公務人員行政中立法，並於103年11月首次修正。

　　目前我國公務人員行政中立，雖有公務人員行政中立法作爲依據，執行成效亦見進步，惟因政務人員相關法制尚未完成，且時有政務人員與公務人員角色及功能混淆等爭議。每逢選舉總有聽聞行政資源不當動用、公務人員介入選舉活動之情事，造成民眾對於行政機關或公務人員觀感不佳，連帶使政府行政資源運用的正當性遭受質疑。是以，要求公務人員遵守行政中立的規定；確認公務人員行中立的價值，至關重要。

二、主要內容

　　本次僅修正三條條文，修正後公務人員行政中立法全文仍爲20條，一樣不分章節。（詳參附錄七）其主要規範如下：

（一）本法之立法目的

　　行政中立旨在落實民主政治、促進政黨良性競爭、保障公務人員權益、提高機關行政效能。因此，建立一套共同遵守的行政中立法制、確立常任文官的政治活動界限，乃爲確保下列目的的達成：

1.依法行政

本法除於第1條明示依法行政之目的外，復於第3條規定：「公務人員應嚴守行政中立，依據法令執行職務，忠實推行政府政策，服務人民。」按我國步入民主化後，依法行政的概念已為國人所接受與認同。此一目的旨在要求政府機關及公務人員的作為，必須合乎法律規範。

依法行政是法治國家最根本的原則，但「依法行政」未必等同行政中立。依法行政是從民主「法治原則」（rule of law）導引的結論，既是支配法治國家立法權與行政權關係的基本原則，也是公務人員執行職務的最高衡量準據。依法行政強調「依照民主過程所制定的法律來行政」，此係實踐民主政治的必然結果，乃公務人員公權力行使之「合法性」（legality）課題。行政中立則是在當代民主政治的環境下，為促進民主精神及實現民意政治的重要因素，故行政中立攸關政黨競爭的公平、政府應否向人民負責，並使民意付諸實現等價值；此與政權的「正當性」（legitimacy）密切相關。

2.執行公正

由於行政事務日益複雜，立法機關無法詳盡的、完整的規定，故法律條文通常只作原則性的規範，再賦予行政機關視實際狀況或需要彈性運作的空間，這也就是所謂的行政裁量權。執行公正即是要求公務人員在行使裁量權時必須秉持的態度，裁量權的行使涉及行政行為及政府資源的分配，攸關執行職務的行為是否公正及資源分配是否合理。本法除於第1條揭示執行公正之目的外，亦於第4條規定：「公務人員應依法公正執行職務，不得對任何團體或個人予以差別待遇。」第12條規定：「公務人員於職務上掌管之行政資源，受理或不受理政黨、其他政治團體或公職候選人依法申請之事

項，其裁量應秉持公正、公平之立場處理，不得有差別待遇。」這二條條文宣示「平等原則」是執行公正的基本態度。

3.政治中立

政治中立，其實就是對公務人員的政治行為予以適度規範，惟非指公務人員不得參與政治活動。其目的係為使公務人員免受政黨因素左右；主要透過對特定政治行為的限制，以促使公務人員秉持中立及公正的作法，俾能實現公部門專業、公正、效率的價值。因此限制公務人員政治活動的條文規範較為細密，除第1條之宣示外，本法第5條至第10條，皆為公務人員政治活動之規範，其主要內容概分為三類：一是不得在特定時間、場所從事特定行為；二是不得積極參與政黨或政治團體的運作及競選活動；三是不得利用職務上之權力、機會或方法從事特定行為。

（二）適用與準用對象

鑒於公務人員為政府推動業務之主力，除有行政權力之行使外，尚掌握部分的行政資源。為避免公務人員濫用行政權力，或遭受長官要求從事違反行政中立之行為，本法爰以公務人員為適用對象；另外，雖非公務人員，但依其職務性質，亦有遵守行政中立之必要者，則列入準用對象。茲分別說明如下：

1.適用對象

依本法第2條規定，其適用對象係指法定機關依法任用、派用之有給專任人員及公立學校依法任用之職員。此意乃以常任文官與派用人員為適用對象，惟亦包括依各機關機要人員進用辦法規定進用之人員。

2.準用對象

雖非政府機關內公務人員，惟亦掌有行政資源的人員，本法第17條及第18條明定為準用對象。包括：

（1）公立學校校長及公立學校兼任行政職務之教師。

（2）教育人員任用條例公布施行前，已進用未納入銓敘之公立學校職員，及私立學校改制為公立學校，未具任用資格之留用職員。

（3）公立社會教育機構專業人員及公立學術研究機構兼任行政職務之研究人員。

（4）各級行政機關具軍職身分之人員，及各級教育行政主管機關軍訓單位或各級學校之軍訓教官。

（5）各機關及公立學校依法聘用、僱用人員。即依聘用人員聘用條例或依行政院暨所屬機關約僱人員僱用辦法，所進用之約聘及約僱人員。

（6）公營事業對經營政策負有主要決策責任之人員。包括：公營事業機構董事長、總經理、代表公股之董事、監察人及其他對經營政策負有主要決策責任之人員。

（7）經正式任用為公務人員前，實施學習或訓練人員。

（8）行政法人有給專任人員。包括：行政法人有給專任之董（理）事長、首長、董（理）事、監事、繼續任用人員及契約進用人員。

（9）代表政府或公股出任私法人之董事及監察人。

（10）憲法或法律規定須超出黨派以外，依法獨立行使職權之政務人員。如：監察委員、考試委員、公平交易委員會委員、國家通訊傳播委員會委員及公務人員保障暨培訓委員會委員等。

（三）政治活動之規範

公務人員掌有公權力、行政資源，亦負有公共責任。因此，對於公務人員政治活動的參與，允宜採適度及必要的限制，以確保民眾的信賴。本法對公務人員參與政治活動的規範，主要在第5條至第11條，其規定如下：

1. 公務人員得加入政黨或其他政治團體，但不得兼任政黨或其他政治團體之職務。

2. 公務人員不得利用職務上之權力、機會或方法介入黨派紛爭，也不得兼任公職候選人競選辦事處之職務。

3. 公務人員不得利用職務上之權力、機會或方法從事下列行為：

（1）使他人加入或不加入政黨或其他政治團體。

（2）要求他人參加或不參加政黨或其他政治團體有關之選舉活動。上開所稱政黨或其他政治團體有關之選舉活動，包括：

（A）總統副總統選舉罷免法及公職人員選舉罷免法規定之選舉、罷免活動。

（B）推薦公職候選人所舉辦之活動。

（C）內部各項職務之選舉活動。

（3）為政黨、其他政治團體或擬參選人要求、期約或收受金錢、物品或其他利益之捐助；抑或阻止或妨礙他人為特定政黨、其他政治團體或擬參選人依法募款之活動。上開所稱擬參選人，依政治獻金法第2條規定認定之。

（4）對於公職人員之選舉、罷免或公民投票，要求他人不行使投票權或為一定之行使。關於上開公民投票事項，包括提案或不提案、連署或不連署之行為。

4.公務人員不可在上班或勤務時間，從事政黨或其他政治團體之活動；但依其業務性質，執行職務之必要行為，不在此限。所稱上班或勤務時間，係指法定上班時間、因業務狀況彈性調整上班時間、值班或加班時間，以及因公奉派訓練、出差或參加與其職務有關活動之時間。所稱政黨或其他政治團體之活動，指由政黨或政治團體所召集之活動及與其他團體共同召集之活動，包括政府機關內部，成立或運作政黨之黨團及從事各種黨務活動等。所稱依其業務性質，執行職務之必要行為，指依相關法令規定執行其職務所應為之行為。

5.公務人員不可為支持或反對特定之政黨、其他政治團體或公職候選人，從事下列政治活動或行為：

（1）動用行政資源編印製、散發（包括網路資訊傳遞方式）、張貼文書、圖畫、其他宣傳品或辦理相關活動。

（2）在辦公場所懸掛、張貼、穿戴或標示特定政黨、其他政治團體或公職候選人之旗幟、徽章或服飾。

（3）主持集會、發起遊行或領導連署活動。

（4）在大眾傳播媒體具銜或具名廣告，公開為公職候選人站台、助講、遊行或拜票。但公職候選人之配偶及二親等以內血親、姻親，如不涉及與該公務人員職務上有關事項，得只具名不具銜，為該公職候選人在大眾傳播媒體廣告，或公開為公職候選人站台、助講、遊行或拜票。上開所稱職務上有關之事項，指動用行政資源、行使職務權力、利用職務關係或使用職銜名器等情事。本法施行細則另界定公開遊行及拜票，所稱公開為公職候選人遊行，指為公職候選人帶領遊行或為遊行活動具銜具名擔任相關職務；所稱公開為公職候選人拜票，指透過各種公開活動或具銜具名經由資訊傳播媒體，向特定或不特定人拜票之行為。

（5）對職務相關人員或其職務對象表達指示。如強迫參與特定公職候選人之造勢活動或競選活動之政治行為。

6.公務人員登記為公職候選人者，自候選人名單公告之日起至投票日止，應依規定請事假或休假；長官不得拒絕。惟如公務人員於依上開規定請事假或休假期間，另有公務人員請假規則所定其他假別之事由，仍得依規定假別請假。

（四）行政資源之運用

公務人員於職務上掌管之行政資源，應一視同仁。基於不違反本法規定之立場，自可本於權責裁量受理或不受理政黨、其他政治團體或公職候選人依法申請之事項；惟其裁量應秉持公正、公平之

立場處理，不得有差別待遇。

（五）選舉活動之處理

為營造公務人員行政中立之辦公環境，各機關首長或主管人員，於選舉委員會發布選舉公告日起至投票日止之選舉期間，應禁止政黨、公職候選人或其支持者之造訪活動；並應於辦公、活動場所之各出入口明顯處所張貼禁止競選活動之告示。

（六）不利對待之禁止

為建立行政中立之環境，保障公務人員之權益，本法第14條至第16條明定：

1. 長官不可要求公務人員從事本法所禁止之行為；公務人員依法享有之權益，亦不可因拒絕從事違反行政中立之行為，而遭受不公平對待或任何不利之處分。

2. 長官違反規定者，公務人員可以檢具相關事證向該長官之上級長官提出報告，並由其上級長官依法處理，未依法處理者，以失職論；此外，也可以向監察院檢舉，以保障公務人員權益。

3. 公務人員因行政中立有關事項，遭受不公平對待或不利處分時，可以依公務人員保障法等相關法令規定，請求救濟。

（七）違法責任之追究

為落實行政中立，公務人員及其長官違反本法規定者，應依公務員懲戒法予以懲戒，或依公務人員考績法規定懲處。因違反行政

中立事項並非反社會、反國家之行為，僅係服務義務之違反，課以懲戒或懲處責任已足。至於違反程度達觸犯刑事法律或其他相關法律規定時，則依各有關法律規定處罰之。

三、結　語

由上述之，可知我國公務人員行政中立法除就立法目的、規範對象有所規定外，在實體部分，乃以公務人員參與政治活動之適度限制為主，其中又可分為上班限制、職務限制與身分限制等三個層次。此外也明定對於違反者之處罰，及對於遵守者之保障。這無非就是希望能達到本法所設定之立法目的。

不容否認，我國公務人員行政中立法是當前世界各國專訂規範公務人員行政中立事項的唯一專法，雖係我國向採個別立法主義的不得不然，但也表示我國對於行政中立的重視。就上揭規範內容觀之，如與英、法、美、德、日等民主先進國家相較，並非特別嚴苛，但也不失之寬濫；最重要的是適合國情環境的需要，能夠據以執行。

期盼在瞭解與掌握本法規定後，行政中立的理念能夠內化成為每個公務人員價值體系的重要部分，也成為日常處理公務的基本態度與行為準則。則國家甚幸！社會甚幸！

拾壹、公務人員行政中立法修正條文評析
——民國103年11月立法院修正通過條文

一、前　言

　　公務人員行政中立法是一部政治性極高的法律，儘管保訓會基於訓練主管機關的立場，要求各機關加強對公務人員的訓練，但平常不盡受到重視，愈近選舉，受到的矚目則愈高。正由於政治性高，朝野立法委員意見分歧，這部法律自考試院首度函送立法院審議，迄至三讀通過止，前後歷時十五年，立法過程可謂備極艱辛；民國98年6月甫公布施行，中央研究院研究人員即有反彈聲浪，部分立法委員對於部分條文亦有不同意見。於是乎，修法的潛在因子似已埋下。

　　民國101年4月，立法委員鄭天財等18人及委員高志鵬等21人分別擬具「公務人員行政中立法第9條條文修正草案」。此後，民進黨黨團、委員尤美女等19人擬具「公務人員行政中立法第5條、第9條及第17條條文修正草案」、委員鄭天財等20人亦擬具「公務人員行政中立法第17條條文修正草案」；前後共有五個提案版本。立法院司法及法制委員會於103年10月併案完成審查，經朝野黨團協商後，隨即提報院會完成二、三讀，並即咨請總統於同年11月修正公布施行。

二、條文修正情形

　　按此次僅修正3條條文，係屬部分條文修正，其修正情形說明如下：

　　（一）修正第5條條文：將第2項「公務人員不得介入黨政派系

紛爭。」修正為「公務人員不得利用職務上之權力、機會或方法介入黨派紛爭。」係將身分限制改為職務限制，也就是只要不利用職務上之權力、機會或方法即可，基本上是放寬限制。

（二）修正第9條條文：第2項第4款原規定：「在大眾媒體具銜或具名廣告。」修正後增列但書，「但公職候選人之配偶及二親等以內血親、姻親只具名不具銜者，不在此限。」同項第6款原規定：「公開為公職候選人站台、遊行或拜票。」修正後除增列助講外，亦增列但書「但公職候選人之配偶，及二親等以內血親、姻親，不在此限。」另刪除原第7項規定：「其他經考試院會同行政院以命令禁止之行為。」惟增列第3項「第一項第四款及第六款但書之行為，不得涉及與該公務人員職務上有關之事項。」此條修正，除取消主管機關空白授權的概括規定外，主要是放寬具有特定身分者參與選舉活動之空間。

（三）修正第17條條文：將第3款「公立社會教育機構專業人員及公立學術研究機構研究人員」，修正為「公立社會教育機構專業人員及公立學術研究機構兼任行政職務之研究人員」；亦即限縮準用人員之範圍，在公立學術研究機構之研究人員，僅限於兼任行政職務者始列為準用人員，需遵守行政中立規範，如未兼行政職務者，則不受限。此外，亦修正第6款規定，將「公營事業機構人員」修正為「公共事業對經營政策負有主要決策責任之人員」，也是限縮準用範圍，將公營事業機構人員限縮為負有主要決策責任者，始應遵守行政中立規範。

要之，這次條文修正，僅有第5條、第9條、第17條等三條條文，其修正內容依項款規定，可歸納如上，基本上是朝著放寬的方向修正，當不難瞭解。

三、修正條文說明

本次部分條文修正情形，業經敘明如上，其修正事項可概括如下三點說明：

（一）明定介入黨政紛爭的前提：本法第5條原規定公務人員「不得介入黨政派系紛爭」，乃屬絕對強制禁止之身分限制，公務人員無論於何時何地，是否與職務、職權有關；均不得介入黨政派系紛爭。此一規定，對於公務人員言論自由之保障，似乎過於嚴苛，故本次修正，增列「不得利用職務上之權力、機會、方法」等文字。易言之，只是「不得利用職務上之權力，機會或方法」介入黨派紛爭，如未「利用職務上之權力，機會或方法」，則仍可介入黨派紛爭。

（二）限縮準用人員規定的範圍：本法第9條規定，係行政中立的核心事項，乃身分限制，明定所有公務人員不得從事的政治活動事項；只要具有公務人員身分，不論是否與職務有關，是否在放假或請假期間，或是否僅保留身分，但停止執行職務之情形，如休職、停職或留職停薪期間，均不得作爲之事項。此一規定，在本法公布施行時，即被抨擊過於嚴苛，有違人情之常，故原第1項第6款不得「公開爲公職候選人站台，遊行或拜票」之作爲，即被考試院於訂定發布之施行細則第6條，以但書加以限縮，即「但不包括公務人員之配偶或一親等直系血親爲公職候選人時，以眷屬身分站台未助講之情形。」如此限縮規定，雖較符實情，亦兼顧人情倫常，惟似又有違法律保留原則，不無越俎代庖之嫌。此次修正，即將但書移置於法律條文，且開放至二親等，並包括旁系血親、姻親，不只可以「公開爲公職候選人站台、助講、遊行或拜票」，且如只具名而不具銜者，尚可「在大眾媒體具名廣告」；惟仍不得涉及與該公務人員職務上有關之事項。至於第17條第3款後段原規定所有「公立

學術研究機構研究人員」均應準用；但修法後，僅限「兼任行政職務」之研究人員，始受限制；以與公立學校取得衡平。同條第6款原規定「公營事業機構人員」，就語意言之，往往被認為是全體人員，惟公營事業機構之性質實為私法人，依我國現行法令規定，其企業經營體系成員大致上可分為公務員、公務員兼具勞工身分、純勞工等三種。大致上僅副總經理以上人員始負有行政權力與資源，並對經營政策負有主要決策責任，爰認定為非兼具勞工身分之公務員；為符合實際情形，顧及一般社會認知，本次修正，即限縮為「對經營政策負有主要決策」之公營事業人員，始列入準用範圍，其他人員均予排除。

（三）取消概括條款授權的規定：本法第9條第7款原規定：「其他經考試院會同行政院以命令禁止之行為」，亦為公務人員不得從事之政治活動或行為；惟此一規定自制定公布之際，即有學者明白指出違背法律明確性原則及法律保留原則，不宜空白授權予考試院與行政院，讓公務人員的義務遵守，陷入不確定的情境之中。更何況施行以來，考試院藉由施行細則的訂定或修正，以及相關函釋的規定，已足敷適用，尚無須依此款「以命令禁止行為」之必要；為避免疑慮，以杜外界悠悠眾口，故立法院採納委員高志鵬等21人之提案，予以刪除。

由上所述，不難理解這三條條文修正的背景因素與延伸意涵，自可從文字規定的認識提升至字裡行間的解讀。對於行政中立的理念與規範，當有正面的價值。

四、修正條文評析

在對修正條文予以說明之後，謹提出下列四點意見，藉供參考：

（一）反映民意的需要：此次修正條文，計有立法委員鄭天財等五個提案版本，考試院並未基於主管機關的立場提出對案版本。從立法委員的角度言，可謂十足反應民意，但從主管機關的立場，卻有迫於壓力不得不修的委屈與無奈。因為不論是某一縣長候選人夫人（具公務人員身分）因站台未助講；中央研究院某一兼任行政職務之研究人員因參與學運；或某一直轄市長候選人夫人（具公務人員身分）因公開參加遊行拜票，皆屬個案有違反規定疑慮之情形。主管機關還來不及細究當事人違反規定之責任，立法委員即體貼的修法予以解套，用心可感，其充分反應民意的需求，亦昭然若揭。

（二）放寬管制的限度：按行政中立的限制，本是一條紅線，各國規定寬嚴不一，未有定制，我國基本上是「中間偏嚴」的尺度。此次修正，明顯朝著放寬方向前進，除刪除概括授權條款的規定外，不但準用人員範圍大幅限縮，應準用的對象明顯減少；且限制從事的政治活動或行為，亦從全員限制，開放為具有特定身分關係者不在此限；明顯的也是放寬人員與事項的限制。可以說這次部分條文修正的重心，就是放寬管制。

（三）兼顧倫常的要求：各國行政中立的規定，大致衡酌各該國歷史傳統、國情環境及社會文化等因素而定，尺度寬嚴各有不同，原不必求其一致；我國原本屬於中間偏嚴的規定。這次修法，放寬公職候選人之配偶及二親等以內血親、姻親，可以從事某些政治活動，主要是考量家庭倫常；終究配偶、二親等以內血親、姻親，如父母子女、兄弟姊妹、翁婿婆媳等，都是家庭中血緣最近、互動親密的親屬，如對公職候選人之競選活動，採取禁絕隔離規定，顯然失之過苛，有違人情之常，難被社會大眾接受，所以這次予以適度放寬，可說是兼顧家庭倫常之要求。

（四）適度平衡的考量：按法律規定，無不考量其周延性與平衡性，本次修正，刪除第9條第7款「其他經考試院會同行政院以命令禁止之行為」此一概括、籠統、授權且不確定的條款規定，除消去外界對違反法律保留原則的疑慮，以杜紛爭外，其實亦有謀求與前六款具體、明確的義務規定，取得平衡一致的考量；而公立學術研究機構僅限於兼任行政職務之研究人員始列為準用人員，其實也是與公立學校兼任行政職務之教師，取得平衡一致之考量，所以幾乎沒有懸念的被社會大眾所接受。

綜上，此次修正的三條條文，均為立法委員提案版本，初始固不無因人設事的個案考量，不過因修正條文內容，可以兼顧倫理，求取平衡，又能適度反應民意要求，故雖然限制尺度稍微放寬，考試院代表除在審查及協商過程提供專業意見外，基本上沒有反對，甚至還抱持樂觀其成的態度。職是，本次修法過程之順利，與上次立法過程之艱辛相較，真是判若雲泥，有如天壤之別。

五、結　語

這次公務人員行政中立法的修正，距離本法公布施行之日僅有五年；在時程上有人說快了些。當然如從法的穩定性、周延性而言，愈晚修正，代表法的穩定性愈高，周延性也夠，在適用上沒有遭遇重大的挑戰，甚至沒有窒礙難行之處。不過如果與政治性較高或爭議性較大的法律，如公職人員選舉罷免法平均一年多即修正一次的頻率相較，本法公布施行五年才首度修正，應該還是可以被接受的。

如上所言，本次修正條文僅有三條，屬部分條文修正：其案源乃立法委員分別連署之五個草案版本，經立法院司法及法制委員會併案審查，並經朝野黨團協商會議獲致之共識；其中考試院代表雖

亦列席參與討論，惟考試院並未提出對案版本。

綜觀這次修正，僅有限縮準用人員範圍、明定介入黨派紛爭前提與取消概括授權規定等三點，修正之處並不多。大致言之，這次修正，既能反應民意需要，復能考量適度平衡，兼顧倫常要求，朝著放寬限制的方向前進。故修正過程中，相關人員均樂觀其成；修正通過後，社會大眾也給予正面的評價。吾人狗尾續貂，也應表達肯定之意！

拾貳、公職人員選舉罷免法中有關行政中立規定之探討

公職人員選舉罷免法——一部因為我國與美國在民國67年斷交，暫停當年臺灣地區立法委員選舉而間接催生的法律，她最早的名字叫「動員戡亂時期公職人員選舉罷免法」，嗣民國80年因動員戡亂時期終止而配合修正為今名。自民國69年5月14日總統令公布施行後，迄今已歷三十次修正，最近一次是在民國108年1月9日修正公布，平均一年多修正一次，修正頻率堪稱頻繁。

民主政治是當今各種政治制度的主流，世界各國除少數共產獨裁國家與部落王室國家外，莫不實施民主政治。民主政治的型態雖因各國國情環境與發展程度而有不同，然而定期改選與議會政治可謂是共有的特徵，其中尤以定期改選更為重要。人民如果沒有自由、公平與普遍的選舉，針對各級政府首長與民意代表定期改選，這個國家就不能說是完全的民主、真正的民主。臺灣在早年動員戡亂時期，因為大陸地區選出的第一屆中央民意代表，事實上無法辦理改選，因而在任期屆滿後均繼續任職，政府雖辯稱是維護法統而不得不採行的革命民主體制，卻仍被黨外人士抨擊為萬年國會與半吊子民主，即是一例。

　　大體言之，民主體制甄拔人才進入政府機關的管道大致有三，分別是選舉、考試與委任三種。所謂選舉，乃指一定行政區域內之公民，以投票方法選擇立法機關之代表或行政機關之官吏。[33]所謂考試，係指因機關任用需要，運用抽樣原理，選定適當方式，從應考人員中遴選優秀者之程序。[34]所謂委任，乃委諸用人者自行遴選合適人員之意。申言之，選舉是由多數人民選擇出任，特重民主與民意，從選舉出身的職務主要有各級政府首長與民意代表。考試是由考選機關甄別知識能力後擔任，著重的是專才專業，一般公務人員均由此一管道進入政府部門；學校教師以學經歷為基礎，經各校教評會遴選後由校長聘任，也是另一種型式的考試。委任是由政府首長自行遴用志同道合者共同推展政務，著重的是領導、統合、襄助、協助的功能，經由委任方式產生的職務主要有政務人員與機要人員。除以上三種方式外，尚有同意的方式，這是介於選舉與委任之間的方式，是由政府首長提請民意機關同意後始能任職。這種方式也可說是被動的選舉，目前國內採行同意方式的職務僅有司法、考試、監察院正副院長、大法官、考試委員、監察委員、審計長、檢察總長及獨立機關委員，職務數與員額數均不多。

　　「政府雖會變動，行政永續存在」[35]，政府的變動源自於選舉，以及隨之而至的委任；而行政的永續，則來自於考試用人與永業人事制度。既然選舉是民主政治體制中政權更動的源頭，既是民主最重要的表徵之一，也是人才甄拔的主要管道，那麼規範選舉的法規相對顯得重要。因為只有選舉規範公平、明確、合宜，大家在執法過程中願意遵守，法治的效果才能發揮到最大。當前我國法制係將選舉與罷免併列，有關選舉罷免的法律規定主要有總統副總統選舉罷免法與公職人員選舉罷免法兩種。其中前者乃因總統、副總統地位崇隆，為因應民國85年第一次全民直選總統而制定，不過除性質特殊者外，大多數條文內容均參考後者而來。後者則是大家熟知的

法律，規範對象從中央的立法委員直至最基層的鄉（鎮、市）民代表、村（里）長，無不包括在內，適用範圍可謂寬闊許多。

綜觀公職人員選舉罷免法，全部條文共分7章134條，除總則及附則外，主要規範選舉罷免機關、選舉事項、罷免事項、妨害選舉罷免處罰、選舉罷免訴訟，其中選舉事項復包括選舉人、選舉人名冊、候選人、選舉區、選舉公告、選舉活動、投票及開票、選舉結果等八項，罷免事項又分為罷免案之提出、罷免案之成立、罷免投票等三項。規範內容繁多，旨在建立公平、明確、合宜的選舉及罷免遊戲規則，讓與賽的各造均能瞭解與遵守。

在這些條文規定中，與公務人員行政中立相關的條文不多，僅有五條。其中第27條規定，現役軍人、服替代役之現役役男、軍事學校學生、各級選舉委員會委員、監察人員、職員、鄉（鎮、市、區）公所辦理選舉事務人員及投開票所工作人員、依其他法律規定不得登記為候選人者，均不得申請登記為候選人；但現役軍人屬於後備軍人或補充兵應召者，在應召未入營前，或係教育、勤務及點閱召集，均不受限制。第45條規定，各級選舉委員會之委員、監察人員、職員、鄉（鎮、市、區）公所辦理選舉事務人員，於選舉公告發布或收到罷免案提議後，不得有下列行為：1.公開演講或署名推薦為候選人宣傳或支持、反對罷免案；2.為候選人或支持、反對罷免案站台或亮相造勢；3.召開記者會或接受媒體採訪時，為候選人或支持、反對罷免案宣傳；4.印發、張貼宣傳品為候選人或支持、反對罷免案宣傳；5.懸掛或豎立標語、看板、旗幟、布條等廣告物，為候選人或支持、反對罷免案宣傳；6.利用大眾傳播媒體為候選人或支持、反對罷免案宣傳；7.參與競選或支持、反對罷免案遊行、拜票、募款活動。第50條規定，中央及地方政府各級機關於公職人員選舉競選或罷免活動期間，不得從事任何與競選或罷免宣傳有關之活動。第

77條規定，現役軍人、服替代役之現役役男或公務人員不得爲罷免案提議人。第114條規定，已登記爲候選人之現任公務人員，若有下列五種情形之一者，即：1.無正當理由拒絕選委會請協辦事項或請派人員；2.干涉選委會人事或業務；3.藉名動用或挪用公款作競選之費用；4.要求有部屬或有指揮、監督關係之團體暨各該團體負責人作競選之支持；5.利用職權無故調動人員，對競選預作人事之安排，經選委會查明屬實後，通知各該人員之主管機關先行停止其職務，並依法處理。[36]這五條條文的重點，均在限制一般的或特殊的公務人員行使某些政治權利，自與行政中立有關。

　　分而述之，第27條乃限制現役軍人及辦理選舉事務之特殊公務人員等不得申請登記爲候選人；第45條及第50條係限制辦理選舉事務之特殊公務人員不得作爲之事項；第77條乃限制現役軍人與公務人員均不得爲罷免案提議人；第114條則明定已登記爲候選人之現任公務人員不得有利用職權或職務之便，從事與競選活動相關之安排。這些規定不外乎限制特殊的或一般的公務人員某些政治權利的行使，顯然即與選務中立、行政中立的要求有關。一方面避免相關的公務人員捲入競選與政黨競爭的漩渦之中，另一方面則確保所有候選人之間可以從事公平的競選。

　　綜上所述，選罷法爲求選舉的公平公正，不惜對候選人與選舉事務設下許多管理規範。這五條條文即是其中的重要規定，雖與行政中立主要內涵中的適度限制公務人員參與政治活動密切相關，不過深究其實，原無搭配行政中立加以規範之意，亦非僅爲選務中立而來，而是考量建立一套適切合宜的、可長可久的選舉罷免法制，爲選務管理之需要而制定，所以不只限制公務人員而已，也限制一些有必要設限的相關人員。不過這些與行政中立有關的規定，在公務人員行政中立法草案尚未三讀通過前，卻意外成爲具有法律位階

的唯一規範，則是始料未及的，也是頗堪玩味的。而在行政中立法公布施行後，則相互輝映，共同建構我國行政中立法的規範，亦有其特殊的意義。

要之，公職人員選舉罷免法是政治性極高的法律，乃爲管理選舉與罷免相關事務而爲規範。如從依法行政的層次觀之，由於行政中立體制最易遭致扭曲之困境，乃在選舉之前的競選期間，[37]所以全部條文可謂均與公平選舉或行政中立有關；惟如從適度限制參與政治活動的層次觀之，顯然僅有第27條等五條條文與行政中立有關。不過這五條亦非專對行政中立或選務中立而制定，所以除公務人員外，還包括其他有必要限制之人員；而在行政中立專法尚未三讀通過前，這五條條文竟意外成爲效力最高的行政中立規定。[38]縱然公務人員行政中立法已於民國98年6月公布施行，這五條規定仍有其不凡的價值。

拾參、世界先進國家行政中立的實施概況──以英、美、法、德、日五國為例

一、前　言

行政中立是當前國內行政學界的熱門課題之一，也曾是政府部門極力追求，並列爲優先審議的法案之一。世界先進國家，諸如英、美、法、德、日等國早已有法制；我國原未立法，嗣民國98年6月公務人員行政中立法公布施行後，始有法律的依據，可以全面的、大力的推展。惟在該法公布施行前，即先以行政命令規定付諸施行，且透過訓練方式強化要求。相較於民主先進國家的成熟情況，我國可說是處於相對落後的階段。

　　何以民主先進國家均將行政中立列為重要事項，且立法實施呢？因為作為手段，行政中立是確保政治清明與行政運作順暢的有效手段之一；作為目標，行政中立是當前公務人員執行職務或面對不同政治勢力時所應追求的目標之一。不論是作為手段或目標，行政中立都有其功能價值，也有其存在的必要性，所以行政中立既是一個值得追求的目標，也是一個有效運用的手段。

　　世界民主先進國家推動行政中立，各有其歷史背景與淵源，作法也各有不同，所期欲的目的與呈現的結果自然有所差別。「他山之石，可以攻錯」，茲分就英、美、法、德、日五國實施情形扼要加以敘述之。

二、英國行政中立實施概況

　　英國是最老牌的民主國家，政務官制度源自於此，文官體制甚為健全，行政中立制度也由此發源。英國傳統極重視常任文官權益，也強調其政治權利之限制，亦即行政中立的要求，因此多數常任文官具有「順、默、隱」的認知與修為。其行政中立制度的沿革與實施概況約如下述：

　　（一）1853年開始進行文官制度改革，以去除政黨的贍恩徇私。

　　（二）1884年，國會決議公務人員欲競選下議院議員時，應先行辭職。

　　（三）1910年，樞密院令規定，公務人員不能公開參加政治紛爭，以免損及官箴；在競選議員前，即應辭職。

（四）1927年國會通過「勞資爭議與工會法」（The Trade Disputes and Trade Union Act），規定公務人員團體不能具有政治目的，不得與政黨或其他政治團體聯繫，亦規定公務人員不得參加工會或罷工（但後者已於1947年修法取消）。

（五）1949年，麥斯特曼委員會（The Mastermen Committee）研擬公務人員政治活動分爲全國性與地方性兩大範圍。工黨「公務人員政治活動委員會」（The Committee on the Political Activities of Civil Servants,1948-1949）建議將公務人員政治活動，分爲不受限制，與限制參加全國性政治活動，但核准後得參加地方政治活動兩類。

（六）1953年財政部發表白皮書，依文官政治活動之範圍，將文官分爲三類，一爲「政治自由類」（Politically free group）：指實業類人員與非編制內人員，可自由從事全國性或地方性政治活動；二爲「政治限制類」（Politically restricted group）：指中上級、行政見習員及高級文官，禁止參加全國性政治活動，惟經核准後得參加地方性政治活動；三爲「政治中間類」（Intermediate group）：指上開人員以外之低階人員與專業技術人員，經核准後得參加全國性或地方性政治活動。

（七）1960年樞密院令規定，任何公務人員不得向選民發表演說或競選，或以公開方式，宣布自己爲目前或未來的候選人。

（八）1968年以後，各部公務人員名義上由部長任命，實際上漸由各部常務次長負責管理。而各部高級文官原由財政部常務次長推薦辦理，自1987年改由內閣秘書長負責管理，不受政治干預，各部部長亦予以尊重。行政中立制遂被學者雷高爾（R.Wregoire）稱爲「公務人員的政治消毒」（Political Sterilization of the Civil

Servants）。[39]

（九）1979年以後，柴契爾夫人執政期間，「政治化」色彩突顯，對於高級文官的任命與管理，帶來些許衝擊，但傳統與慣例凝結的「永業、中立與責任分際」體制仍是文官制度的基礎。自1990年代以來，一般事務官的政治活動範圍逐漸放寬，惟高級文官與政治首長幕僚仍禁止競選國會議員，亦不得擔任黨職、輔選助選與公開發表政見或評論；不過在報准之後仍可參與地方性政治活動。至於中級公務員以下，則准許參與中央或地方性政治活動。[40]

（十）1996年制定「文官管理規則」（Civil Service Management Code）與「文官服務規則」（Civil Service Code, 1996）重申行政責任與行政中立的基本原則。例如：機關首長有義務接受事務官之公平建議並制定政策；事務官向機關首長負責；不得破壞或拒絕執行執政黨或政府的決策與行政活動。[41]又文官若因被拒絕允許參與政治活動而提起申訴，得於事件發生後八週內向「文官上訴委員會」（CS Appeal Board）申訴，並於四週內提出書面控訴；「上訴委員會」受理後，得允許申訴人與其機關主管列席答復詢問及接受證據調查而作裁決。機關主管如不能接受，則須將該項裁決報請其機關首長重行審核。

綜上述之，不難暸解英國行政中立制度並非載於單一法規，且係長時間演進而來。初始毫無限制，其後漸趨嚴格，目前則又稍微放寬。而將公務人員分為三大類，再對其參與政治活動給予寬嚴不同之設限，更是創舉，明顯與他國不同。

三、美國行政中立實施概況

美國在19世紀「政黨分贓」時期，公務人員對於行政中立概念

較為模糊。但自19世紀中葉以後，約翰遜（Andrew Johnson, 1865-1869）、格蘭特（Ulysses S. Grant, 1869-1877）、海斯（Rutherford B. Hayes, 1877-1881）等總統均於在職期間，指示公務人員應遵守「政治活動限制」的原則，遂開啓美國行政中立制度的先聲。其後的發展與實施概況約如下述：

（一）1883年國會通過文官法，此法又稱彭德爾頓法（The Pendleton Act），規定維護公務人員免於政黨政治的控制，公務人員亦不因拒絕政治捐助或提供政治服務，而被免職或歧視。「文官委員會」（The Civil Service Commission，簡稱CSC）也訂定文官管理施行細則，規定文官違反政治活動後的定讞程序。從此公務人員便受到文官法與永業制的保障。

（二）1907年老羅斯福總統（T. Roosevelf）發布第642號行政命令，禁止分類職位公務人員積極參與政治管理或競選活動。公務人員雖得私下發表政治意見，但禁止參加政黨政治活動。

（三）1939年國會通過赫奇政治活動法（The Hatch Political Activities Act），規定聯邦公務人員不得參加任何贊成以武力推翻政府的組織，其後適用範圍逐步擴及於聯邦基金補助的地方政府公務人員。此外，亦禁止公務人員充當政黨提名的候選人，以及政治捐助、發表助選演說、參加選舉等。違反規定者得予停職三十日。但公務人員私下對政治表示個人意見，在私人汽車上張貼政治標示，對政黨自動捐獻，則不在限制之列。

（四）1974年國會通過聯邦選舉競選法（The Federal Election Campaign Act），廢止對各州及地方公務人員的若干政治限制。

（五）1976年國會通過聯邦公務人員政治活動法，准許公務人

員依其意願參加各種政治活動，既可參與競選活動，亦可為政治性職位候選人，並保障公務人員免受不正當的政治引誘及長官的壓迫；以及准許郵政人員及部分聯邦公務人員從事政黨活動的權利。不過此一法案最後被羅斯福總統（Gerald R.Ford）所否決，未能公布實施。

（六）1978年國會通過文官改革法，規定功績制九大原則及禁止之人事措施，強調公務人員不受政治壓迫，禁止強迫政治活動，禁止引用親貴或採取人事行動等。

（七）1989年國會通過弊端揭發人保護法，明定功績制保護委員會對赫奇法負監督責任，保護弊端揭發人（Whistleblowers），以及調查被禁止的人事措施。

（八）1993年國會通過赫奇法修正而納入聯邦法典（第五篇），聯邦人事管理局亦配合修訂規章，放寬政治活動限制範圍。現行法制將「政治活動限制」區分為兩類，第一類涵蓋正副總統以外之政務官與其他公務人員，其政治活動範圍從寬，可參與政治管理與政治活動，但禁止企圖干預選舉、故意尋求政治捐款、擔任黨派性選舉人員職位、故意鼓動參與政治活動等項。至於第二類則涵蓋聯邦競選委員會與各情治機構人員（如：CIA、FBI……），其政治活動限制從嚴。除禁止第一類限制措施外，更嚴禁參與政治管理、政治競選、政治捐獻。[42]

綜上觀之，當前美國聯邦一般公務人員（事務官職級）參加非政黨性活動、政治組織、競選活動與公職候選人等事項，多已不受限制。但在上述許可範圍，仍有特別禁止事項，即在執行職務時，或在辦公場所內，或穿著機關標幟與使用公務車輛時，則不得從事政治活動。其公務人員行政中立限制事項，已較英國稍寬。

四、法國行政中立實施概況

法國公務人員參加政治活動的範圍，在各先進國家中是相對較為寬鬆的；其主要規定見之於國家公務人員法的第一部分，即公務人員權利義務法，以及其他關於民權的特別規定。基本上，法國公務人員享有一般公民擁有的政治權利，法令的拘束較少，以不違反公務人員的義務為主要條件。其政治活動範圍大致如下：

（一）大多數公務人員均得自由參加政黨活動，但不得淪入政爭漩渦。

（二）公務人員得參加政黨提名候選，如當選國會議員或中央政府公職，則須辭去公務人員職務。如當選地方公職，可辦理休職；於任期屆滿後，均可再回任公務人員職務。

（三）公務人員得自由參加公務人員工會或勞工工會，擔任工會職位，而仍在政府機關支薪；且公務人員得依法行使罷工權，未受到特別限制。

（四）公務人員在不妨害執行職務的情況下，得自由發表政治意見，自由參選、助選、輔選。在參選期間亦不必辭去現職，而可以休假方式競選。

（五）若干特定公務人員，如司法人員，其政治活動較受限制，以免妨害獨立審判功能。[43]

大體言之，法國需遵守「行政中立」規定之公務人員，包括全國（中央與區域、省、縣各級）機關及其所屬公營造物之文職公務人員。基本上公務人員參加合法政治活動均受到保障，不受歧視。如與其他先進國家相較，法國公務人員行政中立之要求，可謂最為

寬鬆。

五、德國行政中立實施概況

德國行政中立規範，主要見之於聯邦公務人員法。該法第52條規定公務人員應為全國人民服務，而非為某一黨派服務。又第53條規定：「公務人員應注意其身分與全體關係，並考慮其義務，對於政治活動應節制或採取保守之態度。」由此觀之，德國公務人員政治活動範圍受到一些限制。其一般政治活動的範圍約如下述：

（一）公務人員參加選舉，可休假兩個月參選（亦稱選舉假），而成為國會議員後，須辦理離職；公務人員如獲政治任命，結束職務後得回任公務人員職位。如當選地方各邦或市鄉鎮議員，則可兼任。

（二）公務人員得表達政治意見，但不得有計畫的煽惑，或違背忠誠義務與自由公民的原則。

（三）公務人員禁止參加偏激性質之政治團體，凡違背自由民主而具顛覆性的極左、極右政黨或其他社團，均禁止參加。違反此一規定者，須受懲戒，最重可能免職。

（四）公務人員享有結社自由，得參加工會或職業團體，公務人員在工會或職業團體之行為，不受職務上之處罰。公務人員工會依法雖享有「協商權」，但仍不得罷工。

大致上，德國聯邦公務人員不論其為常任文官或契約職與勞動職公務人員，均受上開法制規範。原東德公務人員適用「共產型」人事制度，並無「行政中立」體制；但東西德統一後，亦均適用上

述「民主型」行政中立法制之規定。[44]與他國相較,德國公務人員行政中立之要求,大概僅次於日本,亦屬較爲嚴苛之國家。

六、日本行政中立實施概況

日本公務員政治活動之限制,係各民主先進國家中相對較爲嚴格的國家。其基本的法制規範明載於1947年制定之國家公務員法,1950年制定之地方公務員法,以及1947年施行的人事院規則等規定。其主要規定如下:

(一)國家公務員法第102條明定:公務員不得爲政黨或政治目的,要求或受領捐款;不能成爲民選之公職候選人;亦不得擔任政黨或其他政治團體之幹部或顧問等職務。

(二)人事院規則第14章第7節,乃依據上述規定而予以限制。其禁止行爲(政治目的或兼具政治行爲),包括在選舉時公開支持或反對特定候選人,支持或反對特定的法官、政黨、內閣、政策,爲政治目的而利用職銜職權,提供捐款、威脅、賄賂、勸誘他人成爲或不成爲特定政黨成員,編輯或散發政黨刊物、旗幟、徽章等。

(三)違背國家公務員法第102條規定者,除沒收捐款及其他利益外,得處三年以下有期徒刑或十萬日圓罰金。

(四)地方公務員法第36條亦載有限制公務員政治活動的規定,但違反者並無刑罰規範。換言之,地方公務員政治活動範圍與中央公務員相當,但所受限制較少。

(五)政治權利不受限制者爲特別職中的政務官、民選人員、宮廷人員、防衛廳職員與機要人員。至於司法人員、教育人員與國

營事業人員均比照一般常任文官，其政治活動範圍亦受上述法令限制。

要之，日本對於公務員參與政治活動之限制頗多，幾乎是各國中最爲嚴苛者。這也許就是近年來日本政局雖頗多變動，但事務官仍能堅守行政中立，不受政治干擾，而維繫行政運作於不墜的主因。[45]

七、結　語

綜上所述，可知各先進國家行政中立規定，主要針對常任公務人員，且偏重對政治活動之限制。不過英、美兩國再就公務人員予以分類，其限制因此有寬嚴之不同，其餘法、德、日等國未再區分，均一視同仁。除英國散見各行政命令規定，由各種法規共同建構外，主要均以法律加以規定，其中美國曾制定專法，不過現已納入聯邦法典中，其餘法、德、日等國均併在公務人員法律中一併規定。從限制公務人員政治活動的寬嚴度論之，日本限制最多，最爲嚴格，德國次之，英國再次之，美國稍寬，而法國最爲寬鬆，在不違反公務人員義務的前提下，幾乎不受任何限制。此或因各國歷史文化不同，國情環境不同，國民對於公務人員的要求與期望也有不同的緣故。不過各國以法令明確規定，極力避免「政治干預行政」、「行政涉入政治」的用心，則是有志一同，昭然若揭。[46]

表2-1　我國行政中立發展重要紀事表

序號	時間	重要大事	備考
1	80.08	銓敘部陳桂華部長在國民黨中常會報告「整建現行文官制度之構想與作法」，提及文官中立。	

序號	時間	重要大事	備考
2	81.12	考試院書面公開呼籲朝野政黨尊重文官中立精神，要求公務人員遵守行政中立原則。	
3	82.04	考試院邱創煥院長就任記者會，宣布建立行政中立法制為其任內首要工作。	
4	82.06	銓敘部召集全國人事主管會報，以「如何建立行政中立法制案」為中心議題。	
5	83.09	銓敘部關中部長就任，宣布制定「公務人員行政中立法」為首要政策目標。	
6	83.10	銓敘部組成「公務人員行政中立法草案專案小組」，積極研擬草案條文。	
7	83.11	銓敘部函陳考試院審議公務人員行政中立法草案。	
8	83.12	考試院函請立法院審議公務人員行政中立法草案（第1次）。	
9	85.11	1.立法院法制委員會併同考試院、黃爾璇委員等、林濁水委員等、黃昭輝委員等四個提案完成審查，法案名稱改為政治中立法（草案）。 2.考試院修正公務人員行政中立法草案，作為與立法院朝野黨團立法委員協商之準據。	
10	91.01	立法院第四屆立法委員任期終了，政治中立法（草案）屆期不再繼續審議。	依立法院職權行使法第13條規定：每屆立法委員任期屆滿時，除預（決）算案及人民請願案外，尚未議決之議案，下屆不予繼續審議。
11	91.06	考試院訂定發布公務人員行政中立訓練辦法，要求各機關學校公務人員在三年內至少應參加本訓練一次。	法源依據是91.01制定公布之公務人員訓練進修法第5條。

序號	時間	重要大事	備考
12	92.09	考試院函請立法院審議公務人員行政中立法草案（第2次）。	
13	94.01	立法院第五屆立法委員任期終了，公務人員行政中立法草案屆期不再繼續審議。	
14	94.10	考試院函請立法院審議公務人員行政中立法草案（第3次）。	
15	95.02	考試院首度修正發布公務人員行政中立訓練辦法。	
16	96.05	立法院法制委員會併案審查考試院及國民黨黨團擬具之公務人員行政中立法草案。	
17	97.01	立法院第六屆立法委員任期終了，公務人員行政中立法草案屆期不再繼續審議。	
18	97.12	考試院函請立法院審議公務人員行政中立法草案（第4次）。	
19	98.03	立法院司法及法制委員會完成公務人員行政中立法草案審查。	
20	98.05	立法院院會三讀通過公務人員行政中立法（全文20條）。	
21	98.06	總統公布公務人員行政中立法。	
22	98.11	考試院訂定發布公務人員行政中立法施行細則（全文11條）。	
23	99.02	考試院再次修正發布公務人員行政中立訓練辦法。	
24	103.10	立法院司法及法制委員會併同鄭天財委員等、高志鵬委員等、尤美女委員等及民進黨黨團五個提案完成審查。	
25	103.11	立法院院會修正通過公務人員行政中立法第5條、第9條及第17條條文，咨請總統公布施行。	
26	104.02	考試院修正發布公務人員行政中立法施行細則第6條、第9條條文。	

序號	時間	重要大事	備考
27	107.05	考試院修正發布公務人員行政中立法施行細則第2條條文。	配合政黨法106年12月制定公布，修正政黨之法源。

註 釋

1   Gavin Drewry & Tony Butcher, The Civil Service Today, Oxford:Basil Blackwell Ltd., 1988, p. 129.

2   黃臺生，公務人員行政中立法草案之研議，刊載：公務人員行政中立法專輯（銓敘部主編，民國 84 年 5 月初版，臺北市），第 314 頁。

3   同前註，第 315 頁。

4   劉昊洲，從公務人員行政中立法草案到政治中立法草案，刊載：考選周刊第 629 期（考選周刊社，民國 86 年 10 月 23 日出版，臺北市），第 2 版。

5   劉昊洲，行政中立的立法背景與沿革，刊載：臺北商業技術學院校刊第 25 期（臺北商業技術學院，民國 93 年 9 月 30 日出版，臺北市），第 3 版。

6   銓敘部前部長陳桂華於民國 80 年 8 月 14 日在中國國民黨中央常務委員會提出「整建現行文官制度之構想與作法」報告，即主張對文官中立及政務官、事務官間正確職務分際，宜於相關法令中研擬具體規範，以奠定國家行政常態穩定的根基。參見：註 2。

7   鄭玉波，法學緒論（三民書局，民國 80 年 3 月修訂 6 版，臺北市），第 31 頁。

8   同前註，第 34 頁。

9   劉昊洲，公務人員行政中立法草案的法律性質，刊載：臺北商業技術學院校刊第 20 期（臺北商業技術學院，民國 92 年 12 月出版，臺北市），第 6 版。

10   許南雄，行政學概論（商鼎文化出版社，2000 年 8 月增訂 4 版，臺北市），第 375 頁。

[11] 吳定等四人，行政學（二）（國立空中大學，民國 85 年元月初版，臺灣省臺北縣），第 401 頁。

[12] 立法院議案關係文書（院總第 1677 號，民國 86 年元月印發），第 1 頁。

[13] 劉昊洲，論行政中立，刊載：人力發展月刊第 43 期（人力發展月刊社，民國 86 年 8 月出版，臺灣省南投縣），第 29 頁。

[14] 同註 4。

[15] 同註 11。

[16] 考試院第二組編印，公務人員行政中立法草案（民國 84 年 10 月，未正式出版），第 2 頁。

[17] 同註 12。

[18] 同註 11。

[19] 張家洋、陳志華編著，行政法基本理論（國立空中大學印行，民國 81 年 9 月初版，臺灣省臺北縣），第 249 頁。

[20] 劉昊洲，政治中立法草案評析，刊載：人事行政季刊第 122 期（中國人事行政學會，民國 86 年 10 月出版，臺北市），第 34 頁。

[21] 立法院議案關係文書（院總第 1677 號，民國 92 年 10 月印發），第 1 頁。

[22] 兩個草案版本雖有多達 13 條條文不一致，惟多屬文字修正，主要是使表述更為明確清楚而已。參見：公務人員行政中立法草案兩個版本條文對照表，刊載：公務人員月刊第 86 期（公務人員月刊社，民國 92 年 8 月出版，臺北市）， 第 12 頁。

[23] 邱華君，公務人員之行政中立，刊載：人事月刊第 31 卷第 1 期（人事月刊社，民國 89 年 7 月出版，臺北市），第 3 頁。

[24] 劉昊洲，公務人員行政中立法草案評析，刊載：人事行政季刊第 145 期（中國人事行政學會，民國 92 年 10 月出版，臺北市），第 33 頁。

[25] C. E. Lindblom, The Policy-Making Process, Englewood Cliffs, N. J., Prentice Hall, Inc., 1968, p. 13.

[26] 如陳癸淼、華力進、張劍寒、雷飛龍、黃錦堂等人均主張制定公務人員行政中立專法，惟胡佛則認為放在公務員服務法中更好。參見：銓敘部研商公務員行政中立事宜學術座談會會議紀錄及人事制度研究改進委員會研商公務人員行政中立事宜委員會會議紀錄，刊載：公務人員行政中立法專輯

（銓敘部主編，民國 84 年 5 月初版，臺北市），第 403 頁至 514 頁。

[27] 如施能傑即如此主張，參見：施能傑，文官中立：從概念化到法制化，刊載：公務人員行政中立法專輯（銓敘部主編，民國 84 年 5 月初版，臺北市），第 285 頁。

[28] 黃異，行政法總論（三民書局，2004 年 3 月修正增訂 4 版 2 刷，臺北市）， 第 85 頁。

[29] 關中，公務人員行政中立法制化的精神與意義，刊載：公務人員行政中立法專輯（銓敘部主編，民國 84 年 5 月初版，臺北市），第 23 頁。

[30] 參見：黃爾璇委員等 17 人擬具政治中立法草案及提案說明，刊載：立法院議案關係文書院總第 1677 號（民國 86 年 1 月印發），討 13 頁及討 17 頁。

[31] 如雷飛龍、詹中原、陳新民、謝復生、朱志宏、曲兆祥等人均主張採政治中立或政治行為中立之名稱。參見：銓敘部研商公務員行政中立事宜學術座談會會議紀錄，刊載：公務人員行政中立法專輯（銓敘部主編，民國 84 年 5 月初版，臺北市），第 403 頁至第 492 頁。

[32] 劉昊洲，公務人員行政中立法草案相關問題探討，刊載：人事月刊第 39 卷第 1 期（人事月刊社，民國 93 年 7 月出版，臺北市），第 46 頁。

[33] 鍾泰德，選舉理論與實務（幼獅書店，民國 58 年 10 月出版，臺北市），第 7 頁。

[34] 傅肅良，考銓制度（三民書局，民國 69 年 7 月初版，臺北市），第 143 頁。

[35] F. F. Ridley, Government and Administration in Western Europe, N.Y. Martin's Press, Inc., 1979, p. 1.

[36] 參見：民國 108 年 1 月 9 日總統令修正公布公職人員選舉罷免法第 27 條、第 45 條、第 50 條、第 77 條、第 114 條條文規定。

[37] 同註 10，第 381 頁。

[38] 劉昊洲，公職人員選舉罷免法中有關行政中立規定之探討，刊載：考選周刊第 998 期（考選周刊社，民國 94 年 1 月 6 日出版，臺北市），第 3 版。

[39] W. A. Robson, (ed.), The Civil Service in Britain and France, Reprinted, Connecticut : Greenwood press, 1975, p. 1.

40 R. Pyper, The British Civil Service, London, Prentice-Hall, 1995, p. 12.

41 Cabinet Office, U. K., Civil Service Management Code, 1996, Chap. 4.

42 D. L. Dresang, Public Personnel Management and Public Policy, 3nd. Ed., N. Y. Longman, 1999, p. 48.

43 許南雄，各國人事制度（商鼎文化出版社，2002 年 3 月第 5 版，臺北市），第 561 頁。

44 同前註，第 562 頁。

45 同註 43，第 563 頁。

46 劉昊洲，世界先進國家行政中立實施概況──以英、美、法、德、日五國為例，刊載：臺北商業技術學院校刊第 30 期及第 31 期（臺北商業技術學院，民國 94 年 4 月 29 日及 5 月 31 日，臺北市），第 3 版及第 6 版。

第三章
行政中立與相關課題

壹、政治民主與行政中立

國父說：「政是眾人之事，治是管理；管理眾人之事，便是政治」。[1]在當前社會，政治可謂是上層建築，深切影響每一種人為制度，也廣泛影響每一個人的生活。我們可以對政治不感興趣，不願積極參與，但卻不能免除來自政治的影響。若說政治是現代國民最重要的生活介面，應不為過。

傳統的政治包括行政在內，行政雖是政治的重要內涵，但兩者一向混淆不分，只見政治而不見行政。1887年美國學者威爾遜（Woodrow Wilson）首先主張將行政與政治分立後，政治與行政遂分途發展，兩者各有屬性與定位。儘管迄今二者仍難完全釐清，不過大致均同意「政治在上，範圍較廣泛，所涉事務較抽象，是國家意志的表現；行政在下，範圍僅及於政府機關的每個角落，所涉事務較具體，多數直接面對民眾，是國家意志的執行」的說法，政治與行政已各有不同的輪廓與面貌。

　　正因爲政治與行政的區分，在理論上是可行的，在實際上也有其必要，因此兩者著重點各有不同。政治層面是民選首長、政務人員及民意代表等政治人物活動的領域，重在決定，講求的是領導與溝通；行政層面則是由散布在各個階層、不同角落的公務人員所盤據，重在執行，講求的是規劃與專業分工。政治所要求的是通才，掌握的是大方向；但行政所要求的則是專才，所著重的是細部執行。行政可以不將民意反應放在首位，一味的依法而爲；然而政治卻必須認真看待民意，對民意具體回應。若將政府視爲一個系統，顯然的政治層面較爲開放，而行政層面較爲封閉。

　　政治體制有多種不同分類，當前最常被提及，也是最爲簡要的是分爲民主政治與獨裁政治兩種。一般公認民主政治優於獨裁政治，所以世所公認的共產獨裁、軍人獨裁或王室統治國家，也都標榜不同型式的民主。不過由於民主發展程度懸殊不一，實施民主政治制度並不代表其政治足夠成熟與民主。事實上民主不只是追求的工具與手段，也是人類終極關懷的價值與目的之一。從歐美先進國家的實施經驗觀之，民主並非只是一種理念價值或一種政治制度而已，更是社會大眾普遍接受的一種生活方式。

　　作爲一種理念價值，民主包括「以民爲主、由民作主」的意義，「服從多數、尊重少數」的原則，「自由、平等、博愛」的精神，「民有、民治、民享」的內涵，以及「寬容理性、自我約束、人權至上」的情懷。作爲一種政治制度，民主政治包括民意政治、法治政治和責任政治三大特徵，[2]也就是以民意爲基礎，以多數爲原則，以法治爲方法，以責任爲依歸的政治制度。作爲一種生活方式，民主所展現的則是「和平、理性、尊重、溝通、妥協、守法」等態度與作爲。可以說真正的民主不易落實與達成，而民主也只是人類史上較好的政治制度，不一定最好，所以才有「民主政治是十

八世紀的夢想，十九世紀的成就，二十世紀的問題」的諷刺；也可能出現腐化，貪瀆、多數暴力、民眾冷漠、政治不安等弊害。[3]但不可否認的，民主已成為當前人類的主流價值，值得用心去追求。

行政是一種現象、一種權力，更是一門學問，它的本質是政府公共事務的管理；它與私部門管理的最大不同，在法規範的有無、公權力的大小及民意是否監督等事項。行政攸關大眾利益，自不能任由當權者按己意為之，故必須依據法令辦事，也必須藉由制度及人的監督，方能防止權力的濫用及圖謀自己的利益，確保行政維持一定的水準。也只有行政健全有效的運作，國家統治機器的運轉才能順暢。

行政與立法、司法明顯不同，行政講求的是專業規劃，立法講求的是多元開放，司法講求的是超然獨立。行政機關是個層級節制體系，強調上下之間的命令與服從關係，首長不但在形式上可以代表各該機關，在實質上也握有最終的決定權責；此與立法機關的水平團體性質，每個民意代表都一樣大的情況不同；也與司法機關依法審判、獨立行使職權的作法迥異。若以政治改革所追求的三個標的——廉潔、效能、便民加以分析，誠然行政、立法、司法三者皆應努力追求這三個標的，不可偏廢，但如就個別觀之，行政最應強調效能，立法特別重視便民，司法尤須講求廉潔。

正由於效能之於行政有無可替代的重要性，為使行政充分發揮效能，因此專業分工、領導統合、溝通協調、用人唯才、功績原則、永業保障、行政中立等要求便紛紛出籠。其中以行政中立的出現最晚，大致在第二次世界大戰後方才受到矚目，不過也是當前最為熱門的課題。經由政府相關部門的要求及透過媒體輿論的報導，不僅公務人員皆知行政中立為何物，一般社會大眾也能略知一二。隨著公務人員行政中立法的公布施行，以及政府機關行政中立訓練

的全面展開，行政中立的熱度只怕有增不減。

　　所謂行政中立，前言之，乃指公務人員依法且公正執行職務，不涉入政黨或政治活動，以同一標準服務社會大眾，不因政黨屬性或個人價值等因素，而改變其態度與作法。之所以要求行政中立，除行政與個人因素的考量外，在政治面旨在避免政治勢力的不當介入，挪用行政資源，造成政黨之間的不公平競爭，有害於政治民主的落實。也只有行政謹守中立的立場，不參與具有政黨屬性的政治活動，不隨政黨更迭而變更，才能免於來自政治的干預。從而政治與行政的分立才有實踐的可能性，分立的實益也才能顯現出來。行政中立的重要性不言已喻。

　　如上所論，可知政治民主與行政中立分屬不同層次，一在決策層次，一在執行層次；強調重點不同，一者服膺多數原理，一切從眾，另者講求專業與依法，堅拒權勢；範圍廣狹不一，一是廣及全國民眾，另一則侷限於政府機關相關人員；影響深遠大小有別，前者不只關係現在，且影響未來，而後者主要的影響是現在。兩者乍看之下似有矛盾不甚協調之處，不過深究其實，兩者可謂相互為用，互為因果。只有政治到達一定的民主與成熟度，執政黨及政治人物才能恪守法令及自我約束，不去濫用行政資源及破壞行政中立；也只有貫徹行政中立的要求，形塑行政中立的組織文化，真正的、全面的政治民主才有實踐的可能。

　　總之，政治民主提供的是一套爭取權力的公平遊戲規則，能夠促進政治的秩序與和諧，避免社會動盪不安；行政中立建構的是一套避免政治不當介入行政運作的防弊性機制，可以維護行政的健全運作，避免朝野政黨之間的不公平競爭。兩者皆攸關國家社會的現在與未來，都是值得努力去追求的目標。且讓我們堅持信念，攜手前進，追尋此一普世的主流價值，永不停歇。[4]

貳、政務人員與行政中立

　　政務人員與行政中立二者都是當前社會關注的盛行名詞，表面觀之，行政中立似乎規範不到政務人員，政務人員似可不必遵守行政中立，政務人員與行政中立乍看似是兩個不相關的命題。一在政治，另一為行政；一指人員，另一指文化或規範；一頗具體，另一則甚抽象。事實上二者不僅有關，而且是密切相關。因為政務人員雖非行政中立規範的適用對象，卻是最容易伸手染指與破壞行政中立的一群人。如果政務人員願意尊重行政中立精神，不濫用職權與資源，不蓄意偏袒執政黨或刻意刁難在野政黨，那麼行政中立的目標就可望達成；否則一定困難重重，橫生險阻。行政如果能夠完全中立，政務人員即可回歸本職工作，只做政策及相關工作，不但工作大量減輕，且可贏得人民的尊重與信賴。以故，政務人員與行政中立雖屬不同的範疇，卻有十分密切的相關性。

　　眾所皆知，行政中立是指行政要秉持中立原則，不可有所偏袒或偏惡。伸而言之，就是公務人員依法且公正執行職務，不涉入政黨或政治活動，以同一標準服務社會大眾，不因政黨屬性或個人價值等因素，而改變其態度與作法。所謂行政，主要是指行政人員，也就是常任公務人員，但亦包括行政事務、行政資源及行政場所等。這也就是說行政中立的主要規範對象雖然是常任公務人員，但其他人員，如民選首長或政務人員等，若有涉及行政事務、資源、場所等之分配、使用時，亦應對所有政黨或政治活動給予公平公正的對待，斯符所謂中立之本旨。行政中立面對的主要客體是政治，是面對不同的政黨、政治團體、政治人物都要維持公平等距的中立作為，不可有所偏袒或偏惡。所謂政治人物，除政黨幹部外，也包括政府部門的民選首長、政務人員，以及民意機關的民意代表。在這些政治人物當中，特別是狹義的政務人員，對於行政中立的影響

尤其重大。

　　大體言之，政務人員係指依政治任命的高級公務員，是決定國家政策走向，掌握國家未來發展的政府機關高級從業人員，是莫斯卡（Gaetano Mosca）統治鐵律所謂由少數人獨占享受並執行權力的統治階級。[5]依其性質可大別爲政務官（狹義的政務人員）與準政務官（廣義的政務人員）兩大類，前者隨政黨更迭或政策成敗而進退，無任用資格限制，隨時去留；後者依法獨立行使職權，不只有任期保障，且有嚴格資格限制，並不因政治定其去留。政務官分居政務職務，因政黨而生，爲政治服務，也對政策負責，屬於政治人物，居政黨與政府的連結點，面對國會與社會大衆，位在政府體系的上層開放層次。理論上政務官應享有相當的政治活動空間，不必受到行政中立的限制，事實上各國政務官向來都爲其所屬的執政黨賣力演出，爲保住目前職務或求取未來升遷發展而奮鬥，亦不願被行政中立所拘束。

　　若依行政中立的四個原則，即中立能力、政治隔離、行政公正及文官法制原則言之，[6]政務官其實與行政中立無多大關聯。但如以行政中立的三個主要內涵—依法行政、公平對待與適度限制參加政治活動觀之，政務官其實一樣要依法行政、公平對待；與常任公務人員不同的，只是在適度限制參加政治活動方面有更寬鬆的尺度而已。易言之，政務官如行政院長、內政部長、教育部長等，固非行政中立規範的適用對象，不必遵守行政中立的嚴格規範，但尊重行政中立精神，遵守較爲寬鬆的政治中立規範；也就是雖可參加政黨及政治活動，不過在職權行使與資源分配上仍應符合大致公平的社會期待。例如不得假藉職權，動用行政資源輔選或助選，不能動員所屬人員參加選舉造勢活動，不可要求所屬人員支持或不支持某一候選人，不能干涉各級選委會的人事或業務等事項，則是可行的，

也是應該的。

　　至於準政務官，如大法官、考試委員、監察委員等，雖係政治任命人員，所任職務亦有政策性質，但其實不是真正的政務官，只是比照而已。他們既依法獨立行使職權，且有任期保障，自應本於專業良心及公正立場執行職務，超出政黨與政治活動之外，一以整個國家社會之需要為考量準據，政黨政策或政治利益並非他們所要考量的。不論從那一角度看，他們都應遵守行政中立規範，甚至比常任公務人員的尺度還要嚴苛。

　　不過觀諸現實，由於政務官人數較少，他們負有政策成敗之責，手上握有行政權，即對行政事務的最後決定權、行政資源的分配權以及對所屬行政人員的領導及監督權；如果他們蓄意破壞行政中立，指示所屬行政人員為不中立的事項時，除非所屬人員具有道德勇氣，且法律提供足夠的保障措施與救濟管道，否則很難向長官說「不」，行政中立很可能就因此被破壞與蹂躪。多年來我國行政中立規範未能順利建構，行政中立文化未能落實貫徹，即與執政黨與政務官的心態有很大關聯。至於準政務官因皆屬委員制之成員，僅共同決定政策，手上並無行政權，加上多數都有獨立行使職權之認知，政黨意識型態復較為淡薄，對於行政中立之威脅一向較小。（政務人員與相關人員之關係，如圖3-1）

　　職是，要澈底落實行政中立，除全體公務人員戮力以赴外，政務人員有無認知與是否遵守也事關重大。除以法律明確規定，俾使公務人員據以執行外，提供有效的保障與救濟措施，作為公務人員的堅實後盾，讓公務人員面對長官不中立的指示時，能夠勇敢的拒絕，實亦不可或缺。

　　要之，公務人員應遵守嚴格的行政中立規範，政務人員宜遵守

寬鬆的政治中立規範，並尊重行政中立精神，二者遵守尺度固有不
同，但重要性則不容質疑。惟有大家努力，共同遵守，行政中立的
組織文化才可望建立，政治風氣的好轉也有可待之日。[7]

參、公平選舉與行政中立

　　民主是當前政治的主流價值，各國政府莫不標榜民主，藉以爭
取其人民的認同與支持。然而，「民主政治是長成的，不是移植
的」，真正民主的實踐，則有賴於政府與全民的共同努力，美國兩
黨制的建立，西歐諸國多黨政治的形成，均是如此。[8]在民主政治諸
多制度措施中，選舉可謂是民主政治中最重要的機制。因為現代公
民與選舉的關係甚為密切，選舉可以看到，與每個人都有程度不一
的關聯；選舉也是人民集體力量的展現，本身就是民主的實踐。也
只有定期改選，透過自由而公平的選舉，始能彰顯民主政治的意義
與價值。

　　所謂選舉，有廣狹二義，狹義的選舉，專指政治上的選舉，是
指一定區域內之公民，依其自由意志，以投票方法及多數決方式，
選出合適之人員擔任各級政府首長或民意代表之謂。廣義的選舉，
係指公私團體以投票方法選出代表或執事人員之意。[9]選舉乃是選
人，隨著既定任期而持續不停的舉行，依照一定的法律規範進行，
與其他三權，即罷免、創制、複決，有所不同。正因為選舉是定期
舉行，直接探求人民的集體意志，勝選者固因人民之託付而取得執
政權或監督權，敗選者也因有下一次的機會而願意沉潛等待，於是
民主的機制便在此一你來我往、願賭服輸的競爭中緩慢的累積與建
立。

　　民主選舉是數人頭的遊戲，各造候選人所以願意遵守遊戲規

則，承認選舉結果，就是相信選舉是公平的，值得信賴的。公平是社會人心共同的、最基本的一把尺，如果公平性無法建立，社會的互信機制便會瓦解。社會上的任何競爭皆應以公平做為前提，以爭取權力為目標的選舉遊戲更要強調公平，當弱者或失敗的一方屢屢質疑對方因不公平而獲勝，而政府當局卻無能說明對方是在公平競爭的情況下獲勝時，雙方的互信危機，敗方對國家的信任危機，即已出現。而當信任危機出現，就可能進一步走上體制外的示威抗爭，甚或暴力相向，對國家社會帶來嚴重的傷害，公平選舉的重要性不言已喻。

大體言之，選舉的理想標的是選賢與能，為民所用；選舉的前提假設是多數可以代表全體，少數願意服從多數；選舉的主要方法是透過自由而公平的投票機制，選出多數人認可的人選。惟有參與競選的各造當事人，認為選舉過程公平而透明，不論勝負均願意接受選舉結果，此一選舉始符合民主的意義，社會的和諧秩序也才能確保。因此，光只是定期改選是不夠的，公平選舉尤為重要。公平選舉不只是大家認定民主遊戲規則的主要基礎，更是維持且促進民主政治體制的最重要機制。民國93年3月總統大選，因「兩顆子彈」疑雲，所引起的紛紛擾擾，便是在野陣營強烈質疑選舉不公的延伸與擴散。

所謂公平選舉，狹義意義是指選舉活動的公平，也就是選舉規範明確而公正，選務機關及司法機關在督辦選舉的過程中，完全依法公正執行，不偏袒或偏惡任何候選人或其助選人員，讓所有候選人均能公平從事競選之謂。公平選舉包括立法、執法與守法三方面，立法係指法的規範，偏於靜態面與制度安排；執法係指選務與司法機關面對候選人的態度，偏於動態面與執法能力；守法指候選人、助選人員及所有選民面對法令規範與執法者態度的信守程度，

偏於文化面與社會認知。

關於公平選舉的立法面，是指立法機關制定的選舉法律，以及選務機關據以訂定的選舉規章，均能秉持中立而客觀的原則去規範，不因為政治立場而改變，讓各造候選人與社會大眾不認為有不公平之處，從而願意遵守之謂。關於公平選舉的執法面，係指選務機關本於依法行政之旨，以同一立場與態度面對所有候選人，如有違法或違規之處，即予以處罰或移送檢調機關偵辦，司法或檢調機關亦依法審理之謂。關於公平選舉的守法面，是指各造候選人及其助選人員願意遵守選舉規範，在公平的基礎上從事競選活動，不做違法或違規事情之謂。這三者均深切影響選舉能否公平的舉行，甚至攸關選舉風氣與民主品質。

廣義的公平選舉，除指選舉活動的公平外，也包括執政黨是否透過政府部門，挹注行政資源給其所屬或特定候選人，以為助選或輔選。由於政府部門掌握的行政資源最多，這些資源原應屬於全國人民，也應由全國人民所共享。如果執政黨為一己之私，以政策買票方式對特定人群施惠，卻圖利於特定候選人；或以公家資源為某候選人形象包裝行銷，或直接為其拉票助選，勢必對其他候選人形成相對不公平的競選，成為立足點不公平的選舉。此一球員兼裁判的不公平，其嚴重性幾乎不亞於期約賄選，以及使用詐術或暴力選舉，因為政策買票是全面性的，大家默許，卻不易察覺的；而賄選只是個別的，社會絕不允許，相對較容易發現的。

當然所謂公平，不可能百分之百的公平，而是大致的、立足點的公平。任何政策的規劃採行，執政黨一定朝著有利自己的方向去推動，而選舉法規在國會審議的過程中，國會最大黨或多數聯盟也一定盡力往有利自己的方向去拉扯，在野黨與小黨在民主遊戲中只能徒呼奈何。所以從較大的、較高的層次言，選舉不可能完全公

平；不過若從較低的執行層次言，選舉就應有立足點的平等。各造候選人在相同的基礎條件下，如公平使用競選活動場地、參加公辦政見發表會等，各自努力，以爭取最後的勝利。這也就是　國父所謂「真平等」，或先總統　蔣公所謂「立足點的平等」的真義。

公平選舉是個目標，也是手段。做為手段，公平選舉是確保民主發展的最重要手段之一；做為目標，達成公平選舉的作法應是全面性的，每個環節都應注意，行政中立則是其中的重要作法。這些年來，政府部門一再宣示與強調行政中立的重要性，並積極辦理公務人員行政中立訓練，主要目的就是避免公務人員捲入政治漩渦，確保選舉的公平。

所謂行政中立，就是以公務人員為規範對象，以依法行政、公平對待、適度限制參加政治活動為主要內涵，以建立優質行政文化為努力重心的制度措施。隨著行政中立規範的制定或訂定，以及行政中立訓練的次第展開，行政中立的理念已日漸深入人心，不僅有助於行政中立制度的落實，也有益於整體公平選舉環境的營造。

要之，公平選舉與行政中立二者俱是促進民主政治發展的重要內涵，既有靜態的法律規範，也有動態的運作過程，更牽涉生態的歷史發展與心態的價值認知，本身既是目的，也可以是手段。不過公平選舉範圍更大，不只候選人與助選人員而已，更需要政府與全體人民共同努力；而行政中立範圍較小，只是達成公平選舉的一個環節，所仰賴的主要是全體公務人員的努力。公平選舉攸關政治風氣，行政中立攸關組織文化，兩者互有因果關係，也深切影響國家的現在與未來。[10]

肆、選務中立與行政中立

民國93年臺灣地區可以說是選舉年，當年3月總統大選才過去不久，12月的立法委員選舉緊接著登場。在總統大選競選期間的紛紛擾擾，例如公投與大選併同舉辦，有關投票動線的規劃及投錯票櫃的選票是否有效等爭議，以及投票日前一日發生的「兩顆子彈」疑雲；不僅顯示多年來選務機關的公正性與公信力已遭到嚴重質疑，也更突顯選務中立的重要性。因為只有選務中立，才能營造公平選舉；也只有公平的選舉，才能讓輸贏雙方願意接受選舉的最後結果。

國父謂人民擁有選舉、罷免、創制、複決四權，才能說是直接民權，也就是完整的參政權。不過，較諸其他三權，選舉可說是民主政治中最重要的機制，因為選舉是選人，經常定期舉行，其他三權只是備用與防範而已。[11]政治上的選舉，是指一定區域內之公民，依其自由意志，以投票方法及多數決方式，選出其認為合適之人員擔任各級政府首長或民意代表。所謂民主政治，有人說就是數人頭的政治，也就是以選舉定輸贏，由獲得較多選票者出任法定職務，並取得該一職務所賦予的權力，擔負一定的義務與責任。因此，選舉對有志於競逐大位者而言，可謂極其重要。選舉的各種靜態規範，大的如選區劃分、選舉制度、選舉監察、妨害選舉處罰、選舉訴訟等規定，小的如選舉活動、候選人、助選員、投票及開票等規定，無不是促成公平選舉的重要機制；而選務機關及司法機關在動態過程中能否獨立且公平的執法，不受到政治的干預，尤為能否維持公平選舉的主要關鍵。

我國當前將選舉區分為選政與選務兩部分，前者指有關選舉制度或政策的法令規範，由內政部主管；後者指有關選舉事務的執行事項，屬中央選舉委員會（簡稱中選會）及所屬直轄市、縣（市）

選委會之職掌。[12]一如國家考試區分爲典試與試務兩部分，典試事宜由考試院設典試委員會辦理，試務工作則由考選部辦理之情形一樣。通常所謂選務中立，僅指中選會職掌的選舉事務執行事項，至於選政部分，因涉及選舉制度或政策，係屬民主決定範疇，並不在其列。

爲確保選務中立，現行法規分從機關、人事與職權三部分著手。在機關方面，將原設在內政部之下，且僅於選舉期間始成立的選舉事務總所及各級選舉事務所，在民國69年動員戡亂時期公職人員選舉罷免法制定公布施行後，即改爲常設性的委員制派用機關，其組織以組織規程訂定之。嗣於民國98年中央選舉委員會組織法三讀通過，始成爲法定機關，除主任委員、副主任委員外，委員均爲無給職，直屬行政院，與內政部立於平行地位，並在直轄市、縣（市）分設各級選委會，直屬中選會。在人事方面，明定各選委會委員應有無黨籍人士，其具有同一黨籍之委員，在中選會不得超過委員總額五分之二，在直轄市、縣（市）選委會不得超過委員總額二分之一；並得遴聘具有選舉權之公正人士擔任巡迴監察員或監察員；選舉期間得調用各級政府職員辦理業務。在職權方面，則規定各級選委會，應依據法令公正行使職權。[13]這些規範的目的無非在使選務能夠更爲中立，不致受到政治的影響。

狹義的選務，僅指選舉事務，但廣義的選務也將罷免事務以及履行創制、複決權時的公民投票事務包括在內。選務既屬行政工作，選務中立自屬行政中立的一部分。行政中立的三個主要內涵，包括依法行政、公平對待、適度限制參加政治活動，在選務中立一樣有其適用性。所不同者，行政中立屬經常性工作，選務中立僅存於辦理選舉期間；行政中立係依公務人員行政中立法規定，但選務中立在公職人員選舉罷免法中以若干條文規定；而行政中立主要規

範全體公務人員，但選務中立所規範者乃以選務工作人員爲限，也可能包括非公務人員而參加選務工作的地方人士、大專院校學生等；違反行政中立規定者，係依公務人員考績法、公務員懲戒法及相關規定論處，但違反選務中立者則依公職人員選舉罷免法及相關規定予以處罰；選務中立涉及選舉風氣，直接影響公平選舉，而行政中立牽涉行政資源的運用，也間接影響選舉結果。

選務事項繁多，包括候選人資格認定、造具選舉人名冊、選舉公告、受理候選人登記、舉辦政見發表會、競選經費查核、競選及助選活動的規範、投開票所工作、選舉結果公告等。這一連串工作有其一定流程，一個步驟緊扣一個步驟，每一步驟皆有其重要性，皆有依法公正辦理，也就是維持選務中立的必要。如果其中某一步驟疏忽出錯，不僅會遭致候選人的嚴重質疑，也有可能會影響選舉結果。選務工作人員怎能不公正、不小心呢？

要之，選務中立亦屬行政中立之一環，只是範圍較小且更爲專業而已。（選務中立與行政中立之關係，參見圖3-2）兩者均攸關選舉的公平性，在一切以選舉輸贏論斷的民主政治中，勢必愈來愈重要，愈來愈值得正視。[14]

伍、議事中立與行政中立

民主政治是當前政治的主流思潮，也是世界各國實行的主要制度，縱使眾人公認的共產主義國家，雖未實施民主制度，卻也經常將民主掛在嘴邊，民主的普世價值與迷人魅力不難想見。在三、四百年前，民主仍然「只有理念，未見制度」，「只聞聲響、未見實影」。在歷史浪潮裡，民主政治快速的發展與流傳，形成一股沛然莫之能禦的強大力量。

　　所謂民主，簡言之，就是「以民爲主、由民做主」的一套制度作爲。民主的內涵很廣，不只是一種政治制度，一種生活方式，也是一種待人處事的精神與態度。做爲一種政治制度，民主制度中最顯著的特徵就是定期改選與議會政治。定期改選是人民經一定期間後，重新選舉政府首長或民意代表，藉以代表其行使職權之謂。選舉雖然最足以彰顯直接民主的精神，不過就如盧梭（J. J. Rousseau）觀察英國十八世紀實行的民主政治後所做的評論：「人民只有在選舉國會議員時有自由，但在議員選出後又變成奴隸」。[15]選舉終究只在三年、四年或六年期間才能行使一次，只有在行使選舉投票權之際才是真正的主人，所占的時間比例極微。在未行使選舉投票權的漫長時間裡，人民若想表達其意見，除進行公民投票、透過新聞媒體、民意調查或進行抗爭外，惟有透過民意代表在議會發言一途。因此若論功能性，定期改選雖較重要，但若論代表性與出現率，議會政治自不可忽視。

　　在議會政治中，一般最常提及的規範是多數決與程序正義兩項；我國立法院經常被抨擊的問題主要有議事效率低落、立法品質粗糙不佳以及對行政機關監督不足三項。[16]不過晚近因朝野政黨實力的接近，要求議事中立的呼聲已此起彼落，就像行政中立之受到重視一般，議事中立也逐漸竄紅。固然議事中立的要求是以民意機關的議會政治爲主，不過以合議制方式決策的行政或準司法機關，既有會議型態，自然也會有議事中立的問題，只是多數人往往不將焦點放在這裡而已。議事中立也者，會議主席與相關議事人員按照議事規範，以中立公平的態度，維持或協助會議的正常進行之謂。只有議事中立，會議才能和諧有秩序的進行，避免爭議的發生；與會人員也願意相信會議是在公平的情況下進行，從而願意遵守會議的決議。

　　大致言之，議事中立係屬議事與職權行使規範的一部分，英國下議院議長執行權力不偏不倚，爲一執法公允的裁判，這是眾所周知的事情。[17]我國立法委員行爲法第9條規定：「院會及委員會之會議主席，主持會議應嚴守中立。」亦可爲明證。固然會議主席與議事幕僚人員依法應遵守議事中立規範，不過全體與會人員，甚至政府官員與社會大眾也應尊重議事中立精神，不宜要求主席或議事人員逾越公平尺度，給予有利於己的裁定或處理，這樣子議事中立的文化才可望養成，議事中立的共識也有落實的可能。

　　議事中立的內涵大致包括依法執行職務、遵守程序正義、提供公平服務、不涉入黨團運作等項。就個人言之，依法執行職務與依法行政的意義相當，均爲依據法律執行其所應履行的職責，只是民意機關的會議主席在身分上屬民意代表，而非政府公務人員，並無行政可言，故只能依法執行法律賦予的職掌而已。會議主席與相關議事人員均依法律與相關規定主持會議進行或協助議事處理，斯即爲議事中立的第一步。就會議言之，程序正義事關民主遊戲的公開透明與社會大眾的信賴程度，一套運作流程的設計安排固然重要，但會議主席依此一運作流程規定主持議事的進行，尤爲重要。只有會議主席確實按照議事程序規定進行，朝野雙方才能知所動作，依照實力原則從事公平的競爭。對於幕僚而言，提供朝野委員公平的會議資訊、專業知識、各項軟硬體服務等事項，雖非議事中立的核心，卻也是議事幕僚人員應該遵守的要項。

　　至於不涉入黨團運作、不參加政黨活動，甚至退出政黨，其實也都是維持議事中立的必要手段，幕僚人員固應如此，會議主席理論上亦應做如是觀。然而揆諸當前國內實際情形，由於選舉掛帥與政黨競爭等緣故，立法院院長、副院長充其量只能做到不涉入黨團運作而已；而各委員會主席，既是每會期由各黨團協調推舉產生，

且由輪值召集委員擔任，政黨運作既深，即連退出黨團運作都不可能，遑論其他？稍可慰藉者，院會主席、多數輪值召集委員與幕僚人員均能深切體認遵守議事法規的重要性，並努力奉行實踐，無疑已奠定議事中立的良好基礎。

要真正做到議事中立，英國下議院議長的運作模式值得學習。大體言之，英國下議院在每屆議員集會前選舉議長，除非原議長放棄連任，原則上朝野議員均會繼續選舉原任議長擔任。議長退出政黨運作，超然主持議事進行，按照一套既定規則進行，不論朝野議員均尊重主席的裁決與處理。任期屆滿後議長返選區競選，本黨或他黨均不在同一選區另推候選人與其競選，以示禮遇，也讓議長沒有往後競選連任的壓力，得以超然主持議事。[18]

行政中立係公務人員行為規範的一部分，在政治之下，事涉政府機關的組織文化與公務人員個人的價值認知。內涵事項雖多而抽象，但大致可分為依法行政、公平對待與適度限制參加政治活動等三項。隨著保訓會展開全面性的行政中立訓練，以及立法院三讀修正通過公務人員行政中立法，行政中立的理念價值與具體作為已日漸深入人心。

綜上所述，議事中立與行政中立二者雖然相關，但又有區別。兩者均強調超然中立的重要性，不過前者屬立法範圍，後者屬行政範圍；前者僅為議事規範，後者則屬行為規範；前者限於會議進行期間，後者沒有時間限制，但特重在選舉期間；前者所要求的對象是與議事職權行使相關的人員，但主要是具民意代表身分的會議主席，後者所要求的對象是全體公務人員，但不包括政務官與民選公職人員；前者目的在確保會議的公平、透明與順暢，後者目的在確保行政的健全運作，避免捲入政黨競爭之中。兩者在適用對象、範圍、期間與目的等方面，顯然稍有不同。（議事中立與行政中立之

關係,參見圖3-3)

　　要做到行政中立固然不易,但要做到議事中立似更為困難。行政中立規範的對象—公務人員,儘管本身有意做好,但仍須面對來自政務官等長官的壓力。然而議事中立規範的主要對象—會議主席,本身就是民意代表,意識型態、政黨色彩鮮明,缺乏議事中立的認知,在議事處理上難免偏袒同黨委員,朝向有利於己的方向調整;至於議事中立規範的次要對象—議事幕僚人員,平時既須遵守行政中立規範,在會議期間,則直接暴露在各黨派委員不同意見的角力與壓迫之下,尤需遵守議事中立規範,若無相當的專業與堅持,恐怕朝野兩面都不討好,只能任人宰制矣!

　　要之,議事中立與行政中立二者儘管略有不同,遵守議事中立的困難度也遠高於行政中立。不過二者均攸關國家民主政治的發展與進步,只有確實做到議事中立,議會政治才有理性公平論政的空間;只有確實做到行政中立,行政運作才有清明健全的可能性。[19]

陸、行政倫理與行政中立

一、前　言

　　行政倫理,有稱公務倫理者,或稱公務員服務倫理者,乃為維持行政行為的正當關係,公務員應遵循的職業倫理規範。倫理道德的準繩與尺度,雖因個人認知立場與實踐能力而略有不同,但社會上仍有大體一致的方向與標準。因此遵守倫理道德規範雖屬內在的、未強制的,對於違反者不能課以懲罰,不過透過公眾輿論,仍能影響與改變社會人心。職是,倫理道德與法律及宗教併稱構成維持社會的三大支柱力量。[20]所謂行政倫理,就是倫理道德體系的行政

介面，其範圍大致可歸納爲批判性倫理、規範及應用倫理、科學性及適應性倫理三大類。[21]對於我國公務員的思維考量，乃至政府的行政運作，均有不明顯，卻很重大的影響。

行政中立，有人說是文官中立，係指公務人員依法且公正執行職務，不涉入政黨或政治活動，以同一標準提供服務，不因政黨屬性或個人價值等因素，而改變其態度與作法。中立也者，既不偏愛或偏惡，也不拘泥於一端，在立場上秉持中庸之道。歐美各先進國家，如英、美、德、法諸國，由於有較爲健全的政黨政治、責任政治及依法行政的背景，大體已建立行政中立的法制規範，其常任文官也能信守行政中立的體制。[22]雖然因各國國情環境、歷史文化的差異，使其內涵不盡相同，但總不外依法行政、公平對待與適度限制參加政治活動三項。行政中立法制規範的建立與實踐，對公務人員的態度作爲，甚至對政黨的生存發展、政府機關的組織文化、一國的政治風氣，均有明顯的影響。

行政中立與行政倫理二者在表面上看似無關，然而因爲行政學界的日漸重視，以及輿論媒體的不斷呼籲，終於促使政府當局回應與正視，不但廣泛加以宣導，且有建構及系統化的趨勢。從實質內涵觀之，二者大多不同，卻也有神似之處；雖不能免除矛盾與衝突的因子，但彼此也互爲因果、相輔相成，可謂存在千絲萬縷的關係。茲分就其共同性、相異性、相互性略論之。

二、行政倫理與行政中立的共同性

行政倫理與行政中立兩者均是近年來被熱炒的課題，均自國外輸入，首先在學術界生根，進而被輿論界肯定與支持，終於促使政府機關的重視。做爲行政的價值理念，不論從性質、功能、環境、趨勢的角度觀之，兩者具有許多的共同性。茲說明如次：

（一）在性質上

行政倫理與行政中立均屬一種深層的理念價值，雖形於外而影響公務人員的行政態度與作爲，不過其核心卻存在於一個人的價值體系之中。因爲價值觀念的好惡取捨，而決定對周遭事物的認知，進而在態度與作爲上有所改變或堅持。兩者均強調內在重於外在、思想影響行爲，所以特別重視將外在規範內化成爲每一公務員價值體系的一部分，實乃其性質相同使然之故。

（二）在環境上

行政倫理與行政中立的發展淵源雖然有別，但均處於快速變遷、複雜多元、民主開放、交流頻繁的大環境，也面對政黨競爭日益激烈、要求公務人員日多、許多行政問題難以克服解決的小環境。正由於有這樣的環境，有許多的問題，可分別藉行政倫理與行政中立予以有效的處理，遂使兩者分別受到重視，有所發展。

（三）在功能上

行政倫理與行政中立的內涵不同，所欲達到的目的當然有別，不過在功能上卻有相同之處。兩者均有穩定公務人員、維繫行政運作、健全組織文化、促進國家發展的正面功能，使得公務人員知所適從，爲所當爲，也避免政黨之間的惡性競爭，對於未來的政治互動，自有積極的、良性的、長遠的影響。

（四）在趨勢上

倫理道德雖是我國傳統文化中極爲重要的部分，但行政倫理卻源自美國70年代新公共行政學派強調社會公道和正義的主張；行政中立則源自美國19世紀末葉行政與政治分立的看法，以及第二次世

界大戰之後行為主義學派價值中立的主張，兩者略有不同。不過二者均是當今漸受重視的課題，也著眼於可以解決當前行政難題的實用價值，而其重要內涵也將被法律所吸收，成為法律規範的一部分。就未來發展趨勢言之，兩者顯然相同。

要之，行政倫理與行政中立雖有許多不同之處，但做為行政學研究的後起熱門課題，兩者在性質、環境、功能與趨勢等四方面，如上所述，卻有許多共同之處。不是嗎？

三、行政倫理與行政中立的相異性

行政倫理與行政中立本是兩件不同的事物，因此不論強調如何相似，頂多只是如同雙胞胎小孩，終究是兩個獨立的個體，兩者當然有別。茲分從淵源、內涵、重點、對象、手段、目的等項略述如次：

（一）淵源不同

我國雖早在三千年前即有倫理道德的倡導與教化，日後也發展成為頗具規模的體系，然而近年來受到重視的行政倫理，並非源自我國固有的倫理道德，而是濫觴自七十年代美國新公共行政學派馬林尼（F. Marini）等人的倡導。由於該派學者特別強調社會公道與正義，遂喚起美國行政倫理的發展。至於行政中立的淵源，則可上溯至1887年威爾遜（W. Wilson）提出「行政與政治分立」的主張，以及1900年古德諾（F. Go od no w）提出「政治是國家意志的表現，行政是國家意志的執行」的論述，強調行政必須服從政治的控制。至於新公共行政學者雖反對價值中立觀，但因強調行政人員應忠於服務對象與計畫，也間接促進行政中立理論的發展。就淵源論之，行政倫理與行政中立明顯有別。

（二）內涵不同

行政倫理的內涵為公務員如何與其長官、部屬、其他同仁，乃至於一般民眾相處的道理，也就是以公務員的人際關係為規範主軸。而行政中立的內涵為公務人員依法行政、公正執法及適度限制參加政治活動等事項，亦即以公務人員的職務行為為規範主軸。職是，行政倫理偏於道德層面，著重內心要求，其範圍亦較廣泛；行政中立則偏於政治層面，強調外在約束，其範圍較為狹窄。就內涵言之，兩者明顯不同。

（三）對象不同

行政倫理的對象擴及廣義的公務員，除常任文官系統的公務人員外，只要涉及長官、部屬或民眾關係，均有適用的機會，包括民選政府首長、政務官、公營事業人員、學校教職員等。至於行政中立，旨在確保行政運作的穩定與持續，避免捲入政黨競爭的漩渦中，故僅以常任的、狹義的公務人員為適用對象，其他人員則依法律規定，如有必要者則按其事項性質分別予以準用。兩者適用對象範圍廣狹，當然有所不同。

（四）重點不同

行政倫理重在平時，行政中立則在選舉期間特別彰顯其重要性；行政倫理的兩造關係不一定存有職權關係，而行政中立的前提是據有職權，可以利用資源；行政倫理參有人情味，涉入個人感情，而行政中立則強調價值中立，不能有感情存乎其間；行政倫理考量人際關係及個別差異性；行政中立則不論任何人均以一致標準待之。從以上這些強調重點的區別，可知行政倫理與行政中立兩者明顯不同。

（五）手段不同

倫理道德與法律在外觀上雖有不同，一屬內心約束，一為外力要求，但我國行政倫理的重要部分已為公務員服務法及相關法規所吸收，成為法律規範的一部分，至於其他廣大部分仍屬倫理範疇，需靠公務員的自我約束。行政中立原無法律規範，僅在選舉之際，透過主管機關的行政命令加以要求，然而為確保政黨的公平競爭，維持行政的健全運作等目的，立法院業已制定專法，全體公務人員均應遵守。在手段運用上，兩者略有不同。

（六）目的不同

行政倫理的倡導，旨在彌補法律規範之不足，以穩定既有秩序、維繫和諧的人際關係為鵠的，故為各機關重視的課題。行政中立的法制化，旨在限制政黨之間的惡性競爭，維持行政運作的順暢，藉以建構公正的政治文化，避免公務人員無端捲入紛爭，向為政黨所重視。就目的言之，兩者顯然有別。

總之，行政倫理與行政中立本有不同，前者屬行政學與倫理學的交集，雖自國外輸入，但與我國固有傳統頗有關聯；後者純為行政學探討的範疇，我國並無此種思想文化，完全來自歐美。因為兩者淵源有別，隨之在內涵、對象、重點、手段、目的等方面也有不同。此行政倫理之所以為行政倫理，行政中立之所以為行政中立也。

四、行政倫理與行政中立的相互性

如上所述，行政倫理與行政中立本是不同的兩件事物，兩者異中有同，同中有異，不過這實然面的問題並非論證的重心，只緣於兩者分別具有實用的價值，因此都受到程度不一的重視，也成為行

政學研究的熱門課題。除兩者異同足可比較外，彼此也互為因果、相輔相成，當然也難免矛盾，有時衝突。茲就此兩種相互性說明如下：

（一）互為因果、相輔相成

行政倫理與行政中立的內涵大多不同，但不可否認的仍有一些重疊之處，例如：忠於職守，做好本職工作；也有部分近似之處，例如行政倫理規範強調的真誠對待每一個人，與行政中立理論中強調的公平對待任何政黨與個人，即屬雷同。這些本質相同或相近的事物，既有助於彼此內涵的充實與發展，也有益於國家行政品質的提升與改善。其他類如行政倫理中要求公務人員「不可貪污、收受賄賂」，如能確實遵行、有效做到，對於行政中立的「不得為政黨、其他政治團體或公職候選人要求、期約或收受金錢、物品或其他利益之捐助」規範，自有正面的促成作用。又如在行政中立規定「長官不得要求本法規定人員從事本法禁止之行為」，如長官確實做到，其實也就是行政倫理「體恤部屬」的表現，反之亦然。從這些重疊的、近似的、相通的規定中，不難瞭解行政倫理與行政中立兩者實有互為因果、相輔相成的關係。

（二）難免矛盾、有時衝突

行政倫理與行政中立的本質不同，因此在內涵上難免有所出入，扞格矛盾之處即難避免，有時也可能發生衝突。例如行政倫理考量人與人之間的角色關係，因相對角色不同而採取不同的作為，但行政中立則強調一致標準，不能涉入感情，不能因個人或政黨的不同而改變其既有態度與作法，兩者即有矛盾衝突。又如長官參與競選，雖未利用職權要求部屬助選，然而部屬基於行政倫理主動為長官站台或公開助選，仍明顯違背行政中立的規定。凡此種種，均

不難證明行政倫理與行政中立的內涵，存在著一些矛盾與衝突。

　　由上所述，可知行政倫理與行政中立既有互為因果、相輔相成的一面，也有矛盾衝突的地方。在這兩個不同的課題中如何進行互補，而非任其相剋，將是兩者未來關係發展的重要關鍵。當然兩者本有不同，不必一定要求互動，不過如果要統合於每一公務人員的價值體系中，不因為矛盾衝突而陷於認知的痛苦之中，這兩個熱門課題的相互關係就必須加以正視。

五、小　結

　　如前述之，行政倫理係公務員的職業倫理，也是倫理道德的行政介面；行政中立則指公務人員依法行政，公正對待任何政黨與個人，並適度限制其參加政治活動。一偏道德情感，一重政治文化，兩者本質不同，淵源有別，隨之而至的內涵、對象、重點、手段與目的也有不同。不過兩者卻因現實環境的需要與功能價值的考量，在學術界的引進、輿論界的呼籲之下，目前分別成為行政實務上的熱門課題。

　　不過當下熱則熱矣，對國家未來發展勢必也有長遠的影響，但兩者存在著千絲萬縷的關係，也是不可否認的事實。如能加以融合，當能相輔相成，共存共榮；如任其自行發展，或許各有一片天地，但也可能此消彼長，甚或萎縮成為歷史名詞。此一可能的演變，當然值得關心行政倫理與行政中立者的留意！[23]

柒、行政效能與行政中立

　　行政（administration）是個耳熟能詳、隨處可聞的老名詞，以

前如此,現在如此,未來也必將如此。雖然行政因為太容易接近而有許多不同角度的觀察與看法,不過眾所周知,行政的本質是管理或執行,一般是指公共行政(public administration),也稱為公務管理,以與私部門的企業或工商管理區隔。因此,行政最簡單的解釋就是公務的推行或管理。雲五社會科學大辭典則分從三個角度加以定義,如從組織的角度看,行政是指政府機關所管轄的事務或活動;如從權力的角度看,行政是指民意的實現或法律有系統的執行;如從管理的角度看,行政是指一些人以協調的努力使政府的工作得以達成,也可說是集體的努力與合作以達成共同任務時的活動或藝術。[24]

行政之受到重視,是因為政府的影響力無所不在,與每個人的生活皆密切相關。行政具有規範性,一切應依法辦理;具有執行性,是實際管理權力之所在;具有主動性,凡事均可本於職權積極主動介入;具有綜合性,所有事情均可包羅在內。[25]這些特性均顯現行政與私部門管理,及政府其他四權,的確有所不同,也說明身處現代國家的每一個國民均無法擺脫行政的影響,不若立法僅有監督權與法律制定權,不似司法僅能針對個案被動審理,亦非考試只是列舉的考選、銓敘及文官保障,更非監察只是事後監督政府部門的情形,可以比擬。在古代,可以完全沒有立法,而司法也只是併在行政之中行使,並沒有獨立的司法;在國外,考試與監察也分別包含在行政與立法之中,並未分離出來獨立行使。然而無論中外古今,卻始終都有行政的事實,也有行政權的存在。

行政所涵蓋的範圍十分廣泛,因此研究題材十分豐碩。行政效能與行政中立二者俱屬重要的行政題材,既是當前行政所極力追求的標的,也是社會大眾關心的熱門課題。不過兩者卻有極大不同,行政效能偏重積極作為,一向為行政學探討的範疇;行政中立偏重

消極不作爲，久爲行政法與行政文化關切的範疇。行政效能的研究是從企業效能移植轉入，而行政中立的研究則是行政土壤的原生品種。

行政效能，也有學者稱爲行政績效，是指行政執行所表現出來的成效。效能與廉潔、便民併稱政府施政追求的三個標的。西方學者對於效能開始有系統的深入研究，大致始自1911年泰勒（F. W. Taylor）撰著「科學管理原理」（Principles of Scientific Management）一書，泰勒也因此被尊稱爲「科學管理之父」（Father of Scientific Management）。隨著科學技術的進步，人類慾望的增加，資源與時間的侷限，愈來愈多人注意效能的提昇，效能的概念也堂而皇之的進入各種不同的領域，其中最主要的就是企業效能與行政效能兩個領域。

效能的概念包括效率（efficiency）與效果（effectiveness）兩者，效率係指投入與產出的比率關係，通常以每單位成本所產生的價值最大化，或每單位產品所需成本的最小化，做爲計算效率的基礎。效果是指工作達成預期結果或預期影響的程度，亦即就實際達成情形與原定目標加以比較。易言之，效率乃將資源做充分的利用，不至有所浪費；效果則指目標的有效達成，至於資源是否浪費，並不考慮。[26]大致上效率偏重數量層面，可以具體量化加以衡量；效果的內涵較廣，較爲抽象，著重品質層面，較難以量化衡量。職是，多數人較常提及效率，鮮少提到效果，甚至還有少數人誤以爲效率就是效能呢？

效率本身只是手段、過程而已，追求效率的目的是降低成本，提高競爭力。不過效率有層次上的不同，高層決策人員追求的是組織效率，也就是規劃、協調、領導、控制人與事的一切關係，藉以達成組織既定目標的效率。中層管理人員追求的是管理效率，即在

既定原則或高級命令之下，以最有效、最適當及最經濟的方式，達成分工合作的效率。基層工作人員追求的是機械效率，亦即個人或許多人在完全確定的條件下，以體能完成實際工作程度的效率。[27]顯然可知，效率的概念，並非單一的、絕對的、一成不變的；而早期單一的、權力的、機械的效率觀念，也逐漸爲整體的、合作的、社會的效率觀念所替代。

一言以蔽之，行政效能包括行政效率與行政效果兩者，大體上偏於手段，也較爲具體，屬工作取向，講求實效與成本，只適用於執行。如能刻意積極努力去做，即能凸顯行政效能的價值。行政強調要有效能，只有追求效能，始可節省時間，降低成本，回應民意，大大強化其競爭能力。

行政中立，亦稱爲文官中立，是指行政面對不同的政治勢力，均應保持公正態度與一定距離。爲澄清吏治、避免捲入政黨競爭、確保文官的行政中立，英國首先於1853年進行文官制度改革，以去除政黨的贍恩循私；其次於1884年，國會決議公務人員欲競選下議院議員時，須先行辭職；復於1910年，樞密院令規定公務人員不能公開參加政治紛爭；參加競選議員前，應即辭職。可謂開啓行政中立規範的先河，英國因此可說是行政中立體制的發源地。[28]美國亦於1939年制定公布赫奇法案（The Hatch Political Activities Act），至於日、德等國則在相關法律中一併加以規範。我國則始自民國83年11月銓敘部研擬公務人員行政中立法草案報請考試院審議，並於同年12月送請立法院審議；最終於98年5月完成三讀。相較於其他民主先進國家，我國行政中立法制的建構相對較遲。

行政中立的規範對象是常任公務人員，但最容易破壞行政中立的則是民選政府首長與政務人員；其主要內涵是依法行政、公平對待與適度限制參加政治活動三者，其中以偏向消極不作爲事項居

多。公務人員如果都願意遵守規範，且在法制、文化與相關方面皆能配合，即可做到行政中立。至其功能目的是欲維持行政健全運作，確保政黨公平競爭，增進社會多元發展與維護公務人員權益。由於行政中立具有崇高性，所以值得去追求與落實；不過也因十分的脆弱，所以不易做到。職是，行政中立內涵雖然抽象，卻仍有以法律規範的必要。

行政中立本身既是一種手段，一種目的，也是一種價值。雖然有人說價值不可能中立，但願意遵守價值中立的認知本身，就是很重要的價值信念。只有堅持行政中立，願意遵守行政中立，事實上才可能出現行政中立，做到行政中立。從公務人員個人到政府機關，再到全國，從基層到中層，再到高層，人人皆應信守與尊重行政中立。只要有極少數人蓄意破壞行政中立，或因疏忽而違反行政中立，全面性的行政中立規範就會出現漏洞與破綻。

要而言之，我國行政中立法制的建構較晚，行政中立的文化尚未全面落實。就現有內涵觀之，行政中立係著眼於手段，但較為抽象，事屬文化與法制層次，講求公平與不涉入。公務人員平常固應遵守行政中立，但重點在選舉期間；至於其他人員不論何時均應尊重行政中立。只有落實行政中立，始能確保政府機關運作的順暢以及民主選舉過程的公平。[29]

誠然，行政效能與行政中立二者皆立基於行政，但源起、目的、方向、重心與趨勢等皆明顯不同。不過二者分途發展，彼此亦密切相關，亦有幾許雷同之處。值得你我共同關心！

捌、文官長制與行政中立

文官長制與行政中立二者，乍看似是兩個不相干而不能相提並論的課題，一在遙遠的英國，國內雖不陌生，但也不常提及；另一在我國已建立其制，也逐漸蔚爲風潮，公務人員普遍已有此一概念，兩者似乎差距頗大。不過細究其實，文官長制目前雖僅存在於以英國爲主的內閣制國家，但隨著功績制文官制度的落實，政黨政治公平競爭的需要，以及行政中立理念價值的發皇，未來極有可能引進國內。就英國實施經驗觀之，文官長制頗有助於行政中立價值的貫徹，而行政中立則有助於健全文官制度、鞏固文官長制的功能，兩者可謂相輔相成，相得益彰。

大體言之，文官長制目前在我國仍然停留在「盍各言爾志」概念的階段，並無一致的看法。觀諸英國文官長制的實施經驗，全國置一名文官長，即其「國內文官首長」，過去長期由財政部常務次長兼任，但自1987年11月改革之後，則由內閣秘書長兼任，綜理全國文官事項，並充當部會首長與其所屬高級文官歧見爭論的調停者。各部會機關在部會首長之下，只置一名常務次長，即常務副首長，但可設置二名以上的政務副首長（含國會事務次長），這名常務副首長即是此一部會的文官長。各部會文官長一定由本機關常任文官中久任績優者拔擢升遷而來，他秉承部會首長之指令，督導及指揮所屬人員執行政策。至於日常業務的處理，包括人員任免與經費會計，亦由其全權督導執行，惟並不列席國會備詢，平時也不與國會議員交往。[30]各部會文官長有其專業權威與豐富經驗，其薪俸待遇不但高於政務副首長，甚至還高於部會首長及首相。[31]各部會文官以升至文官長爲榮，亦以升至文官長爲公務生涯的終點，社會對於文官長的評價，大致不比部會首長低落。

從英國實踐經驗加以歸納，文官長制之精髓約有如下五點：1.全

國置一名文官長，為「國內文官首長」；各部會置一名常務次長，為該部會的文官長；2.各部會文官長不列席國會備詢，不與國會議員面對面政策溝通；3.各部會日常業務，包括人事與會計，均由文官長負實際督導執行之權責；4.各部會文官名義上由部會首長任命，實際上是依文官長推薦辦理；5.部會首長與所屬高級文官的歧見，乃透過首相與國內文官首長居間調停。易言之，文官長一方面是文官體系的領導者，另方面也充當文官體系與政務人員的中介橋樑，相當於人體「脖子」的角色地位。

正由於英國常任文官的管理，在實際上由國內文官首長與各部會文官長負責，故不致陷入政黨競爭的漩渦之中，也能免於內閣更迭之影響。在先天環境上，常任文官得以不受政治干預，保持一貫中立；在後天運作上，常任文官也有意願，甚至樂意去遵守中立的規範。行政中立遂被稱為「公務人員的政治消毒」（Political Sterilization of the Civil Servants）。[32]這對於英國長久以來的行政穩定性，無疑提供最重要的基礎。

至於我國，原有健全而優良的文官制度，惟並無文官長制。長久以來，政務官與文官的區分界限並不明顯，多數部會雖均置有常務副首長，不過常務副首長可能不只一個，也可能未置；在民國100年後的行政院組織再造，新成立的或改組的部會級機關僅置一名常務副首長，可謂是邁向文官長制的第一步。可惜因傳統上強調首長制的緣故，部會首長負機關成敗之責，也實際掌握所屬人員的任免遷調與獎懲考核，常務副首長只不過是部會首長分勞分工的一個部屬而已，仍然必須百分之百仰承部會首長的指揮與領導。在這樣情況下，欲推展「文官長制」，仍有不易。

所謂行政中立，簡言之，是指行政要秉持中立原則，不可有所偏袒或偏惡。伸而言之，就是公務人員應依法且公正執行職務，不

涉入政黨或政治活動，並以同一標準服務社會大眾，不因政黨屬性或個人價值等因素，而改變其態度與作法。所謂行政，主要是指行政人員，也就是常任文官，但亦包括行政事務、行政資源及行政場所等。這也就是說行政中立的主要規範對象雖然是常任文官，但其他人員，如民選首長或政務人員等，若有涉及行政事務、資源、場所等之分配或使用時，亦應對所有政黨或政治活動給予公平公正的對待，斯符所謂中立之本旨。行政中立面對的主要客體是政治，是面對不同的政黨、政治團體、政治人物都要維持公平等距的中立作為，不可有所偏袒或偏惡。

　　當前世界各主要民主先進國家，均有行政中立之規範，其常任文官亦能信守行政中立的體制，主要是有較為健全的政黨政治、責任政治及法治行政的背景。[33]以行政中立體制發源地的英國論之，其行政中立規定主要見之於1953年財政部白皮書與1960年樞密院院令。他們首先將公務人員區分為政治自由類、中間類與政治限制類三種。其中政治自由類包括實業公務人員及非部局職等的低階人員，除必須遵守「公務秘密法」，且不得於上班時間從事政治活動，以及採取適當措施，避免使其首長及所屬機關困窘外，可以完全自由的從事全國性及地方性政治活動。政治限制類主要為高級公務人員，包括科長及其相當職等以上人員、行政練習員及中上級科員。此類公務人員禁止從事全國性的政治活動，例如為政黨宣傳或拉票，但仍得參加地方性的政治活動，惟「活動須適度而審慎，尤其是事關其所屬機關者」；亦可自由投票，並與合法政黨取得聯繫，或加入政黨成為黨員，但不得代表該政黨。至於中間類，乃上述兩類人員以外的所有公務人員，包括辦事員、打字人員及負有與政治決策相關之技術與專業責任的人員。此類公務人員經核准並符合某些規定條件時，可以參加全國性及地方性政治活動。[34]依1953年統計，政治自由類約占全體公務人員的百分之六十二，中間類約占

百分之二十二，政治限制類約占百分之十六。[35]

　　此外，英國復規定，凡公務人員競選國會議員，必須先行辭職，結果如未當選，僅限於政治自由類與中間類的公務人員可以復職。公務人員兼有上院議席者，於職務許可情形下雖可出席會議，但在辭職或退休前，不得參加辯論或表決。任何公務人員不得向選舉人發表演說，或以公開的方式，自行或透過第三者宣布自己為目前或未來選舉的候選人。[36]

　　我國原無行政中立規範，不過考試院已於民國83年、92年、94年及97年四度函送公務人員行政中立法草案請立法院審議。終於在98年5月完成三讀，並於同年6月咨請總統公布。該法嗣於103年11月首度修正公布，以迄於今。觀諸該法條文內容，可知行政中立規範的主要對象是公務人員；主要內涵是依法行政、公平對待及適度限制參加政治活動，如有違反者，並依法予以懲處；主要目的則是希望維持文官系統的穩定運作，促進政黨政治的良性競爭。就大方向而言，與英國並無不同，但就實際作法言之，與英國行政中立的要求，顯然有所差距。

　　綜上述之，我國當前並未真正實施文官長制，而行政中立已有法律規範，行政中立理念已日漸深入人心，只是實踐成效仍未盡理想。如果能夠實施文官長制，各部會的經常性業務及人事任免率由常務副首長負實際督導責任，減少政務人員向下延伸或干預所屬文官的機會，那麼文官中立或行政中立的可能性即會大幅提升。否則，政務人員為維護政權，保衛職務，勢必擴張其權力，利用其職權去影響部屬及服務或管理對象的政治立場，脆弱的行政中立就不可能百分之百的達成。

　　要之，文官長制有助於行政中立的達成，而行政中立則鞏固文

官長制的價值。兩者結合，將互蒙其利，否則就會有缺憾。爲貫徹行政中立的價值，維護文官系統的穩定，奠定政務官制度的基礎，國內實有落實文官長制的必要。[37]

玖、司法獨立與行政中立

司法獨立與行政中立二者均是當前政府施政所努力追求的標的，原本分屬不同領域，不過這兩個課題似乎有某種連結性，值得一探究竟。

大致言之，司法是國家法律的捍衛者，行政是政府機器的運作者，兩者對國家社會都有無與倫比的重要性。而司法能否獨立，攸關法律的公平正義能否踐履；行政是否中立，也關乎政治與行政風氣的良窳。在各自領域中，均深深影響人民對於政府的信賴，對於國家未來發展，也有舉足輕重的影響力。

所謂獨立，是指不倚靠他人而能自立或脫離關係之意。[38]也就是某一事物因性質或屬性不完全相同，而從其原隸屬的事物中分離出來，可以完全自主，不再受原隸屬事物的干預之謂。所謂中立，是指無所偏倚，不偏袒任何一方之謂；亦即某一事物在面對其他兩種以上不同事物時，均保持等距的關係，不偏袒或偏惡其中任何事物之謂。獨立與中立兩者在性質上，都是可以分離、分立的；在取向上，都是弱者基於自我保護而提出的呼籲；在目的上，都是維持生存發展，期望減少強者或原隸屬母體的干擾。不過兩者也略有不同，獨立偏向過程的描述，中立偏向態度的考量；獨立是面對一強，只需在意這一強的作爲，中立是面對兩強以上，必須同時兼顧及排除這兩強以上的意見；獨立是可以完全分立與自主，中立卻無法完全脫離影響。儘管兩者有諸多相似之處，卻也有所不同。

　　正因如此，主權可以獨立，應該獨立，否則就不成其爲國家；在主權獨立後，始有在外交上追求中立的可能。司法權應該獨立，不受政治或行政的干預，始能公正審判，確保法律權威與社會秩序。考試權應該獨立，從行政權抽離出來，始能避免首長濫用私人，確保永業文官制度的達成。監察權也應該獨立，從立法權抽離出來，始能避免國會多數濫用職權，清算異己，從而確保政治的清明。然而相對於政治，行政只能中立，在執政黨的政策領導之下，以公平態度對待任何政治勢力，包括執政黨在內。行政不能獨立，無法自政治抽離出來獨立運作，因爲行政未能完全擺脫政治的影響。

　　司法獨立，也有人稱爲司法權獨立，以便與考試權獨立、監察權獨立的說法相呼應，不過究屬少數，一般均以司法獨立名之。因爲司法獨立早在孟德斯鳩（B. Montesquieu）倡導三權分立後，即已逐漸形成；而考試與監察兩權獨立，則是孫中山的創制，且僅存在我國，故認爲不必等量齊觀。所謂司法獨立，其核心意義係指審判獨立，也就是說任何司法案件均應由法官依法本於專業與良知予以審判，而不受到其他任何人的干預或影響之謂。我國憲法第80條明文揭示法官獨立審判原則，其內容可分職務獨立性及身分獨立性二者。[39]爲支持審判獨立，復有組織獨立與人事獨立之設計，晚近則出現會計獨立的要求。組織獨立係指司法組織獨立於行政之外，自成一個體系；人事獨立係指司法人事依其特性單獨建構人事制度，並自行決定其人事；會計獨立係指司法機關依其實際需求核實編列概算，行政機關雖可加註意見，但不能刪減之謂。

　　我國在封建時期，除中央設有刑部外，一向由各級行政首長兼掌司法審判之權。民國成立後，仿效歐美先進國家之例，已有專門設立的司法機關。民國17年國民政府試行五院制，司法院正式成立，惟僅轄最高法院、行政法院與公懲會，其他審判機關仍隸屬於

行政院。迄民國69年審檢分隸後，所有審判機關始劃歸司法院，從此始有組織獨立之可言。在人事體制上，雖有司法人員人事條例以為任免及升遷調動之處理依據，惟多年來人事一條鞭體制仍在，而所一再追求的，一套更為特別與獨立的「法官法」，則因朝野歧見過大，經多年協商，迄至100年7月6日公布，全文103條；除特別條文外，明定自101年1月6日施行。「法官自治」的理念與精神，雖有許多進步，但由於司法院的「行政監督權」依然有很大的影響力，以致未竟事功。至於會計，在我國主計一條鞭及行政院主計總處統籌編列預算的制度下，原無獨立之空間，不過在司法當局力爭聲中，終於在民國86年以修憲方式，在憲法增修條文第5條第6項中規定行政院不得刪減司法院編列之年度概算，僅能加註意見後編入總預算案，併送立法院審議。

審判獨立，是司法獨立的核心。憲法第80條明定：法官須超出黨派以外，依據法律獨立審判，不受任何干涉。此一規定，即審判獨立的主要依據。為保障法官，使法官確能獨立審判，憲法第81條復規定法官為終身職，非受刑事或懲戒處分或禁治產之宣告，不得免職。非依法律，不得停職、轉任或減俸。多年來司法當局為追求審判獨立，確已在許多制度措施上加強改善，例如判決書不再送閱、輪流分案、嚴禁關說等，成效亦屬彰顯，不過社會仍有不少質疑聲音。這表示形式上的審判獨立雖已建立，但實質上的審判獨立仍有待努力。

行政中立是指公務人員依法且公正執行職務，不涉入政黨或政治活動，以同一標準尺度面對所有社會大眾，不因政黨屬性或價值因素而有所偏惡或偏袒之謂。由美、英、日等國有關行政中立規範的內容觀之，除界定適用對象與違反義務者之處罰外，其實質內涵大致包括依法行政、公平對待與適度限制參加政治活動三項。其中

依法行政是任何公務人員執行職務時的基本義務與衡量準則，也是恪守行政中立的前提要件；而公平對待與適度限制參加政治活動二者可謂是行政中立的核心內容。公平對待是指在執行職務時的衡量依據，必須本諸內心那一把「公平的尺」去處理，不應有所偏心之謂；此一方面仍屬積極作為，但必須公平以對。至於適度限制參加政治活動，是指因職務或身分的特殊性，必須對參加某部分政治活動的權利酌加約束之謂；在這方面則屬消極作為，只有不做才是對的。

　　儘管行政中立法制遲至民國98年6月始初步建構，但行政中立訓練已在民國91年以後陸續展開。目前公務人員普遍已有行政中立的概念與認知，而政務人員與執政黨在動用所屬人員輔選時也稍知節制與警惕。這相較於長年來在黨國不分的威權體制之下毫無行政中立可言的情形，不能不說是個進步。只是在政黨競爭日趨激烈、行政發展一日千里之際，行政中立的要求已刻不容緩，且應有更嚴格的標準，始能確保政治清明與行政健全運作。

　　綜上所言，可知司法獨立與行政中立二者均須建立體制支持，司法獨立體制早已建立，只是仍非健全；而行政中立法制建立不久，還談不上落實與深化。司法獨立主要表現在審判獨立，也就是法官的獨立審判之上，其他的只是配套而已；行政中立的內涵中，則以公平對待與適度限制參加政治活動為主，惟其相關規範事項仍然不少。司法獨立的限制較嚴，行政中立的範圍較廣。伸言之，法官在從事審判工作時自應遵守司法獨立精神，但離開職務，依其公務人員身分，在其他有關的行為方面，仍有遵守行政中立的義務。至於檢察官，其本質乃行政官，在檢察一體的原則下，雖對外獨立行使職權，惟並無司法獨立問題，僅需遵守行政中立而已。

　　要之，司法可以獨立，也應追求獨立，始能免於政治或行政的

干預，確保法律正義的實踐。行政無法獨立，只能追求中立，與政治維持一定距離，藉以換取「政治之手」不染指行政，確保政治清明與行政健全運作。司法獨立與行政中立兩者儘管範圍廣狹有別，指涉意義不盡相同，但對國家社會來說，皆十分重要。[40]

拾、考試權獨立與行政中立

考試權獨立——一個矗立在五權分立體制、主張專家治理年代的課題，曾經熱烈的被討論與期待過。然而隨著動員戡亂體制的終結及朝野政黨民意基礎的接近，三權分立與總統制的呼聲日甚一日，「考試權獨立」一詞已鮮少被提起，似乎已被社會大眾所遺忘。行政中立——一個植基於政黨公平競爭，確保行政健全運作的課題，正因為大選競爭的激烈與朝野實力的接近，為免執政黨濫用行政資源，以及公務人員介入政治活動，其呼籲已日甚一日，且日益受到重視。兩者乍看之下似是冷熱有別，行情不一，其實兩者關係至為密切，立意精神亦不謀而合。

所謂考試權獨立，係指在五權憲政體制下，考試權從行政權中抽離出來獨立運作，彼此立於平行地位而分工合作，不再從屬於行政權之謂。考試權獨立有廣義、狹義之別，廣義的考試權獨立即人事獨立之體制，包含人事職權獨立於行政權之外，人事機關獨立於行政機關之外，及人事機關一條鞭制。[41]狹義的考試權獨立，僅指考選獨立。在我國，通常是指廣義的，而非狹義的意義。考試權獨立的理論思想，源自孫中山權能區分與五權分立的憲政思想，他認為法儒孟德斯鳩（B. Montesquieu）所創立的三權分立學說雖然進步，但仍不免有流弊發生，因此以孟氏立法、行政、司法三權分立為基礎，加上我國傳統優良的考試與監察制度，結合而為五權分立思

想，並進一步發展爲五權憲政體制。此即在國家元首之下，分設行政、立法、司法、考試、監察五院，各自獨立，立於平等地位，以分別行使這五種治權。之所以要求考試權獨立，旨在制衡行政權，避免行政首長濫用私人，確保專家行政與萬能政府的實現。

當前的考試權，主要指考試院行使的職權，包括考選、銓敘與文官保障，約略相當於古代吏部所有管理文官的職掌，加上新近給予文官權利與保障的種種制度作爲。考試權獨立，包括形式的機關獨立與實質的職權獨立，機關獨立依性質復可分爲組織獨立與人事獨立。組織獨立，係指考試機關非隸屬於行政機關，而是在組織層級上與行政機關立於平等地位。人事獨立，係指考試機關自成指揮監督系統，並自行進用合格人員處理有關人事業務。職權獨立，係指考試機關前揭職權的行使可以完全自主，不受行政機關的任何干涉，此乃爲考試權獨立行使的主要內涵。藉由組織獨立與人事獨立的基礎，以達到真正的職權獨立，乃有考試權獨立可言。[42]

觀諸當前考試院的組織層級，與行政院並列五院，且考試委員依法獨立行使職權，不受任何干涉，就組織獨立而言，當無可疑。至於各機關人事機構，依法雖有部外制的一條鞭領導體系，乍看亦有人事獨立的精神，但晚近領導機能已大幅衰退，且行政院所屬機關之總其成者乃爲行政院人事行政總處（以下簡稱人事總處），行政院以外機關雖由銓敘部統籌，惟不僅機關數甚少，亦難以使力，又人事總處依法只受考試院監督而非指揮，所謂人事獨立者，所成就的是人事總處，而非考試院。易言之，考試院在人事獨立方面是不完整的，被打折扣的。再就職權而言，民國56年行政院人事行政局的成立，可謂大幅削弱考試院的職權；人事行政局，乃至於101年改制成立的人事總處，以強大的行政權爲後盾，澈底擊垮無依無靠、勢單力薄的銓敘部，使得銓敘部僅保有人事法制權、銓審權及

退撫審定權，在政策上亦幾乎完全配合行政院的需要。考試院的職權幾已淪爲附庸風雅的地步，既不完整，也不獨立，若談當前考試權可以真正的獨立運作，其實是一件極其諷刺的事情。

所謂行政中立，從國家社會層面說，是指所有行政在面對兩個以上不同的政治勢力時，均應保持中立與等距關係，不可偏袒或偏惡任何一方之謂。從個人層面說，就是公務人員應依法且公正執行職務，不介入政治活動，並以同一標準尺度服務社會大眾，不因政黨屬性或個人價值等因素，而改變其態度與作法。行政中立理論源自威爾遜（W. Wilson）與古德諾（F. Goodnow）「政治與行政可以分立」的主張，結合韋柏（Max Weber）「理性中立」（或稱價值中立）的強調，並鑒於美國早年選舉分贓與酬庸衍生流弊的教訓，在第二次世界大戰前後，普遍爲各先進民主國家接受與採行。我國也在民國81年由考試院率先提出呼籲，要求朝野各政黨尊重文官中立精神，不要動員軍公教人員輔選或助選，並要求全體公務人員遵守行政中立原則。此後，行政中立在我國的發展，即愈來愈受到重視。

行政中立規範的對象，主要是常任公務人員。其規範的內涵，大致包括依法行政、公平對待與適度限制參加政治活動三者。其中前者乃公務人員的基本認知與主要義務，後二者尤爲行政中立的主要內涵，其規範目的不外在政治上促進政黨之間的公平競爭，在行政上維持行政體系的健全運作，在社會上確保社會團體的多元發展，在人事上保障公務人員的切身權益。至於其踐履途徑主要是透過法律與行政命令規定，強制要求所有公務人員遵行，並透過教育訓練方式，將行政中立內化成爲公務人員價值認知的一部分。

綜上論之，可知考試權獨立是政治議題，屬憲政體制範圍，主要是針對行政權而言；行政中立則是行政議題，屬組織文化範圍，主要對應政治而來。考試權與行政權的區分，乃政治層級的縱剖面

分權問題；政治與行政的區分，乃執行性質的橫剖面分工問題。考試權獨立設計雖有憲法做為最高依據，但數十年來執行成效並不好，且已有過時炒冷飯的現象；行政中立措施目前已有專門法律規範，訓練成效亦已逐漸彰顯，且屬熱門的討論話題。兩者在性質、層級、重心、規範與成效等方面雖易混淆，但顯然仍有不同。

話雖如此，不過考試權獨立與行政中立二者均攸關公務人員權益保障，對於握有行政權的政務人員也有所節制，的確均有助於清明政治與優良行政的達成。特別是藉由人事獨立的一條鞭體系，行政中立的要求更易下達基層機關，也較有全面性的普及效果，不因為各級地方政府分由不同政黨執政而出現巨大落差。而行政中立若能貫徹實施，考試權獨立精神所揭櫫的建構永業文官與功績制，才可望真正建立，政府行政也有永續經營、確保品質無虞的可能。[43]

總之，考試權獨立是我國人事制度的特色，而行政中立則是各民主先進國家事務官制度的基本原理。[44]當前國內討論考試權獨立與行政中立的課題雖然冷熱有別，甚至有混淆之處；二者在性質、層級、規範與實施成效等方面也略有不同；不過彼此卻關係密切、互有影響，且均攸關國家的政治風氣與行政發展。其理已明，無庸再言。

拾壹、行政中立與公務人員保障

行政中立與公務人員保障兩者俱是近年來極受重視的課題，任何公務人員均有或多或少的瞭解。只是公務人員保障較早法制化，熱潮已過；行政中立法制建構較晚，其熱度隨著有無選舉而有冷熱之別。兩者乍看似屬互不相關的課題，實則具有前後因果的關係，彼此關係可謂十分密切。

　　所謂行政中立，其元素包括行政與中立二者，行政者，國家公共事務之執行與管理之謂；中立者，不偏不倚的站在中間，不偏向任何一方之謂。其意義係指政府機關的公務人員依法且公正執行職務，不涉入政黨或政治活動，並以同一標準服務社會大眾，不因政黨屬性或個人價值等因素而改變其態度與作法。其理論基礎來自：1.行政能與政治分立，而且必須分立；2.個人價值應儘量理性中立；3.常任文官具有國家的僱員身分；4.兼顧國家統治權與人民參政權的平衡。其規範對象為常任公務人員，其面對客體主要為政治人物，包括民選首長、民意代表、政務人員及政黨幹部等。其重要內涵除適準用對象、保障與處罰規定外，主要有依法行政、公平對待與適度限制參加政治活動三者。其主要目的則為促進政黨良性競爭、維持行政健全運作、維護公務人員權益、確保社會多元發展。

　　大致言之，當前國內行政中立規定，除屬公職人員選舉罷免法有關之特別規定外，主要是指公務人員行政中立法及其施行細則之一般規定。申而述之，世界主要國家凜於行政中立的重要性與必要性，均以法律規範公務人員的行政中立事項，只是美國曾以專法加以規定，英、日、德、法等國係在相關法規中一併規定；德、日規定較為嚴苛，法國規定較為寬鬆，而英、美則介於兩者之間，如此不同而已。[45]我國目前係採制定專法方式，類如美國作法，而行政中立法制的主管機關考試院，前於民國83年、92年、94年及97年四度提案函請立法院審議。在尚未立法通過前，前行政院人事行政局與銓敘部等主管機關的救急手段與便宜作法是，每次屆臨公職人員選舉之前，即以通函要求各政府機關所屬公務人員遵守行政中立規定。雖屬無奈，也是不得不然，但這些行政命令規定多少已產生些許效果。

　　此外，在民國91年元月公務人員訓練進修法制定公布後，考試院即於同年6月據以訂定發布公務人員行政中立訓練辦法，要求各機

關學校所屬公務人員在三年內至少應參加本訓練一次。保訓會及各機關學校均依規定分別辦理，這對於全國公務人員行政中立普遍性的認知與瞭解，無疑具有莫大的助益。

　　正因為我國前曾採用上開教育訓練與命令要求雙管齊下的方式，以故在尚無法律規範前，雖無行政中立制度可言，但公務人員對於行政中立起碼地認知與遵守，大致沒有問題，不致因沒有法律規定，不生違法疑慮，而在實際執行過程中產生波折。不過其實際成效之高低，除取決於社會認知、組織文化與個人價值外，對於公務人員能否提供足夠的保障，讓公務人員能夠勇敢的向長官不中立的指示說「不」，甚至勇敢的去揭發機關內部有違中立的舉措，而不必擔心遭到報復或不公平的對待，也是非常重要的配套規定。

　　此一情形，在民國98年6月總統公布公務人員行政中立法，考試院也在同年11月訂定發布公務人員行政中立法施行細則，並據以施行後，已有明顯的改善。不過，仍稍有不足之處。

　　所謂公務人員保障，其實就是保障公務人員之意，也就是透過法令規範與實際措施，具體保障公務人員切身的法定權益，如身分、工作條件、官職等級、俸給等。在特別權力關係的理論之下，尤其是在法治觀念欠缺的威權體制時期，我國原不注重公務人員保障問題，以致憲法第83條雖早將保障事項列為考試院的職掌，憲法增修條文第6條亦如是規定，然而卻始終未如其他人事事項，以法律加以規定。使得公務人員所受行政處分，除非有正當理由，得向主管監督機關呈請改正外，幾乎都不得提起訴願與行政訴訟，這種情形無異已侵犯公務人員應受保障的救濟權。[46]在民國73年司法院大法官會議釋字第187號解釋之後，雖有明顯改善，但仍有不足。迨至民國85年9月，公務人員保障法經立法院三讀通過，總統於同年10月公布後旋即施行，此後我國公務人員保障事項才有法律依據。

　　查公務人員保障法原有35條，不分章節，除明確指出公務人員具體權益外，主要規範公務人員救濟權的行使程序，即申訴、再申訴與再復審程序之進行。民國92年5月配合訴願法等法律之修正，公務人員保障法復大幅度的全盤修正，全文增爲104條，計分8章；其後復於106年6月修正部分條文。其修正要點爲：刪除再復審程序，明訂保訓會爲復審唯一機關，並詳列實體保障事項、復審程序、申訴及再申訴程序，以及增訂調處程序、執行規定與再審議事由及相關規定。主要目的乃在更具體明確的保障永業公務人員，不致遭受政治的干擾或迫害。

　　由上所述，不難瞭解我國公務人員保障的主要對象乃是常任公務人員，保障內涵乃常任公務人員基於身分與職務所應享有的法定公權利，包括經濟的、非經濟的與救濟的三方面權利。保障方式乃採立法與執行兩種方式，後者復包括依法直接行使與透過救濟管道，並課機關首長、單位主管及業務相關人員一定責任。這些事項透過公務人員保障法林林總總、鉅細靡遺的規定予以呈現，其目的無非要強化與落實公務人員的保障。

　　要之，行政中立與公務人員保障兩者俱屬當前行政上的重要課題，也都是針對常任公務人員，均屬民主法治國家的重要建構，欲藉由法制形成的規範與普遍共識的認知去對抗長官，以達到期欲的目的。不過行政中立乃屬行政課題，較爲抽象，偏重消極不爲，事屬對公務人員的義務要求，攸關民主發展；而公務人員保障則爲準司法事項，屬具體保障，偏重事後救濟，乃對公務人員的權利給予，事涉法制健全。兩者儘管屬性、內涵大不相同，且受關切的冷熱程度不一，不過若從公務人員保障是行政中立的重要配套規定觀之，兩者可謂具有前後因果關係，彼此密切相關。如果沒有公務人員保障，行政中立將難以落實；如果沒有行政中立，公務人員可能

深陷政黨鬥爭的漩渦之中，這樣子的公務人員既難以保障，也不值得保障。[47]此一事實關係，吾人應有瞭解。

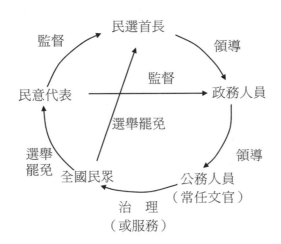

圖3-1　**政務人員與相關人員之關係**

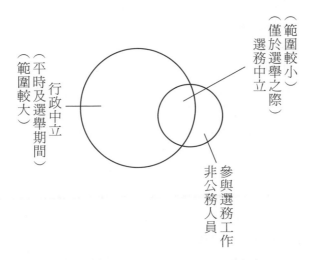

圖3-2　**選務中立與行政中立之關係**

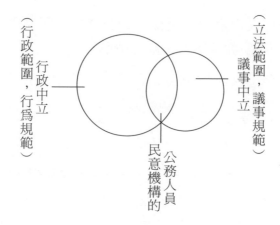

圖3-3　議事中立與行政中立之關係

註　釋

1　孫中山，民權主義第一講，刊載：國父全集第一冊（中國國民黨中央委員會黨史委員會編訂，民國 70 年 8 月再版，臺北市），第 65 頁。

2　馬起華，政治學原理下冊（大中國圖書公司，民國 74 年 5 月出版，臺北市），第 1219 頁。

3　同前註，第 1180 頁。

4　劉昊洲，政治民主與行政中立，刊載：考選周刊第 934 期（考選周刊社，民國 92 年 10 月 9 日出版，臺北市），第 3 版。

5　Goetano Mosca, The Ruling Class, Mc Graw-Hill Book Company Inc., 1939, p. 50.

6　許南雄，行政學概論（商鼎文化出版社，2000 年 8 月增訂 4 版，臺北市），第 374 頁。

7　劉昊洲，政務人員與行政中立，刊載：臺北商業技術學院校刊第 18 期（臺北商業技術學院，民國 92 年 10 月 31 日出版，臺北市），第 6 版。

8　Richard S.Katz, A Theory of Parties and Electoral System, Baltimore and London: Johns Hopkins University Press, 1980, p. 5.

9　鍾泰德，選舉理論與實務（幼獅書店，民國 58 年 10 月出版，臺北市），

第 7 頁。

10 劉昊洲，公平選舉與行政中立，刊載：臺北商業技術學院校刊第 24 期（臺北商業技術學院，民國 93 年 6 月 11 日出版，臺北市），第 8 版。

11 劉昊洲，我國選舉罷免訴訟制度（五南圖書出版公司，民國 79 年 9 月初版，臺北市），第 1 頁。

12 參見：民國 106 年 6 月 14 日總統令修正公布內政部組織法第 10 條第 3 款規定；以及民國 98 年 6 月 10 日總統令制定公布中央選舉委員會組織法第 2 條規定。

13 參見：民國 107 年 6 月 16 日總統令修正公布公職人員選舉罷免法第 8 條第 5 項、第 6 項條文。

14 劉昊洲，選務中立與行政中立，刊載：考選周刊第 959 期（考選周刊社，民國 93 年 4 月 8 日出版，臺北市），第 3 版。

15 張翰書，西洋政治思想史下冊（臺灣商務印書館，民國 68 年 11 月臺 5 版，臺北市），第 400 頁。

16 古登美等，立法理論與實務（國立空中大學，民國 86 年 8 月初版，臺灣省臺北縣），第 542 頁。

17 朱志宏，立法論（三民書局，民國 84 年 3 月初版，臺北市），第 106 頁。

18 同前註，第 105 頁。

19 劉昊洲，議事中立與行政中立，刊載：游於藝雙月刊第 50 期及第 51 期（公務人力發展中心，民國 94 年 3 月 1 日及 5 月 1 日出刊，臺北市），第 7 版及第 6 版。

20 劉昊洲，談行政倫理，刊載：人力發展月刊第 32 期（人力發展月刊社，民國 85 年 9 月出版，臺灣省南投縣），第 43 頁。

21 蕭武桐，行政倫理（國立空中大學，民國 85 年元月初版 2 刷，臺灣省臺北縣），第 129 頁。

22 許南雄，各國人事制度（商鼎文化出版社，2002 年 3 月第 5 版，臺北市），第 557 頁。

23 劉昊洲，行政倫理與行政中立的關係，刊載：公務人員月刊第 23 期（公務人員月刊社，民國 87 年 5 月出版，臺北市），第 38 頁。

24 劉季洪等，雲五社會科學大辭典第七冊行政學（臺灣商務印書館，民國

59 年 12 月初版，臺北市），第 3 頁。

25 劉昊洲，革故鼎新——進步的行政（五南圖書出版公司，民國 89 年出版，臺北市），第 6 頁。

26 姜占魁，行政學（五南圖書出版公司，民國 69 年 1 月初版，臺北市），第 278 頁。

27 同註 2，第 388 頁；及劉昊洲，談民主與效能，刊載：考選周刊第 690 期（考選周刊社，民國 87 年 12 月 21 日出版，臺北市），第 3 版。

28 同註 22。

29 劉昊洲，行政效能與行政中立，刊載：考選周刊第 987 期（考選周刊社，民國 93 年 11 月 21 日出版，臺北市），第 3 版。

30 劉昊洲，政務人員法制析論（五南圖書出版公司，2002 年 8 月 1 版 1 刷，臺北市），第 250 頁。

31 以 1997 年爲例，英國首相年薪爲 58557 英磅，但各部會常務次長年薪最低爲 90000 英磅，最高爲 154500 英磅。參見：Cabinet Office:The Civil Service Year Book, 1997, London England.

32 W. A. Robson, (ed.), The Civil Service in Britain and France, Reprint ed, Connecticut: Greenwood Press, 1975, pp. 1-15.

33 同註 22。

34 考試院考銓研究發展小組銓敘分組，公務人員行政中立規範之研究（考試院，民國 82 年 6 月印行，未正式出版），第 10 頁。

35 同註 22，第 558 頁；及前註，第 12 頁。

36 同註 34，第 12 頁。

37 劉昊洲，文官長制與行政中立，刊載：考選周刊第 979 期（考選周刊社，民國 93 年 8 月 26 日出版，臺北市），第 3 版。

38 教育部重編國語辭典編輯委員會，重編國語辭典（臺灣商務印書館，民國 70 年 11 月初版，臺北市），第 967 頁。

39 許劍英，憲法之理論與實務（今古文化公司，民國 92 年 8 月出版，臺北市），第 231 頁。

40 劉昊洲，司法獨立與行政中立，刊載：司法周刊第 1184 期（司法院，民國 93 年 5 月 13 日出版，臺北市），第 3 版。

41 同註 6，第 379 頁。

42 劉昊洲，從五權分立論考試權獨立行使，刊載：國立臺北商專學報第 42 期（國立臺北商業專科學校，民國 83 年 6 月出版，臺北市），第 1003 頁。

43 劉昊洲，考試權獨立與行政中立，刊載：臺北商業技術學院校刊第 23 期（臺北商業技術學院，民國 93 年 5 月 31 日出版，臺北市），第 2 版。

44 許南雄，人事行政學（商鼎文化出版社，1997 年 2 月增訂 3 版，臺北市），第 550 頁。

45 劉昊洲，世界先進國家行政中立實施概況——以英、美、法、德、日五國為例（下），刊載：臺北商業技術學院校刊第 31 期（臺北商業技術學院，民國 94 年 5 月 31 日，臺北市），第 6 版。

46 許濱松，中華民國公務人員權利保障之探討，考試院文官制度研究發展專案小組研究報告彙編（考試院研究發展委員會編印，民國 84 年 8 月出版，臺北市），第 251 頁。

47 劉昊洲，行政中立與公務人員保障，刊載：臺北商業技術學院校刊第 29 期（臺北商業技術學院，民國 94 年 3 月 31 日出版，臺北市），第 7 版。

第四章
行政中立實踐之檢視

壹、行政中立規範的特色

隨著政黨競爭的腳步及各種選舉的不斷舉辦,「行政中立」這一名詞屢屢成為政府機關內部的重要課題。民國83年12月,考試院首度函請立法院審議公務人員行政中立法草案;民國91年6月,保訓會依公務人員行政中立訓練辦法規定,要求每一公務人員在三年內至少要接受行政中立訓練一次,各機關均已積極辦理。此後,配合歷次公職人員選舉,以及新進人員訓練,各機關也都配合辦理訓練。職是,行政中立的概念與規範,已日漸深入人心。

所謂行政中立,是指公務人員依法且公正執行職務,不涉入政黨或政治活動,以同一標準服務社會大眾,不因政黨屬性或個人價值等因素,而改變其態度與作法。就公務人員行政中立法條文觀之,其主要內涵包括依法行政、公平對待與適度限制參加政治活動三者。其重點內容大致包括:1.宣示公務人員行政中立原則;2.限制公務人員政治行為;3.禁止不利行為之對待;4.違反政治活動行為之罰則,5.公務人員身分及權益之保障等。[1]此與英、美、日等國的規範內容大致相當,只是範圍與程度有所不同而已。

惟我國有關行政中立規範，在前開公務人員行政中立法尚未三讀通過前，主要見諸於公職人員選舉罷免法。該法第27條乃限制特定之公務人員不得申請登記爲候選人，第45條規定特定之公務人員不得從事之政治活動，第77條規定特定之公務人員不得爲罷免案提議人，第114條規定已登記爲候選人之現任公務人員不得藉故干預選舉事務及要求部屬或相關人員支持其競選。此外，每逢選舉期間，相關主管機關亦常以通函方式，轉知各機關所屬人員確實遵照行政中立原則辦理，例如：禁止候選人或其助選員在上班時間到辦公室從事拜票或拉票行爲；上班時間各公務人員均不得穿著競選服裝或配戴競選標識；不得利用上班時間及公家資源，如打電話、寫信或發電子郵件爲候選人拉票；無論上下班時間均不得公開站台助講等等。[2]至於其他的法律規範，如公務人員任用法、公務人員陞遷法、公務員服務法、公務人員保障法等，雖亦間或有少數條文與行政中立精神相關，但究其實並非屬行政中立規定。此一情形，在民國98年6月公務人員行政中立法公布施行後，已有許多改變。

綜上所述，在公務人員行政中立法公布施行前，我國行政中立的規範及其實踐經驗，可歸納得到下列七個特色。茲說明如下：

一、欠缺的

在我國行政中立專法尚未制定前，其他法律，除公職人員選舉罷免法少數條文之外，均無有關行政中立之規範。雖然在每屆選舉期間，相關主管機關咸以通函方式要求各機關所屬公務人員確實遵守行政中立，但那顯然是有所欠缺的，與「法律保留」原則有違的，是在法律未通過施行之前不得不然的手段。

二、分散的

　　就行政中立的性質觀之，當然由超然獨立、不受政黨政治影響的考試院主管為佳，故公務人員行政中立法草案乃由考試院交銓敘部研擬。該法通過施行後，考試院所屬的銓敘部理所當然的會是主管機關。然而就該法公布施行前的情況觀之，除銓敘部外，行政院人事行政局、教育部、法務部、國防部、各直轄市政府，乃至各縣市政府，都曾以主管機關立場，通函要求所屬機關人員遵守行政中立。不難瞭解，在行政中立專法尚未通過施行前，主管機關是分散的、不統一的。

三、政治的

　　行政中立是要求行政人員、行政場所、行政資源與行政事務的中立，所有要求皆屬行政。然而它所面對的卻是政治，包括政黨與政治人物，特別是在選舉期間，能否做到行政中立，政治遠比行政重要，所以行政中立的政治性遠高於行政性。而在行政中立專法尚未制定通過前，行政中立並無一致的客觀標準，要做到什麼程度，完全取決於政治決定，若說行政中立的政治性高於法律性，當不為過。

四、消極的

　　從行政中立的主要內涵觀之，可知行政中立的規定是偏向消極的不作為義務，以適度限制公務人員不得涉入政治活動為主；至於積極事項的規範可謂絕無僅有，且以依法與公正為已足。此由公務人員行政中立法條文規定中，出現諸多「不得」的禁制條文規定，可得到明證。不過行政中立的深層意義，應是藉由對公務人員的消極不作為規範，以積極的促進行政的健全運作、排除政治的不當

干預。

五、抽象的

　　行政中立規定中除卻絕對禁止事項外，多數顯得抽象不確定，過於籠統，不夠客觀，也難以具體量化，這是因其本質所使然。例如所稱不得在辦公場所印製、散發、張貼候選人競選文書、圖畫或其他宣傳品，按說辦公場所一詞已較明確，惟究指自己的辦公室？單位辦公室？機關辦公場所？是否包括所屬機關？若在別人辦公場所爲之呢？正由於類此抽象規定不少，嗣後如不能藉由施行細則或行政解釋，恐怕在執行上仍會有不少爭議與困擾。

六、生長的

　　我國早年在威權統治之下，本無行政中立的傳統，不論學理研究或實務規範，主要參考美、英、日等國的實施經驗，再斟酌我國的國情環境需要而來，若說行政中立是移植的舶來品，並不爲過。不過經過十數年緩慢的發育成長，行政中立已愈來愈有本土味，愈來愈走進每個人的心中，愈來愈被大家所肯定與接受，它的生長性顯然已超過移植性。

七、脆弱的

　　行政中立雖然十分重要，但卻也是非常脆弱的，易被干擾與摧折，這是因爲它所面對的對象正是最有權力的政治。由於政治與行政難以嚴格區分，政治居上而行政在下，所以給予政治介入或干預行政的機會，始終是存在的，行政中立的脆弱性不難理解。欲達到行政中立的目標，除建立法制外，政治人物的認知與自我節制，也扮演著十分關鍵的地位。

　　要之，在我國尚無完整的、周延的行政中立規範前，硬要說是有行政中立規範或法制，其實有些牽強與薄弱。不過如果看在公職人員選舉選罷法及相關主管機關的通函規定，而同意有所謂行政中立規範的話，其實它還是有一些形式的、實質的特色，與其他法規有所不同。[3]如上所述，這七個特色串聯成法制建構前行政中立的本質與面貌；而在行政中立法通過施行後，欠缺與分散的特色即告消失，僅餘其他五個特色矣！

貳、公務人員行政中立的具體作為

　　行政中立是在特別權利義務關係或公法上職務關係的基礎之上，國家對公務人員所要求的主要義務之一。晚近十數年，因為政黨競爭日趨激烈，政黨輪替成為常態，始受到特別的重視。公務人員不論哪一個層級，擔任什麼職務，在面對政治─包括政治人物、政治團體、政治活動時均應保持中立的作為，一切依法行政、公正執法，且適度限制參加政治活動，斯即所謂行政中立；惟亦有人名之為文官中立，或公務員政治中立。

　　我國對於公務人員行政中立要求的主要法律依據是公務人員行政中立法。在該法仍未三讀通過付諸施行前，主管機關的權宜作法是將其中重要條文內容加以摘錄，由前行政院人事行政局與銓敘部以通函規定層層轉知各人事機構轉達所屬公務人員照辦；並由保訓會透過全面性的行政中立訓練，要求所有公務人員在三年內至少應接受一次訓練，[4]亦即在民國94年6月前每一公務人員均應接受一次訓練。此故，全體公務人員大致都能瞭解行政中立的主要內涵及其重要性，因而知所作為。期盼在法案尚未通過前的過渡階段，也能培養行政中立的文化，漸次達成行政中立的目的。

在法制建構前，銓敘部與前行政院人事行政局通函對公務人員的行政中立要求，主要有十一點規定；這些也是公務人員行政中立法中，除立法目的、適用對象、處罰與救濟、準用人員、施行規定之外的主要實體規定。茲說明如次：[5]

一、公務人員應嚴守行政中立，依據法令執行職務，忠實推行政府政策，服務人民。

二、公務人員執行職務，應秉持公正立場，對待任何團體或個人。

三、公務人員不得介入黨政派系紛爭，亦不得利用職務上之權力、機會或方法，使他人加入或不加入政黨或其他政治團體。

四、公務人員不得於規定之上班或勤務時間，從事政黨或其他政治團體之活動，亦不得從事輔選活動。下班後從事上開活動亦應自我克制。

五、公務人員不得利用職務上之權力、機會或方法，為政黨、其他政治團體或公職候選人要求、期約或收受金錢、物品或其他利益之捐助；亦不得阻止或妨礙他人為特定政黨、其他政治團體或公職候選人依法募款之活動。

六、公務人員不得為支持或反對特定之政黨、其他政治團體或公職候選人，從事下列政治活動或行為：

（一）在辦公場所印製、散發、張貼文書、圖畫或其他宣傳品。

（二）在辦公場所懸掛、張貼、穿戴或標示特定政黨、其他政治團體或公職候選人之旗幟、徽章或服飾。

（三）主持集會、發起遊行或領導連署活動。

（四）在大眾傳播媒體具銜或具名廣告。

（五）邀集職務相關人員或其職務對象表達指示。

七、公務人員對於公職人員之選舉、罷免，不得利用職務上之權力、機會或方法，要求他人不行使投票權或為一定之行使。

八、公務人員以其職務上掌管之行政資源，得裁量受理或不受理政黨、其他政治團體或公職候選人依法申請之事項，並應秉持公正、公平之立場處理，不得有差別待遇。

九、各機關學校於公職人員選舉期間，應於各出入口明顯處所張貼謝絕候選人進入從事競選活動之告示。各級首長亦應謝絕政黨及有意尋求連任之現任公職人員集體拜會之造勢活動。

十、各機關學校於公職人員選舉期間，不得為任何政黨、其他政治團體或公職候選人舉辦聚餐、旅遊等有關團體活動。各級學校亦不得配合家長會為任何政黨、其他政治團體或公職候選人舉辦有關活動。

十一、各機關學校依規定得出租（借）場地供政黨、其他政治團體或公職候選人舉辦問政說明、政見發表會等相關政治活動者，應本公平、公正、公開原則辦理。租（借）場地使用完畢後，應即督促租（借）人清除現場所有文宣品。

　　由以上規定觀之，可知有關行政中立的要求，並不區分平時與選舉期間。在平時的要求，兼顧積極的抽象作為與消極的具體不作為，而選舉期間則偏重消極的具體不作為；不過，平時的要求也能拉長，涵蓋到選舉期間。這些要求顯然是針對全體公務人員，並無層級高低之別，亦不因職務性質之不同而有不同要求。易言之，我國所有公務人員基於身分關係均須遵守行政中立規定；此與英國因職務高低及工作性質先將公務人員區分為政治限制類、中間類、政治自由類三大區塊，再據以規範寬嚴不一的行政中立要求，明顯有別。[6]

　　如依前述十一點行政中立要求事項加以分析，行政中立雖不刻意區分平時與選舉期間，但有關選舉事項的限制顯然較多，也較為重要。就屬性言之，這些要求事項則可分為人員活動、場所使用與資源運用等三大項，其中以人員活動的規定較多，這是因為行政中立要求主要就是針對人員而來，而相較於特定的、有侷限性的場所使用與資源運用，人員活動更有普遍性與一般性的緣故。

　　總之，公務人員雖基於與國家的一般統治關係，理應與其他公民一樣享有完整的政治權利，不過國家為遂行其統治的功能，因公法上職務關係的特別要求，公務人員的政治權利便受到部分限制。行政中立即是在不違反憲法保障人民基本政治權利的前提之下，被國家提出來賦予公務人員的主要義務之一，自有其重要的意義，行政中立也因此被稱為「公務人員的政治消毒」（Political Sterilization of the Civil Servants）。[7]伸言之，公務人員除依法行政與公平對待兩項屬較抽象的、訓示性的作為義務外，在適度限制參加政治活動方面，公務人員只要秉持「四不原則」——不利用上班時間、不運用職務關係、不使用公家資源、不應該公然為之，大體上還是享有許多的政治權利。[8]基本上也就沒有違反行政中立規定的疑慮。

參、落實行政中立的要件

一、前　言

「行政中立」——一個似曾相識而日漸走紅的名詞,一句人人可以琅琅上口的口頭語,一種可以力擋不當政治干預的最好理由。因爲立法院在民國91年1月三讀通過公務人員訓練進修法,將行政中立訓練列爲公務人員必要的訓練項目,保訓會並據以研訂及陳報考試院,於同年6月發布公務人員行政中立訓練辦法,通函各機關配合辦理後,再度成爲公務人員矚目的焦點。伴隨著政黨競爭日漸激烈的趨勢,行政中立的訓練顯得格外重要,而形塑行政中立的組織文化,亦成爲不容再拖延的重要工作。

所謂行政中立,學者看法不盡相同,不過,小異中亦有共通之處。在適用對象上,大致是指以具永業性質的公務人員爲主;在面對客體上,雖廣及社會大眾每一個人,但主要指政黨相關人員;在指涉事項上,包括與職務及身分相關的行爲,特別著重在競選活動期間;在規範標準上,必須以同一標準尺度爲之,且在限制公務人員參與政治活動的同時,也必須兼顧公務人員的參政權利;在具體作法上,主要偏向抽象的、消極的不作爲義務。簡言之,行政中立是指公務人員依法且公正執行職務,不涉入政黨或政治活動,並以同一標準服務社會大眾,不因政黨屬性或個人價值等因素,而改變其態度與作法。

大體言之,基於環境趨勢的需要、政治發展的需要、實現政治價值的需要、欠缺行政中立的文化、不合行政中立的結構等五個理由,[9]我國亟應全面的積極推動行政中立法制。而因政黨政治條件成熟、社會多元化的結果、文官基本保障的具備等助力,[10]也有助於推動行政中立法制。正因爲行政中立訓練的展開,落實行政中立的主

客觀條件日漸成熟；如能改善環境因素，配合法制建構與相關要件，則行政中立的組織文化必有實踐之日。從而良性競爭的政黨政治才能出現，和諧效率的行政運作也才有進一步發展的空間。

二、行政中立的主要內涵

行政中立的理念爲先進國家普遍接受，以美、英、日等國實施經驗觀之，行政中立的內涵大致包括：1.界定公務人員之責任、角色與立場；2.保障公務人員的工作權；3.限制公務人員參加政黨活動；4.限制公務人員參與競選或選舉活動，[11]以及5.限制公務人員政治活動的範圍。

復就考試院先後四次函請立法院審議的「公務人員行政中立法」草案總說明觀之，其內涵不外：1.以依法行政、公正執法及酌予限制政治活動爲行政中立之三個基本要求；2.以常任文官爲主要適用對象；3.依憲法規定之基準，適度限制公務人員從事政治活動；4.採規範限制與保障救濟兼顧並行；5.公務人員違反行政中立應負懲戒責任。[12]

由上所述，可知行政中立的主要內涵，撇開適用與準用對象、公務人員的責任與保障等事項，其實體規定大致可歸納爲依法行政、公平對待與適度限制參加政治活動三者。茲分述如下：

（一）依法行政

所謂「依法行政」，就是公務人員依據法律執行公務之意。除形式上須以法律爲根據及踐行法定程序外，尚須受實質法律的支配，包括行政規章命令、法之一般原理、公益及行政目的等，方能實踐程序正義與實質正義。就實務面言之，依法行政包括；事前要

有法規依據，事中要按法定程序，事後要提供救濟管道等三項。依法行政本是民主法治國家的常態，但在威權統治國家，人治色彩濃厚，領導者經常干預部屬，依法行政往往成爲空話或奢談。就當前情形論之，依法行政可說是公務人員最起碼的民主素養與中立表現，只有依法才有中立可言。惟究應如何行政才是「中立」？「中立」的準則如何呢？當然只有以法規定，依法爲之，本於法律才能堅守原則與立場，而不致隨著政黨的拉鋸進退而搖擺不定；依法行政也就理所當然的成爲行政中立的首要內涵。

（二）公平對待

公務人員本於職權，掌握行政資源，直接或間接代表國家執行公權力，由於立法機關政策制定能力減弱，政治任用職位有限且任期不長，以及科層體制自我條件成熟等因素，行政職能日漸擴張，常任文官愈形重要。如果公務人員面對競爭激烈的不同政黨，不能以同一標準公平對待而有所偏愛或偏惡時，勢必對政黨造成有利或不利的影響，一旦偏惡的政黨取得執政權，亦將對不同立場的所屬公務人員採取報復或迫害手段，行政的不穩定現象將因而出現。因此，公務人員執行職務時，必須本於中立原則，公平、公正對待每一政黨及候選人；公平對待也因此成爲行政中立的次要內涵。

（三）適度限制參加政治活動

參政權是憲法賦予每一公民的基本權利，只要法律許可的政治活動，公務人員亦如同一般公民不受限制，然而因爲公務人員身分與職務的特殊性，在公法上職務關係理論的基礎之下，自可以特別法酌加限制。此一特別限制，如不影響其基本的政治權利，是被憲法所許可的。爲維持行政運作的穩定，避免捲入政黨競爭之中，則適度限制公務人員參與政治活動，自有其必要。適度限制公務人員

參與政治活動，也就成為行政中立的最重要內涵之一。

要而言之，可知行政中立的主要內涵看似紛雜，其實歸納起來不外依法行政、公平對待與適度限制參加政治活動三者。這三者看似簡單易行，卻必須分從制度面、文化面與配合面去努力，行政中立的內涵才能落實，行政中立的目標也可望達成。

三、從制度面落實行政中立

要落實行政中立，讓公務人員確實遵守行政中立規範，法規制度的建構是必要的基礎工程；因為在法治國家，一切以法為準，依法而治。只有在制度建立後，才有一致的、起碼的、明確的準繩；否則，縱然違反社會公認的行政中立標準尺度，被輿論責難，頂多也只是不當，而無違法可言。

如何從制度面去落實行政中立呢？具體的可行作法不外下列四端：

（一）建立行政中立完善法制

我國原無行政中立專法，有關行政中立規範除少數散見於公職人員選舉罷免法外，均付闕如。每到選舉期間，主管機關總是三令五申要求各機關轉知所屬同仁恪遵行政中立規範；惟因無法可依，故這些通函大體停留在勸說或嚇阻的層次，效果並不大。為期真正落實行政中立的精神，公務人員行政中立法終於在民國98年5月經立法院審議通過，付諸施行。此後，公務人員行政中立的遵行，即有法律的堅實基礎。惟民選首長與政務人員遵守的尺度規範如何？卻仍未見規定；只有這一塊補齊後，行政中立法制乃能稱為接近完善。

（二）配套建構陽光政治法案

所謂陽光法案是指可讓政治運作由檯面下轉爲透明化、公開化的法案綜合稱謂。常聞的陽光法案包括：揭弊者保護法、政黨法、政治獻金法、政黨財產信託條例、遊說法、公職人員財產申報法與公職人員利益衝突迴避法等。目前我國已制定財產申報法、利益衝突迴避法、遊說法、政黨法與政治獻金法等法律，但仍未齊備。只有陽光法案周延完備，才能杜絕少數不肖政務人員與民意代表上下其手的機會；相較之下，正規守法的政治人物才能避免不公平的競爭狀態。只有如此，對於行政中立的落實，乃有正面的影響。

（三）適度節制首長人事權力

由於我國多數行政機關均採首長制，機關首長負一切成敗之責，因此賦予首長在職掌範圍內的絕對權力，所謂人事、主計、政風一條鞭的獨立系統，對於首長的監督往往流於形式。在人事方面，依目前法令規定，首長不但有用人權、工作指派權、核定考績權，即連請假、福利、進修等屬於公務人員個人的權利，首長也可以工作需要爲由而予以准駁，可以說不論公務或私務，是否屬職掌事項，部屬要免除來自首長的影響力或壓力，如不中立的指示等，其實是不切實際的。因此適度節制首長的人事權力，例如：確實依公務人員陞遷法規定，讓任用、陞遷透明化且依資績公正辦理；建構文官長制度，各部會人事、會計等事務及一般性業務授權由常務次長督導處理等等；才能減少首長的不當干預，行政中立也才有客觀實踐的可能性。

（四）加強公務人員保障機制

公務人員的法定權利，包括經濟的、非經濟的與救濟的權利，這些權利都是國家基於公法上職務關係（特別權利義務關係），對

公務人員予以特別限制後而給予的特別權利，與國民基於一般統治關係而從國家獲得的一般權利有所不同，理應受到特別保障。然而在公務人員保障法公布施行前，對公務人員權益的救濟保障顯然是不足的，其後因爲大法官會議歷次不斷解釋，始稍見改善。爲今之計，只有更加強公務人員的保障機制，以做爲弱勢公務人員的靠山；他們在面對首長行政不中立的指示時，才能勇敢的拒絕。

綜上述之，制度面的建構可以說是行政中立建設工程的基礎工作，也是主體工程，只有在法規制度建構完成後，才有明確的「法」可循。這些制度建構以行政中立專法、陽光政治法案、部會文官長制及公務人員保障機制最爲重要，也最值得正視。

四、從文化面落實行政中立

文化面主要是指心理認知與組織文化的培養。就行政中立而言，制度面是基礎工程，文化面才是全面性的工程，只有在每個人打從內心認知行政中立的必要性與重要性，在政府機關內部也蔚成一股尊重行政中立的風氣，行政中立才能突破法規的框框，真正的存活下來。

就文化面而言，與行政中立息息相關的事項主要有下列四項：

（一）尊重文官專業

國家行政機器運作的主力是考試及格進用，憑資績升遷，而散布在政府機關各階層、各個不同角落的公務人員。他們在職掌範圍內，具有起碼的專業知識，又因永業及久任的關係，累積相當的行政經驗與人脈關係，由於他們的兢兢業業與默默奉獻，行政才能順暢的運作，縱使歷經政黨輪替，也能維持不輟。文官雖然具有專

業，擁有職權，然而面對層級節制的民選首長、政務人員與立法監督的民意代表，卻是相對弱勢的。惟有社會各界，特別是政務人員與民選公職人員，能夠瞭解並尊重文官的專業，植基於文官身上的行政中立，才不致停留在口說的階段。

（二）服從政策領導

政務人員制定政策，公務人員執行政策，這是區分政治與行政的必然結果，也是實施政務人員制度的常態，因此政務人員要對政策成敗負完全責任，也必須督導所屬公務人員執行政策。公務人員依法執行政策及上級指示事項，必須忠實的服從政策領導，在政策決定前，雖可基於專業知識與經驗有所建言，但那只是內部的溝通，不宜對外，一旦決定，就必須把嘴巴閉住，遵照辦理。在政策指示以外之事項，始可本於職掌及權責處理。大致說來，當前公務人員均能服從政務人員的領導，尚無問題。（公務人員與政務人員之位階與關係，參見圖4-1）

（三）瞭解黨政分際

國家不等於政府，政府不等於執政黨，這是民主法治國家的基本認知，然而在威權統治國家，國家、政府與執政黨卻是三位一體，政黨甚至凌駕在政府之上，黨政不分，政治責任難以釐清。我國在解除戒嚴、終止動員戡亂體制後，國民黨一黨獨大的局面不再。民國89年總統大選結果，民進黨籍陳水扁、呂秀蓮分別當選總統、副總統，我國歷史上首度出現政黨和平輪替現象，政黨政治的雛形已具，政府與政黨的分際愈加明顯。不過因傳統「政務事務不分」、「政務官事務官化，事務官政務官化」的觀念作祟，黨政之際仍未能完全釐清。惟有讓「橋歸橋、路歸路」，「上帝的歸上帝、凱撒的歸凱撒」；瞭解黨政分際之所在，行政才有專業中立的

空間。

（四）重視法治精神

民主與法治是現代國家重要的雙翼，彼此相輔相成，缺一不可。然而今天臺灣社會卻過度強調自由民主，忽視法治，民選首長與民意代表遊走法律邊緣，帶頭違法，老百姓有樣學樣，偏偏執法者懾於民代壓力，忌憚政治報復，公權力不敢貫徹執行，法治不彰其來有自，使得法律淪為僅供參考或參觀的裝飾品。欲期落實行政中立的精神，除建構行政中立相關法制外，倡導知法守法、依法而為的法治精神，絕對有其必要。只有在自己願意服膺法律規範後，才有進一步遵守行政中立法制的可能。

要之，文化面的落實已非侷限於表象的法規建構，而是深入每個人的內心世界，提升到信念、理念的層次。只有尊重文官專業，服從政策領導，瞭解黨政分際，重視法治精神，行政中立才能跨出法規的框框，更進一步的落實。

五、從配合面落實行政中立

如果說制度面與文化面是落實行政中立的主戰場的話，那麼配合面便是後勤支援。一場戰爭的勝負，主戰場絕對重要，不過後勤支援一樣不可忽略。只有在配合面也能落實後，行政中立才能突破點與線的限制，真正達到全面的落實。

配合面的事項繁多，到底有哪些特別攸關行政中立的落實呢？大致不外有下列數端：

（一）政務官自我約束

大體言之，政務人員是最容易破壞行政中立的一群人。這是因為政務人員既隨選舉成敗而進退，就難免會有利用職權暗助執政黨之舉，所謂「一朝權在手，便把令來行」、「手上有權力，心中無法律」的說法，正暗示政務人員有濫用權力的傾向。在政務人員法（草案）尚未公布施行前，政務人員不遵守行政中立精神，既無法規範，即無違法可言。此故，所仰賴的只有政務人員瞭解行政中立的重要性，因而自我要求與約束，不去干預或碰觸行政中立的脆弱地帶。

（二）公平的政黨競爭

在政黨政治，各政黨透過選舉公平競爭，勝者執政，敗者在野監督，本是常態。然而執政黨總想透過掌握資源的執政優勢，暗助本黨參選人員，企圖透過政策買票或釋放政策利多消息，藉以達到勝選目的。朝野政黨競爭之不公平，莫此為甚。既然想動用行政資源，那麼就可能要求所屬公務人員違反行政中立。職是，明確規範政黨之間公平的遊戲規則，也是確保行政中立的重要手段。

（三）乾淨的選舉風氣

臺灣選舉風氣不佳，歐美老牌民主國家往往大嘆難以想像，每屆選舉期間，賄選及暴力傳聞總是不斷，黑金掛勾的結果是賢能者卻步，不肖者當選，國家被敗德無能之士所掌握。選風不佳，政治風氣就不好，上面政治人物一亂，下面公務人員鐵定不好。所以要把下游的行政中立做好，上游的選舉風氣確有必要趕快先做好。

（四）普遍的社會認知

臺灣早期在威權統治時代，黨國不分，黨政一家親，社會普遍欠缺行政中立的認知，不認為執政黨挪移行政資源是錯誤的。不過進入政黨競爭時期，大家已逐漸瞭解黨政分際及行政中立的重要性。只有在社會普遍具有共識後，行政中立精神才算是找到最大的靠山，形成最有效的輿論後盾，這時政務人員或公務人員若欲為行政不中立的事項時，也可能因有所顧忌而不敢亂來。

（五）有效的媒體宣導

新聞媒體在西方國家號稱「第四權」，是人民最主要的資訊來源，對於國家社會的影響不言可喻。常見的新聞媒體有報紙、電視、廣播三種，至於傳統的雜誌，晚近興起的網路也扮演一定的功能。有關行政中立的課題，除藉由學校的教育研修、政府機關內部的訓練，以促進個人的瞭解外，如能在社會上經由新聞媒體不斷的報導呼籲，特別是在選舉期間，必能形成社會的普遍瞭解，對當事人有所約制。

（六）公正的仲裁機制

仲裁機制主要指職司審判或檢察事務的司法機關，此外也包括準司法機關，如監察院，或行政機關內部有仲裁功能的機關或單位，如行政院公平交易委員會、各機關訴願會等。這些仲裁機制都是執法者，可謂是貫徹公權力、維繫社會人心的重要手段。如果仲裁機制均能維持廉潔、公正、有效率的作為，不偏袒執政黨或當朝政務人員，行政不中立的問題才有可能被糾正，不中立的當事人才會遭到處罰。透過仲裁機制的處罰與糾正，藉以確保行政中立最低程度的達成。

　　總之，行政中立的落實，不能只談行政中立本身，也必須藉助其他相關事項的配合，才能由點而線到面再到空間。惟有這些重要配套措施都能有效逐行，脆弱的行政中立才能免於被踐踏或破壞的威脅，得到成長的機會。

六、結　語

　　行政中立雖然具有諸多功能價值，例如促進政黨良性競爭，確保社會多元發展，維持行政健全運作與維護公務人員權益等，可謂十分重要。然而行政中立也是十分脆弱的，不易做到，卻容易被摧殘破壞，因此必須小心呵護，才能順利成長。如能分別從制度面、文化面與配合面三個層面去努力，就如同陳德禹教授所說的透過政制結構途徑、文官制度途徑、行政程序途徑、行政倫理途徑，其他相關配合途徑等五途徑；[13]或如同吳定教授所言，自制度面、運作面及宣導面等三方面同時著手；[14]不斷的去加強與改進，行政中立的理念方能落實，行政中立的制度作為也才不會流於空談。

　　且讓我們共同捍衛行政中立的價值，支持行政中立的規範，確實往行政中立的目標邁進。[15]

肆、從公務人員的角度看行政中立

一、前　言

　　行政中立——一個漸為世人周知，對公務人員也日趨重要的行為規範，前因保訓會通函各機關，規定「每個公務人員至少要在三年內接受行政中立訓練一次」，這個概念已在政府機關之間，逐漸蔚為風潮，大家多少有所認知，甚至形成共識。對於此後歷次總統

大選、立法委員選舉,乃至於直轄市、縣(市)長等各種地方公職人員選舉期間,公教人員對行政中立的堅持,確實具有相當正面與積極的意義。

行政中立的前提,來自於行政能與政治分立而存在,面對不同的政治力,行政應中立、需中立且能中立、可中立。所謂行政中立,學者看法不盡一致,法規亦未明定,但大致是指公務人員依法且公正執行職務,不涉入政黨或政治活動,以同一標準尺度去面對社會大眾,不因個人的價值偏好或政黨屬性等因素,而改變其態度與作法。其規範的主要對象是行政人員,也就是一般所謂的公務人員,兼及行政事務、行政資源與行政場所等。易言之,公務人員以外的其他人員原則上不受行政中立的規範,但如涉行政事務、行政資源與行政場所等情時,亦應同受行政中立的規範,只是其名稱可能稍有調整或變更,例如政治人物應遵守的中立規範,可能稱為政治中立;學校教師堅拒政治力量進入校園,慣稱為校園中立;選務人員在辦理選舉事務時的中立規範,稱為選務中立;而國會職員在協助處理議事上的中立規範,則稱為議事中立。

公務人員與公務員指涉意義不同,公務員範圍較大,傳統上包括文職的政務人員、公務人員、公立學校教師、公營事業人員,甚至將民選政府首長及武職的軍人包括在內,但並不包括民意代表。至於公務人員只是公務員體系的一部分,依公務人員任用法施行細則第2條規定,所謂公務人員,係指各法定機關組織法規中,除政務人員及民選人員外,定有職稱及官等、職等之人員。公務人員可謂是公務員體系中最核心的部分,不只是人數最多,職務態樣種類最多,也是行使公權力的主體所在。考試院基於公務人員主管機關立場,前已先就公務人員部分研擬行政中立專法,函請立法院通過後施行,並要求各機關辦理行政中立訓練。至於其他人員,除依公職

人員選舉罷免法規定的選務中立外，目前尚無規範。

　　行政中立主要是規範公務人員的行爲態度，任何一位公務人員都有遵守行政中立的絕對義務。職是，從公務人員身分、職務、角色、地位等不同的角度看行政中立，自是一件重要且深具意義的事情。

二、從公務人員的身分看行政中立

　　一般言之，公務人員因生活面向及法律關係的不同，與國家社會的關係，同時具有國家的人民、國家的僱員與社會的個人等三種不同身分，前兩者爲公法關係，後者則爲私法關係。[16]其中「國家的僱員」身分是基於特別權力關係或公法上職務關係而產生，也是公務人員與一般人民的最大不同。大致上，公務人員的身分因具備資格，獲得任用而開始，迄至離職或死亡才喪失。

　　人民既因具備特定資格，經國家特別選任行爲而成爲公務人員，直接或間接代表國家統治人民，理論上國家是公務人員的僱主，因爲政府機器的運作與統治權的行使，使公務人員與國家結爲一體。由於公務人員執行職務時，係直接或間接代表國家或各級政府，享有一定的公權力，動輒影響人民的權益甚鉅，所以必須對公務人員特別加以限制或約束，這就是國家與公務人員的特別權力關係。晚近特別權力關係的內涵雖有修正調整，或名之爲「公法上職務關係」、「特別法律關係」、「特別權利義務關係」或「修正特別權力關係」，但公務人員與國家具有特別關係的本質則未曾稍動。

　　因爲公務人員與國家具有特別關係，所以公務人員相較於一般人民，受到更多的限制，對於國家負有更多的義務。就一般服務義

務言之，包括忠實的義務、執行職務的義務、服從命令的義務、嚴守秘密的義務、保持品位的義務及不為一定行為的義務等六種義務。不過公務人員也享有國家給與的特別權利，依法令規定，目前包括俸給權、退休權、撫卹金權、參加考績權、公保給付權、職務上使用公物公款權、職務保障權、執行職務權、請假休假權、受獎勵權、生活照顧權及依法請求救濟權等十二種權利。此外，公務人員基準法草案中，尚明列有使用官銜職稱權、政治活動權與健康維護權等三種權利。基於此一身分的公務人員，除適用業務上的法規外，主要受人事法規的限制。在特別權利義務關係，或公法上職務關係的基礎之上，為國家社會的長治久安計，在不違反憲法保障人民基本參政權的前提下，國家自可以法律或行政命令，單方面限制公務人員某些政治權利，並要求遵守行政中立規定。

綜上述之，公務人員同時具有三種不同的身分，但做為國家的人民與社會的個人，公務人員與一般人民並無差異，其權益均受國家同等的規範與保障，不過此一規範與保障，係屬普遍的、全面的民主法治現象，公務人員並無特殊之處。公務人員受到特別保障與特別受到限制的部分，乃其「國家的僱員」身分，行政中立即因此一身分關係而產生。易言之，只要具有「公務人員的身分」，不問其階級高低或工作性質為何，所有公務人員皆應同受行政中立的限制，無一可以例外。雖然在行政中立法尚未通過前，即以主管機關通函方式，強制要求公務人員遵守，似乎不合「公法上職務關係」的本旨，在法理上有些講不過去，但基於國家政治整體利益的考量，從「特別權力關係」的角度著手，國家仍然可以服務法的抽象義務規定以及考績法的相關處罰規定作為基礎，要求公務人員遵守行政中立規範，如有違反者並予以處罰。而在行政中立法公布施行後，一切依法為之，在法制上自無疑義。

三、從公務人員的職務看行政中立

公務人員的職務與身分具有密不可分的關係，在正常情形下，有職務一定有身分，但有身分卻不一定有職務。雖然公務人員首次任職係同時取得身分與職務，但在公務人員漫長的任職期間，身分始終維持不變，但職務卻會有垂直的升遷或水平的遷調，也可能出現降調的情形，甚至停職、休職或留職停薪等只具身分，但無職務的特殊情況，所以終其公務人員的職涯過程，職務一直都在變化之中。身分雖然人人相同，但職務高低與重要性卻有很大的不同。

所謂職務，係組織分配給個人的工作與責任，也就是人員與工作的結合，具有個別性與專屬性，是組織中最小的組成單位。職務與職稱、職位的意義雖然近似，其實不同，職位偏於工作，職稱則是職務上名號之尊稱[17]。職務既是公務人員個人生活中扮演諸多角色中的一種，也是組織的基礎，任用的開始，有其無與倫比的重要性。

所謂職權，係指職務上行使的公權力，可以強制或約束相對客體一定作爲或不作爲的力量，相對客體則負有忍受或服從的義務。權力（power）與權利（right），中音雖然接近，但意義實有不同。權力是指有所憑藉而使他人服從的力量，而權利則是依法可以享有的財物或金錢利益。大致言之，權力的概念是上下的、強制的、只有命令與服從的問題，被權力拘束的一方不能任憑己意否決其效力。權力既係強迫他人服從，因此其內涵乃較偏於公權，但大多數的權力係存在於以政府爲主的團體組織中，只是其權力仍須透過個人行使才能展現出來。權力偏重力量，有權即有責，因此權力的相對關係乃是責任，而非義務。[18]公務人員行使的職權，本質上是一種權力，靜態時爲職務、職掌，細分爲許多工作項目，行使時即爲職權。有關公務人員的職稱、官等、職等、員額數以及其所屬單位的

職權規定，大致籠統放在各機關組織法律及其處務規程中。

　　大體言之，占據某一職務，即得行使組織法規賦予的法定職掌。為履行職掌事項之必要，而賦予一定之權力，此即所謂職權；為督促其踐履職務，而課予其一定之義務與責任，此即所謂職責。因此，職掌、職權、職責可說是職務的三個不同面向。在職權與職責之間，為期其安於工作，並對其因履行職務而受到之特別限制給予補償，遂給予各種權利。但權利不是平白享有，在享受權利的同時，也必須擔負一定的義務，如果不能盡到義務，即有責任之追究。因此以職務為開端，而至職權、權利、義務與責任，彼此之間不但關係極為密切，也有某種次序性存在。[19]

　　從職務的角度看，因為每個職務都不同，重要性因此不同，理論上與行政中立的相關性也有不同。為免造成政治分贓、資源濫用與不公平競爭的現象，大致上與國家權力的行使、行政資源的分配、遊戲規則的制定、仲裁機制的維持等愈相關的職務，愈有遵守行政中立的必要。這也就是說，在層級上，高級職務較中低級職務愈需遵守行政中立；在性質上，審檢警調、選務、金融稅務、軍職人員較諸一般行政人員更要遵守行政中立，而一般部會具有行政權力者也較訓練、社教、研究機構等不具公權力者尤應遵守行政中立。

　　不過因為在實務上，行政中立很難就個別職務加以規範，頂多只能依其職務性質做大類區分，公務人員遵守行政中立的尺度標準，仍有待各主管機關依行政裁量授權加以規定。畢竟法律只能就一般常態為抽象規定，至於較特殊的，則由法律授權主管機關在權責範圍內另為規定；只有如此，行政中立法制才會更見周延完備與合理可行。

四、從公務人員的角色看行政中立

職務是公務人員的靜態規定，角色則是公務人員的動態演出，個人占據某一職務後，他人或本人所期望的行為型態，就是角色。在組織中扮演的正式角色是職務，透過角色扮演，職務的意義與功能才能彰顯出來。不過一個人在機關組織內並非只扮演一種固定角色，他的角色扮演，隨著各種相對關係而改變，在其他社會組織中尚扮演各種不同的角色，並與其他角色扮演者發生關係。由於每個人在不同的時空環境，面對不同的對象，扮演各種不同的角色，而所扮演的每一個角色又各有其關係角色，於是就造成角色的複雜性。[20]

大致言之，本人的角色認知與他人的角色期望，對於角色扮演者的影響最大，而因為多元角色與關係角色的複雜多變，以故難免會有各種不同的角色衝突出現。在角色表現不佳或有矛盾衝突之際，法律與倫理道德無疑是很好的行動準據，不過角色卻也可能顧此失彼，因而違法或破壞倫理，使角色扮演發生問題。

公務人員的角色扮演，最好的形容，莫如陳水扁前總統所說的：「是什麼，做什麼；做什麼，像什麼」。柯尼卡相片公司廣告詞：「是誰，就得演誰；演誰，就得像誰；誰演誰，誰都得像誰」。俗話說：「當一天和尚，撞一天鐘」，也有幾許道理。如果每一個公務人員充分瞭解其職務應扮演的角色，且只扮演這一種角色，再無其他角色，則所有公務人員均是稱職的公務人員，遵守行政中立自不在話下。然而因為公務人員周遭都會有許多親朋友人，他同時具有許多不同角色，這些角色之間難免會有矛盾與衝突之處，如果公務人員對職務面的角色認知不清，不能將職務擺在第一，堅持職務面的角色作為，那麼不只違反行政中立，其他的違法失職行為也可能出現。

　　職是，從角色的角度看，公務人員是否遵守行政中立規範，能否做到行政中立要求，完全取決於個人的角色認知與扮演。如果公務人員有心且堅持去做，縱使在法制仍不完備的情況，且可能面對長官的不當壓力，他仍然做得到。但如果欠缺認知，也不願去做，或存心規避，那麼法制縱使再完備，仍然是功虧一簣。這是主管當局在推動行政中立時，不能不考慮的要務。

五、從公務人員的地位看行政中立

　　「地位體系」係表示人與人彼此間階級高低區分的一種形態，公務人員所處的地位體系大致有社會地位與組織地位兩種。社會地位與組織地位都有高有低，因人而異。地位的構成，有三個基本因素，即榮譽、物質報酬和權力。地位高的人，其所享有的榮譽、物質報酬和擁有的權力亦大，反之則小。同時，地位高的人，對於決策的影響力必大；地位低的人，對於決策的影響力也小。

　　社會地位乃指社會環境中階級高低區分的形態。構成一個人社會地位的因素不外：年齡、家族關係、財富、知識程度、職業和人格等。一個人在社會上的地位，往往取決於他的家族關係（nepotistic relations）。有的家族在社會上的地位頗高，凡出生在這個家族中的成員，其社會地位自然不低。至於一個人知識程度之高低、財富之多寡、職業之貴賤和品德之良莠等，亦均足以影響到他的社會地位，從而影響其相關領域發言權之大小。

　　組織地位係指一個人在行政機關中因占有某一職務而獲得的地位。職務有高有低，所占的組織地位也跟著有高有低。若依組織地位之性質區分，復可分為階梯地位與功能地位兩種。這是一種對稱的關係，重視階梯地位的機關組織，必抹煞功能地位；重視功能地位的機關組織，必忽視階梯地位。所謂階梯地位，是指在縱的權力

結構中占據某一權力職務後而獲得的地位，諸如部長、次長、處長、科長、專員、科員、辦事員、書記等等，均屬階梯地位。所謂功能地位，即指在機關組織中所占的職務，須有專門技能和專門知識才能從事的工作，因而獲得的地位，諸如技術人員、工程師、教授等是。[21]

在重視階梯地位的機關組織，占據權力職務的人受到重視，從而對決策較有影響力。在重視功能地位的機關組織，則是具有專門技能和專門知識的人，才能受到重視，從而對決策有較大影響力。階梯地位與功能地位二者所彰顯的意義，自有不同。

從社會地位觀之，一般社會大眾普遍認為公務人員的社會地位尚佳，也認為彼等既享有國家給予的優厚待遇，自應受到行政中立等特別的約束；他們不見得瞭解公務人員內部體系的階級高低與如何運作，總是一視同仁的居多。就組織地位觀之，多數公務人員總覺得高級公務人員握有行政權力者，甚至政務人員，最應受行政中立的約束，偏偏許多政務人員的所作所為不在行政中立限制之列，除有無奈感外，難免心生怨懟不滿。由此論之，制定符合政務性質需要且較為寬鬆的政務人員政治中立規範，一樣有其必要，而在未制定前的過渡階段，政務人員尊重行政中立的精神，也應予重視。

六、結　語

行政中立之於公務人員，係屬服務規範的一部分，主要規範公務人員的行為舉止與態度表現。基本上與行政倫理、組織文化有關，也與選舉風氣、政治文化脫離不了關係。如果整體選舉風氣、政治文化不好，欲藉行政中立去匡正人心，建立公平競爭機制，無異緣木求魚或螳臂擋車。因此要落實行政中立，除在法制面努力建立規範，在文化面積極宣導外，相關的配合也是十分重要的。

　　總而言之，基於身分關係，不論從特別權力關係或公法上職務關係的角度看，全體公務人員皆應遵守行政中立規範。就職務考量，層級愈高，與公權力行使愈相關者，遵守行政中立的尺度標準應該更高。從角色角度觀之，因為角色的複雜衝突，不見得每個公務人員都能做到行政中立。若從社會地位的觀點，社會普遍對公務人員予以肯定，也有一番期待。從組織地位言，公務人員不能因政務人員地位高，卻不受行政中立規範，而否決自己遵守行政中立的義務。屬於政務人員的政治中立規範，自有在政務人員法草案或其他法規中規定的必要。大致上遵守行政中立規範已逐漸形成共識，成為公務人員不可逃避的義務，也是政治上理所當然的需要。（公務人員與行政中立之關係，參見圖4-2）。[22]

伍、行政中立規範對象之探討

　　行政中立是一個每屆選舉期間即備受重視的課題，隨著民國107年11月地方公職人員九合一大選，再度成為輿論關注及朝野雙方攻防的焦點。在野黨舉發政府選舉不公的種種事證，背後均隱藏著違反行政中立的指控，執政黨則辯稱政務官輔選乃天經地義，無涉行政不中立的問題。朝野雙方在行政中立上的攻防，顯然已涉及對行政中立的基本認知，並已扯上那些人員、那些事項應適用行政中立的問題。

　　在質的方面，行政能否中立？在量的方面，行政做到中立的程度如何？不只關係當下選舉能否公平舉行，資源有無被濫用等事項，也攸關國家整體的政治運作與發展，包括行政能否健全運作、政黨是否公平競爭、政治可否清明廉潔等。可以這麼說，如果政府機關不能做到行政中立、落實行政中立的話，民主與法治的根基必

將被腐蝕。政治與選舉風氣敗壞的結果，其他政治改革、政府再造等再好的願景都將落空。職是，以民為重、有心做好的現代民主政府莫不兢兢業業努力去推動行政中立，務期儘量做到行政中立。以西方文官系統發展的歷史觀之，早已遠離君主恩賜、權貴瞻徇、政黨分肥等三個階段，而在第二次世界大戰之後進入文官政治中立階段，[23]並將文官中立視為行政的基本價值與重要鵠的。

我國在解除戒嚴及終止動員戡亂體制後，黨國不分的威權體制不再。當時執政的國民黨政府凜於政黨輪替乃民主國家常態，因此除積極建構整體的政務人員法制外，也大力推動行政中立的法制研擬工作。[24]民國89年5月民進黨取得執政權後，亦蕭規曹隨，繼續推動行政中立法制化的工作。雖因朝野意見未能整合以致有所延宕，不過在訓練方面，依公務人員行政中立訓練辦法規定，各政府機關已全面推動行政中立訓練，故公務人員的理念認知，已有些許成效。民國98年6月總統公布公務人員行政中立法，推動行政中立工作已有法律依據。此後，不論是法制主管機關銓敘部、訓練主管機關保訓會，乃至於各機關，均積極辦理，其成效更是有目共睹。

行政中立規範的對象為何？自來即有許多不同看法，特別是在法制化前的我國更是如此。就行政中立本質與各國法制現況來說，規範對象一般乃以常任公務人員為主。不過理論上凡支領國家薪俸，握有公權力的廣義公務員，均有遵守行政中立的義務，只是遵守的尺度寬嚴有別而已。事實上學者專家對行政中立的呼籲，也從來沒超過此一範圍。易言之，行政中立規範的對象，絕不包括一般社會大眾或私營企業從業人員，通常也將政務人員及民選公職人員排除在外，使得行政中立規範的對象範圍，遠比廣義公務員限縮許多。

我國公務人員行政中立法第2條明白規定適用對象為：「法定機

關依法任用、派用之有給專任人員及公立學校依法任用之職員」，這些人員依法均需銓審，也就是前述的常任公務人員。此外，第17條復規定：1.公立學校校長及公立學校兼任行政職務之教師；2.教育人員任用條例公布施行前已進用未納入銓敘之公立學校職員及私立學校改制爲公立學校未具任用資格之留用職員；3.公立社會教育機構專業人員及公立學術研究機構兼任行政職務之研究人員；4.各級行政機關具軍職身分之人員及各級教育行政主管機關軍訓單位或各級學校之軍訓教官，5.各機關及公立學校依法聘用、僱用人員；6.公營事業對經營政策負有主要決策責任之人員；7.經正式任用爲公務人員前，實施學習或訓練人員；8.行政法人有給專任人員；9.代表政府或公股出任私法人之董事及監察人；均爲準用人員。這九款準用人員，基於身分，均應全部比照適用。又第18條規定：憲法或法律規定須超出黨派以外，依法獨立行使職權之政務人員，準用本法之規定；此即準政務官亦應比照適用的準據。

綜上所述，我國公務人員行政中立法有關規範對象的規定包括適用人員、準用人員二個層次。適用人員係依公務人員任用法及派用人員派用條例（後者已於104年6月廢止）定其範圍，也就是依法應經銓敘審定之最核心公務人員，這也是考試院主管的對象。準用對象則擴大至公務員服務法規範的範圍，但不包括民選首長、狹義政務人員、一般軍人、公營事業一般人員以及不兼行政職務的公立學校教師及學術機構研究人員，此一範圍已超出考試院的職掌，故只列爲準用而已。

前述適用與準用規定乃考試院一貫之主張，是否周妥，則仍屬見仁見智。有人認爲已能涵括應規範的對象，尚符實際需要；不過也有人認爲過於模糊籠統，仍不夠周延，甚至有不足之處，例如前立法委員黃爾璇即認爲此一範圍太過狹窄與保守，根本不足以適應

現實政治之要求。[25]吾人認爲尚有下列三點值得檢討之處：

　　一、常任公務人員職務性質、等級、擁有權力大小各有不同，不分輕重一體規定，似有不盡周妥之處：按常任公務人員雖是行政中立規範的主要對象，但其人數多達二十餘萬，且職務性質與等級、擁有權力大小明顯有別。例如簡任第十四職等的常務次長，其職等、權力與重要性顯然遠遠高於委任第二職等的書記；而檢警調人員因與民眾直接接觸、手握公權力，較諸一般行政人員尤有遵守行政中立的必要。若不依其職務等級、職務性質與影響層面大小加以區隔，不啻青白不分、牛驥同皁，反而有害於行政中立目標的達成。論者謂或可仿照英國的作法，先依實際限制公務人員行政中立之必要性，概分爲政治自由類、中間類與政治限制類三類別，再依其個別職務之性質與等級，放入適當之類別，以符實際之需要。

　　二、行政中立規範依其屬性乃爲公務人員服務規範或行爲規範之一部分，但準用人員之範圍竟小於公務員服務法，似有畫地自限之虞：按考試院因其主管對象僅限於常任公務人員，因此在公務人員行政中立法中雖不便將非其主管範圍之軍人、教師、公營事業人員等納入適用對象，但既同屬行爲或服務規範，在徵得相關主管機關同意後，仍可搭便車，依其屬性納爲準用對象，使準用範圍至少與公務員服務法適用對象相當。然而遺憾的是軍人擁有武力，同屬公務員服務法規範對象，除軍隊國家化之要求外，更應對政治保持中立，然而本法卻僅限各級行政機關軍職人員與各級學校軍訓教官，而不包括全體軍人，明顯有所欠缺。又同屬教育人員之社會教育機構專業人員與學術研究機構研究人員，前者不論有無兼任行政職務均在準用之列，但後者則以兼任行政職務時方才準用，寬嚴不一，恐亦易落人口實。此外，依法聘用、僱用人員，實施學習或訓練人員，因身分、屬性不同於常任公務人員，固不宜列入適用範

圍，但亦有別於公立學校校長等人員，且屬考試院主管對象，準用之情形有別，自亦應加以區隔規定，以免遭致不必要之誤解。

三、只要領有國家待遇，涉及行政權力及資源者，依其性質即有部分準用的可能，但政務人員與民選政府首長在相關法律未通過前，竟未就相關事項予以準用規定，顯然有所不足：按行政中立的理論基礎之一是公務人員與國家之間具有與一般社會大眾不同的公法上職務關係，所以其行為要受到更多的限制與拘束，理論上只要領有國家待遇、涉及行政權力與資源者，除非職務屬性不宜而特別排除準用者外，均須受到行政中立的規範，只是程度輕重不一而已。是故不只政務人員與民選地方首長有部分準用的必要，即連民選產生的總統、副總統、民意機關首長、副首長、公立學校未兼行政職務之專任教師、公營事業一般從業人員，均有部分準用之必要，甚至政府捐資超過一半之財團法人或基金會工作人員，也應依其工作性質予以部分準用的要求。然而本法卻未如此規範，是否暗示總統、副總統、民意機關首長、副首長即可動用其掌握的行政資源去輔選、助選呢？而公立學校教師是否就可以堂而皇之的鼓吹政黨意識型態呢？恐怕未必如此。不過本法未為規定，這些疑點似乎就難以澄清。

總而言之，行政中立固然重要，但行政中立的規範對象是誰，顯然更為重要。因為只有規範對象適切合宜，才不會有漏網之魚，也不會塞進不必要限制的人員；只有在規範對象的屬性類別弄清楚後，行政中立才有進一步落實的可能。無庸置疑的，行政中立規範對象的探討，既屬重要，也有其必要。[26]

陸、從個人層面論公務人員不能保持行政中立的原因

行政中立是近年來每逢選舉必被新聞媒體炒作的重要課題之一，也是政府當局要求各級公務人員遵守的主要義務之一。且不論公務人員對於行政中立的實際內涵瞭解多少，至少對於這個名詞已不再陌生，也不會漠視它的存在，在認知上也知道負有遵守行政中立的義務。這無疑已為我國的民主政治發展奠定良好的契機，殊值肯定。

所謂行政中立，是指公務人員依法且公正執行職務，不涉入政黨或政治活動，以同一標準服務社會大眾，不偏袒或偏惡任何人員，不因為個人政黨意識或價值取向而改變之謂。行政中立規範的主要對象是公務人員，強調的課題重心是對政治保持中立。為確保公務人員行政中立，就必須要求依法行政、公平對待與適度限制參加政治活動；為強化行政中立執行成效，所以要制定法律，且明定罰則，以為辦理依據並收嚇阻之效；為增進對行政中立內涵的認知，乃要求全體公務人員在一定期間內接受行政中立訓練，俾能增進績效。

行政中立既已成為政府當局重要的施政目標，並透過全員訓練方式，灌輸全體公務人員有關行政中立的相關知識與具體作為，理論上應有不少績效呈現，事實上也確有許多績效，較諸以往可謂進步甚鉅。不過遺憾的是仍有極少數公務人員，因與立法者或利益團體直接發生關係，或在政治任命官員利用管理權力的逼迫之下，或因個人的自我意識及不願當懦怯者的心理下，依個人政治理念行事等因素；[27]以致不能自愛自重、遵守行政中立規範。因而做出一些違反行政中立的事項，終究「一粒屎壞了一鍋粥」，令人扼腕不已。

深入探討之，公務人員之所以不能保持行政中立，既有個人因

素，也有大環境因素。就個人因素的來源言，主要可依其意識狀況分為「不知」與「故違」兩類情形，「不知」是指無心之過，先前不知某事有違反行政中立規定之處因而做出此事；「故違」是指事先明知某事已然違反行政中立規定，卻仍刻意為之。依故違的原因分析，又可分為「己意」與「受迫」兩種情形，己意是個人自發性的，出乎自己意願的去做；受迫是指受到他人不同形式與程度的壓力，包括脅迫與誘惑，因而非出自己意的去做之謂。依事情觀之，受迫的來源，主要是來自上級長官或職務上有監督權的人，其次是握有不利把柄或小秘密的人，再次是關係良好或私交甚篤的人，如果在公私方面皆無具體直接關係的話，壓力與脅迫的情形是不易出現的。

就公務人員違反行政中立的情形觀之，在黨國不分的威權體制時期，原以不知為大宗，公務人員是壓根兒不知行政中立為何物，也不認為違反行政中立是不該的、不對的。但在政府積極推動行政中立，特別是在積極辦理訓練、廣為宣導之後，此一原因的違規情形已大為減少。目前違反行政中立的原因轉而以受迫為主，特別是暗中施壓或脅迫的情況。也因為是暗中進行，具有隱蔽性，且來自上級或具有監督權責的長官，不敢也不願揭發，故到底有多少因受迫而違反行政中立的情形，恐怕也難以察知。

若從個人因素的性質細加剖析，違反行政中立的原因大致可歸納為下列七種：

一、輕視法令規範

公務人員原有依法行政的義務與認知，在任何時地的任何作為均須受到法令的約束限制。不過由於握有權力、掌握資源，極少數公務人員為享受權力的快感、挑戰法治的權威，遂暫時忘卻法令規

範，恣意爲之，自然不會將行政中立法規與函釋規定放在心裡。此種不守法、不願受法令規範的公務人員，實是當前不能落實行政中立的原因之一。

二、扭曲民主真意

探求民意、以民意做爲行事依據，雖是民主政治追求的主要價值之一，但民主不是只有自由與民意的一面，也有秩序與法治的一面，兩者必須相互配合援用，乃能有功。民意不能凌駕在法治之上，縱使是全民意志的展現，在法律秩序未依民主憲政程序變更前，仍應依現行法爲之，這是基本的民主常識。遺憾的是少數民意代表或民選政府首長，誤以爲自己是人民選舉產生，就是人民的化身，代表民意，即可不顧法治的去遂行己意。影響所及，社會大眾遂也普遍認爲「民意最大、選票至上」，眼裡只有決定輸贏的選票，只在意選舉的結果；至於強調公平競爭的行政中立等等機制，當然就隨意爲之。顯然的，這樣的心態是當前公務人員不能維持行政中立的原因之二。

三、囿於權勢脅迫

政府機關內部是個職務等級區分明確、命令與服從關係隨之的組織體系，職務愈高，相對擁有的權力就愈大。特別是機關首長擁有對所屬同仁完整的人事權，包括任免遷調、考績獎懲、差假勤惰、出國考察、辦公時間進修訓練，乃至其他的福利措施等等。如果部屬與首長相對抗，儘管有法律給予最起碼的保障，但仍然明顯不足。以故，格於首長的權勢，部屬通常不敢吭聲，如果首長再「以官爵爲私恩，以名祿爲榮寵」，贍恩徇私或暗中脅迫，多數部屬心中縱有不滿，表面也只能逆來順受、乖乖就範。某些公務人員正是囿於外在的權勢脅迫，遂無法維持行政中立，這是原因之三。

四、曲意討好長官

政府機關組織體系既是金字塔形，愈上層，職務愈少，權力愈大，資源愈多。做爲部屬，理論上應與長官維持一定距離的良好和諧關係，但或爲工作順暢，不被刁難，或有求於長官給予好處，少數人刻意接近長官，討好長官，巴結長官，揣測長官心意，主動爲長官獻策或排難，甚至達到水乳交融、如膠似漆的地步。不過因爲層級不同、視野有別，長官知道拿捏分際之處，部屬未必也能掌握的恰到好處，違反行政中立的可能性也隨之增加。曲意討好長官的心態與作爲，顯然也是公務人員無法維持行政中立的原因之四。

五、受制人情困擾

長久以來，人際關係始終是宰制我國社會發展的重大因素，在政府部門，雖有法的規範做爲執行職務的準據，但人的因素仍然傍隨其側，無所不在。「爲人設事」、「因人而異」的情形既難根除，「人情困擾」就會一直存在。公務人員縱然知道要遵守行政中立，但如果受制於上級長官、民意代表、故舊好友、家人親戚、同學同窗等人情，覺得非幫不可、非給面子不可，仍有可能做出違反行政中立的事情。這是原因之五。

六、刻意作秀心態

公務人員不論是副首長、單位主管或一般承辦人員，在職務屬性上都是以政務人員爲主的機關首長之幕僚，理應站在幕後不露臉，努力做事不作秀。但表現慾、出風頭是人類基本的慾求之一，極少數公務人員不能隨職務而調整心態，仍然搶拿麥克風，喜歡站在攝影機前面侃侃而談。這種只想上鏡頭而不管後果的作秀心態，與公務人員應有的低調認真之作風，以及行政中立要求公正、中立

的規範是不符的，此亦爲公務人員可能違反行政中立的原因之六。

七、有意押寶表態

有人說：政治選舉是豪賭，行政是按部就班；政治任命是搭直昇機，公務人員任官則是爬樓梯；確實不無道理。在組織層級體系中，不論再怎麼會爬樓梯，爬的再快，終究比不上搭直昇機上去的人。有些公務人員爲求快速翻升，不僅涉入政治活動甚深，甚至將其所掌握的資源積極介入選舉，毫不避諱的押寶表態。這種看好未來勝選的一方，巴結上司以圖晉升，勇於下注的心態與作法，使得政治與行政體制更難釐清，「政治化人事體制」[28]愈趨嚴重，也使得行政中立的維護益形困難。[29]這也是公務人員不能保持行政中立的原因之七。

要之，我國傳統文化與社會環境的時空背景，雖然不利於行政中立的落實與推動，然而爲使政治發展邁向健全正常之途，每一個公務人員均應恪守行政中立的規範，堅持行政中立的作爲。不過正因爲前述七個主要原因，或其他更小而隱蔽的原因，公務人員可能出於無心，或是己意，也可能是受迫，所以做出有違行政中立的事情；[30]殊屬遺憾。

柒、從社會層面論公務人員不能保持行政中立的原因

行政中立是近一、二十年來政府當局對公務人員的普遍要求，也是新聞媒體關注的、報導的焦點話題。每逢選舉，格外受到關切，說是「顯學」，並不爲過。

大致言之，隨著政黨輪替效應與行政中立訓練的展開，當前絕

大多數公務人員均能瞭解行政中立的重要性，且恪守行政中立的要求，較諸過往，自不可同日而語。不過揆諸現實情況，仍有少數公務人員不能抗拒壓力、拿捏分際，刻意保持行政中立，因而衍生出違反行政中立的風波，令人遺憾。

大體言之，行政中立可區分為行政與中立兩部分，行政是指政府文官體系中的行政人員，中立是指對政黨政治運作採取中立的立場。[31]職是，行政中立規範的對象主要是公務人員，但最可能破壞行政中立的卻是民選政府首長、民意代表與政務人員。由於絕大多數公務人員均有認知，所以違反行政中立的公務人員人數不會太多，且事屬隱蔽，也不易被發現。大體上愈是地方基層機關，愈與選舉相關者，違反行政中立的機會愈高；而愈接近選舉期間，行政中立受到更多的重視，新聞媒體與民意代表揭發的可疑事端也會隨之增加。至於在具體個案中是否真的違反行政中立規定，有時也會陷於各說各話的情況，除有賴個人內心的那一把尺據以衡量外，也得仰仗主管機關的具體裁定。

揆諸實際情形，公務人員不能保持行政中立的原因，論者有謂：1.因與立法者或利益團體直接發生關係；2.在政治任命官員利用管理權力的逼迫之下，3.因個人的自我意識及不願當懦怯者的心理下，依個人政治理念行事，以致無法保持行政中立。[32]這些原因有屬於內在的個人因素，也有屬於外在的環境因素。個人因素雖屬個別的、具體的情形，但亦具有普遍性；環境因素乃屬全面性的存在情形，影響尤大。從社會層面析而論之，主要有下列六個原因：

一、傳統文化的影響

我國傳統文化雖然極為標榜中庸之道，但卻沒有中立的因子。在政府體制內既有明顯的階層意識，君臣上下觀念牢不可破，且只

強調忠誠與服從—對君主毫無保留的忠誠與服從，「聖旨」不可違逆與反抗，所以「君要臣死，臣不得不死」。相沿至今，階層意識、忠誠要求、服從觀念仍然烙印在每個人的內心深處，加上「官大學問大」、「以長為師」的深刻印記，以為長官的指示必有其道理。因此，當長官有行政不中立的指示時，不但可能照做，甚且為表明自己忠於長官，亦可能發自己願的做出違反行政中立的事項，可謂是受到傳統文化的影響。

二、社會環境的不足

我國社會普遍欠缺行政中立的認知，也默許，甚至縱容違反行政中立事由的存在。在習以為常、見怪不怪的社會氛圍下，縱使有人秉諸公正良心，舉發不中立的事端，但馬上會被貼上某一陣營的標籤，且因蒐證不易，如相關人員復不願出面指認或作證，在一連串挫折後，熱情很快被淡化與澆息。何況有無違反行政中立，事屬敏感與隱蔽，知道某人涉及行政不中立者，必是其親近之人，在人情壓力與鄉愿作祟的情況下，自然不願出面去做「風險自負」的舉發行為。

三、政治制度的欠缺

民主政府是以選舉決定輸贏，既有選舉，必然涉及行政資源、行政中立的問題。當前我國雖仿傚歐美國家建立政務人員制度，將政務首長與事務官加以區隔，但長久以來政務事務依然不分，文官長制未能建立，以致部會級機關內部大小事情均以機關首長為主的政務人員馬首是瞻，部會以下機關亦因實施首長制之故，由機關首長掌握大權，亦由機關首長負一切成敗之責。首長有很多對付或約束部屬的作法，如果首長蓄意要求或暗示所屬公務人員違反行政中立，在現行對公務人員保障仍有不足的情況下，所屬人員其實既無

法，也無能與首長對抗。就當前體制觀之，顯然不利於行政中立文化的建立。

四、情感心理的作祟

行政中立的規範對象是公務人員，以故會違反行政中立規定的當然只限於公務人員。然而事實上最容易破壞行政中立的，對公務人員最會施壓的往往是民選政府首長、民意代表與政務人員。公務人員在傳統奴性觀念作祟之下，凜於長官的職務權力，普遍具有階級性與服從性，除非個性本就很「衝」，或被逼到沒辦法，否則均不願站到長官的對立面去跟長官對抗，甚且還倒過來主動巴結討好、刻意逢迎長官。有的更因感激長官的提攜或照顧，與長官形成關係密切的垂直共生體，縱或明知長官有違反行政中立的指示，亦刻意迴護或不予揭發。此一心理情感的因素，其實對行政中立的要求是非常不利的。

五、行政現實的考量

我國各政府機關，除合議制機關外，均採首長獨任制，首長掌握部屬的升遷考核大權。公務人員或基於不得罪長官的現實考量，或有求於長官施給某一利益的未來打算，往往會儘量配合長官的要求，甚至在大選期間已暗中押寶或公開選邊站。此外，公務人員除因業務需要者外，原應與民意代表維持一定的距離，然而或因私人情誼，或為圖行事方便，或為在同儕中炫耀，或為其他因素考量，有些公務人員平時即毫無避諱的、不知分際的與民意代表攪和在一起；一到選舉期間，也就只能順藤摸瓜、身不由己的去幫忙。如果再不知分際的掌握拿捏，做出違反行政中立的事情，即不足為奇矣！

六、民主行政的誤解

有些公務人員以為行政就是執行執政黨的政策，凡是政策就是多數民意的需要，因此只要忠誠執行即可，不必遵守行政中立。就如同李文旦（David M.Levitan）所說的：公務人員中立化的思想是違犯民主的；[33]或金斯萊（D.Kingsley）所說的：公務人員中立化無異是要公務人員出家當和尚，乃是錯誤的、不切實際的。[34]這樣的想法雖與美國新公共行政學派的看法接近，但顯然對民主行政有所誤解。公務人員固應依法忠實執行政策，但也應依法保持行政中立，方能避免掉入政黨鬥爭的漩渦，確保行政運作的持續穩定。正因為對民主行政不夠瞭解，甚至有所誤解，以致於做出違反行政中立的事情而不自覺。

要而言之，為整個國家社會的和諧與發展著想，也為公務人員個人長遠的、平穩的公務生活考量，公務人員均應秉持行政中立的作為。然而在社會層面，因為傳統文化的影響、社會環境的不足、政治制度的欠缺、情感心理的作祟、行政現實的考量、民主行政的誤解等種種因素，公務人員事實上又難以完全做到行政中立。這不只說明應然面與實然面的嚴重落差，大層次與小格局的矛盾衝突，也表示要真正做到行政中立，其實還有很長的一段路要走[35]。

捌、當前行政中立的困境

我國行政部門推動公務人員行政中立的作為，若自民國81年考試院公開呼籲要求各政黨遵守文官中立精神算起，迄98年公務人員行政中立法完成立法，將近十七年矣！這段期間並不算短，雖然努力落實行政中立，在加強講習訓練、提升公務人員理念、營造社會大眾瞭解等方面，也有明顯的改善與進步。不過何以歷經漫長的十

七年，這最重要的立法工作，卻遲遲未能通過施行呢？而在立法施行後，何以又屢有違反行政中立或行政不中立的事情發生呢？顯然的，我們的行政中立文化與措施，已遭遇困境。

無需否認，部分行政學者及社會大眾對於各政府機關行政不中立的情形，不無微詞。他們認為解嚴之後，從黨國威權下的半民主體制進步到完全自由開放的民主體制，政治理應更多元民主，行政理應更專業中立，社會理應更包容尊重，然而事實發展並非如此，甚至發生倒退現象。以前在黨國威權體制下，根本不知行政中立為何物，不只「國庫通黨庫、黨庫通內庫」的情形所在多有，每逢選舉，更毫不避諱的動員公務人員輔選、助選或造勢活動。而現在政黨輪替後，亦會見到少數政務人員暗中動用行政資源為某些特定候選人輔選與助選。就行政中立的落實與貫徹來說，兩者可說是五十步與百步的差別，都是不及格的。

目前行政中立的推展，顯然遭遇相當的困境，行政中立文化不能普遍形成，有些公務人員的行政作為有違反行政中立之虞。到底行政中立陷入什麼困境呢？若就當前實務觀之，主要不外下述四方面：

一、配套欠缺

固然公務人員行政中立法三讀通過後，多數公務人員無所適從，少數公務人員迴避法律規範，恣意踐踏行政中立的情形已不多見；然而政務人員法草案未能三讀通過，以致放在其中的政務人員政治中立規定不能付諸施行，政務人員毫不避諱的動用行政資源為相關人士輔選及助選，甚至或明或暗指使所屬人員逾越行政中立的尺度。每屆選舉之際，怎能守住行政中立的底線、落實行政中立的要求呢？

二、環境不足

我國本無行政中立的傳統文化，因此整個社會環境難以形成行政中立的氛圍，就環境面來說，顯然是不足的。當周遭有人違反行政中立的作為時，除非公然而重大，否則多數公務人員都是噤聲不語，頂多私下有些牢騷與批評；輿論媒體也不會加以報導，一切視為理所當然。既然普羅大眾都不認為違反行政中立是什麼大不了的事情時，行政中立就難以成為道德文化的共識，在法制上也就難以貫徹與落實。行政中立的環境土壤既然不夠，欲茁壯成長、開花結果，顯然不易。

三、政治戕害

由於政治是上游，行政是下游，行政難免會受到政治的不當干擾與影響，除非政治人物高度自制，否則行政一定無法倖免。這些政治人物，包括有施政監督權與立法權的民意代表，有指揮命令與決定權的政務人員，有形成黨策與輔選權的執政黨幹部等，多數不會僅持有，而不行使手上握有的職權，甚且會將其職權無限的延伸與擴大，因而違犯行政中立與政治公正而不自知。正因為政治的戕害，行政中立難免陷入難以自拔的困境。

四、選舉掛帥

政治人物總是以選舉定輸贏，手中的選票就代表實力，選贏了，就有民意當靠山；選輸了，什麼都沒有。「只想贏，不想輸」的結果，就是輸不起。在競選過程中，便無所不用其極的、不擇手段的、不計後果代價的運用職權，動用一切可用的資源。是否「違法」，可能還稍有顧忌；但是否「違反行政中立」，就完全不放在心中。試想在一切為選舉，眼中只有選票的民選政府首長、民意代

表眼裡，行政中立怎可能不被踐踏呢？行政中立怎可能不遭逢困境呢？

　　要言之，在民主成熟的國家，要做到行政中立其實並不困難，但仍處於轉型階段，已朝完全民主國家邁進的我國，似乎仍然千難萬難，難以自困境中脫離。如上所述，不論配套欠缺、環境不足、政治戕害或選舉掛帥任何一個原因，都足以讓行政中立永遠陷於困境之中。不過爲求國家長治久安、政治清明與行政健全，不但全體公務人員應該正視與遵守行政中立規定，讓行政中立蔚爲文化風氣；朝野政治人物也應該拿出道德良心，並節制自己的權力行使，行政中立才可望突破困境，有效落實與貫徹！

玖、公務人員行政中立訓練之探討

一、公務人員行政中立訓練之由來

　　行政中立是一個法制建立較晚，但各機關學校已先積極展開宣導訓練的課題，因每次公職人員選舉競爭激烈、選情繃緊的緣故，不斷的持續加溫昇華，不但公務人員或多或少皆有概念，社會大眾也能略知一二。這對於行政中立文化的形塑，行政中立作爲的落實，無疑具有相當正面的效果。

　　追溯其源，保訓會在民國91年1月總統令制定公布公務人員訓練進修法後，即依該法第2條與第5條等相關規定，積極研擬公務人員行政中立訓練事宜。同年6月考試院訂定發布公務人員行政中立訓練辦法，（詳參附錄十）保訓會即據以委請台灣大學陳德禹教授研擬「行政中立的理論與實務」講授大綱，並邀請學者專家於92年1月審查定稿後，隨即函請各機關參考辦理，並推薦丁仁方教授等46人講

座名單。[36]於是無數場次的行政中立訓練，即在全國各機關（構）學校中紛紛展開。

　　根據保訓會前主任委員周弘憲在考試院第10屆第94次會議的報告，迄至93年6月底爲止，已參加行政中立訓練人數計有22萬4,401人，約占法定參訓人數的百分之六十八。[37]區區兩年時間，能有如此訓練績效，至屬難得。不過在辦理訓練的過程中，也見到一些問題缺失，值得關注。

二、公務人員行政中立訓練之概況

　　如上所述，在公務人員行政中立法草案尚未經立法院三讀通過前，行政中立訓練業已先依公務人員行政中立訓練辦法如火如荼的展開。茲依該辦法規定，略述當時訓練概況如下：

（一）訓練依據

　　各機關據以辦理行政中立訓練的主要依據乃公務人員行政中立訓練辦法，該辦法法源依據則是公務人員訓練進修法第5條。該法第5條明定：爲確保公務人員嚴守行政中立，貫徹依法行政、執法公正、不介入黨派紛爭，由保訓會辦理行政中立訓練，或於各機關學校辦理各項訓練時，列入行政中立相關課程；其訓練辦法，由考試院定之。此外該法第2條第2項亦明定行政中立訓練等，由保訓會或委託相關機關（構）學校辦理之。這些規定，即是當前行政中立訓練的法令依據。

（二）訓練對象

　　公務人員行政中立的訓練對象，也就是公務人員行政中立訓練

辦法第3條所指的適用對象，原指公務人員訓練進修法施行細則第2條規定：1.各機關（構）學校組織編制中依法任用、派用之有給專任人員；2.各機關（構）學校除教師外依法聘任、僱用人員；3.公務人員考試錄取人員。但現在則以公務人員行政中立法第2條所稱之公務人員為適用對象，即指法定機關依法任用，派用之有給專任人員及公立學校依法任用之職員。此一規定，大致已將所有狹義公務人員包括在內。

（三）訓練機關

依公務人員行政中立訓練辦法第4條規定，公務人員行政中立訓練由保訓會及所屬國家文官學院辦理，或委託各機關（構）學校辦理。可見本項訓練之訓練機關為保訓會及其所屬之國家文官學院；至於各機關（構）學校本不具訓練權責，但仍得基於委託而辦理之。故就實際情形言之，全國任何機關（構）學校都可能是行政中立訓練的辦理機關。

（四）訓練方式

公務人員行政中立訓練的實施方式，依公務人員行政中立訓練辦法第5條規定，主要有下列四種：1.專班訓練；2.隨班訓練；3.專題演講及座談；4.線上學習。觀諸實際，早期訓練方式乃以專班、隨班訓練及專題演講為主，目前專班訓練方式已甚少見，其他三種方式仍多。

（五）訓練內容

有關公務人員行政中立訓練之內容，包括課程、師資與資料庫，公務人員行政中立訓練辦法僅有授權與原則性的規定。查該辦

法第7條規定，訓練課程內容及名稱，由保訓會定之；第8條規定，講座應具備行政中立相關課程之素養，授課時並不得違反行政中立精神；第11條規定，保訓會及文官學院應建立本訓練網站，規劃數位學習，並將訓練課程方案及師資建立資料庫上網，以供各機關（構）學校與人員諮詢及學習。

（六）訓練要求

對於公務人員參加行政中立訓練之要求，該辦法原第7條及第10條規定，在三年內各機關（構）學校應安排所屬人員至少參加本訓練一次，如無故不接受訓練者，由各機關（構）學校列入年終考績（成）之參考。目前第9條明定：從未或三年內未參加本訓練人員，應優先安排參加訓練；如無故不參加本訓練者，由各機關（構）學校列入年終考績（成）之參考。第11條規定:各機關（構）學校辦理本訓練情形，列入人事機構業務績效考核辦理。藉以強制要求全體公務人員參加此一訓練。

（七）經費來源

有關行政中立訓練之經費，依該辦法第12條規定，由保訓會及文官學院編列預算支應之。

綜上述之，當前公務人員行政中立訓練較之其他訓練，不但有法律依據，且訂定訓練辦法以為辦理之準則。在訓練權責方面，明定由較中性且屬考試權獨立系統的保訓會及所屬國家文官學院辦理；在訓練對象方面，明定所有狹義公務人員均應接受行政中立訓練。這代表政府當局十分重視此一訓練，希冀透過此一訓練，進一步落實行政中立的理念與作為，從而有助於政黨政治的良性競爭與文官系統的健全運作，自應予以肯定。

三、公務人員行政中立訓練之探討

任何政策措施都是有利有弊，特別是在執行階段，或因爲規劃不周、思慮不詳，或因爲環境變遷、時移勢易，也可能因爲執行偏差或不夠務實，特別容易出現問題，與原先構想出現若干差距，公務人員行政中立訓練的情況亦復如是。多年來的積極推動，雖有若干成效，但也有部分問題出現。論者曾就彈性施訓方式、限期施訓成效、違反罰責執行及前瞻建置網站等問題分別論述，[38]並非無見。茲探討如次：

（一）最低規定，訓練要求不一

關於委託各機關辦理之行政中立訓練，各機關有專門辦理者，有在某一訓練中穿插者，且多以講授方式爲主，少有討論或意見交流，講授時間多則四小時，有的僅三小時或二小時，甚至只有一小時半者。部分在講授之後有意見溝通或簡單測驗，但多數沒有。由於保訓會只有最低程度的訓練要求，故承辦同仁往往應付了事，擺出有辦就好的態度，參加訓練人員也不見得認真聽講，這對於訓練成效來說，無疑大打折扣。

（二）流於人情，師資要求不嚴

各機關學校舉辦行政中立訓練，保訓會雖事先提供師資參考名單備供挑選，然而並未限制辦理訓練機關自行遴聘其他人選，甚至保訓會也自行推薦不在參考名單之人選；以致在師資遴聘上，往往流於人情考量，以人際關係或私人情感爲聘請依據，授課效果自然難如預期。按說行政中立師資以同時兼具學術理論與實務經驗者爲最佳，講座上課既要有料又要有趣，在嚴謹的政策目標之下，不失幽默風趣的講述，才能叫好又叫座，引起受訓學員的共鳴，達到教育訓練的效果。不過多年來的訓練情形，有些講座東拉西扯，談題

外時間比本題還多；有些講座大放厥詞，所談言論本身恐有違反行政中立尺度的疑慮；有些講座照本宣科，所談內容枯燥乏味，令人昏沈欲睡；真正能夠得到學員高度肯定的師資，恐怕為數不多。

（三）僅有大綱，未能提供教材

為確保起碼的訓練效果，保訓會提供各講座「行政中立的理論與實務」講授大綱，各講座或酌予修正後使用，或逕予援用，或自編大綱使用，情況不一而足。雖然大綱提供基本的授課方向與內容，保證最低程度與共同性的達成，但似乎不能滿足所有參訓人員的需求。或可由保訓會蒐集相關文章彙編成為參考教材，提供講座及有心精研者之參考，使得行政中立訓練在廣化之餘，也能有深化及精化的效果。

（四）不夠認真，受訓成效打折

就當前辦理情況觀之，受訓人員多以委任、薦任人員為主，簡任人員在受訓比例上相對較少，真正手握大權的常務次長與司處長級人員更是絕無僅有。派公差聽演講充場面的情形經常可聞，上課時間公然打瞌睡、滑手機，或簽到後就走人的情況也不足為奇。諸如此類情形，訓練成效當然難以完全彰顯。

（五）準用人員，範圍宜再擴大

就行政中立的落實與推展來說，最容易破壞行政中立的人，其實就是手握公權力、操控政府資源的高級公務員，包括國家正副元首、政務人員、民選地方首長、民意機關首長、公營事業機構負責決策人員。這些人員並非狹義的公務人員，不在行政中立的要求範圍之內。事實上衡諸當前選戰的激烈、部分候選人的不擇手段，不

只公營事業機構負責決策人員、政務人員及民選地方首長均應瞭解行政中立規定，甚且公立學校專任教師、公營事業人員亦應一併納入準用範圍，要求參加行政中立訓練，這樣子訓練才能達到全面性的效果，避免漏洞缺口出現。

（六）只知執行，未見配套機制

在公務人員行政中立法尚未三讀通過施行前，行政中立訓練已先展開，截至93年6月止已有22萬多人次完成訓練，固屬美事一椿，值得肯定。然而保訓會及所屬國家文官學院只知辦理或委託各機關（構）學校辦理訓練，卻毫無任何規劃與配套機制，例如那些對象應優先調訓？上課講座應否先舉辦研習？或定期邀約交換授課心得與經驗？訓練情況是否定期或不定期評估檢討等等，均未見任何規範，只是為規定而辦理，實屬美中不足的憾事。

要之，當前行政中立訓練雖已在各機關（構）學校之間不斷舉辦，受訓人數亦節節上升，在數量上可謂著有成效，不過從品質觀之，顯然仍有部分問題有待克服與解決。如上所述，保訓會如能予以正視並思考解決之道，相信訓練成效一定會比目前更好。

四、公務人員行政中立訓練之展望

德國社會學家韋伯（Max Weber）說：在現代的國家中，真實的政府所以能使其自身發生效力，既不在議會的辯論，亦非由於皇帝的訓令，而繫於有關日常生活行政事務的執行，此事務則操之於各階層公務人員之手。房納（H. Finer）也說：國會、內閣及總統都是統而不治的，公務人員則是治而不統的。[39]公務人員對於國家社會的重要性，不言已喻。正因為公務人員基於工作職掌，在民選首長或政務人員的領導之下，手握公權力，掌控龐大行政資源，如果不能

忠實執行政策、遵守行政中立規範，勢將違法濫權，導致政黨之間惡性的、不公平的競爭。許多民主先進國家，如英、美、日、德、法等國，早已刻意建立行政中立規範，嚴格要求公務人員恪守之。我國在倡言行政中立十多年後，終於建立行政中立法制，次第推展行政中立訓練。跨出這訓練的第一步，對於行政中立文化的培養，自應予以肯定。爲因應環境變遷及事實需要，考試院復於民國95年2月及99年2月兩度修正發布公務人員行政中立訓練辦法。（詳參附錄十一）

放眼未來行政中立訓練，除在人員數量上繼續予以廣化，以蔚爲風氣，形成普遍認知外，在訓練品質上也應有所提升與深化。將行政中立規範措施，藉由知識的認知層次，內化成爲理念價值的一部分，所有公務人員均能不費吹灰之力的服膺與遵守，視行政中立的要求爲天經地義、理所當然的義務。那麼行政中立的落實將不再只是授課的內容而已，而是日常工作與生活的一部分。[40]

拾、公務人員參與政治活動規範之探討

一、前　言

在民主國家，只要是該國公民，皆有參與各該國或所屬地區政治活動的權利。公務人員亦爲公民之一部分，理論上，公民所擁有的政治權利，公務人員也應平等的、完全的享有；然而實際上，各國對公務人員的參政權，或多或少都有一定的限制，只是程度多寡不同而已。

大致言之，基於「行政能與政治分立，而且必須分立；個人價值應該儘量理性中立；常任文官具有國家僱員的身分；兼顧人民參

政權與國家統治權的平衡」等四個理由，適度限制公務人員參與政治活動的權利，在應然面是應該做到的分際，在實然面是可以做到的要求。也惟有真正做到行政中立的要求，才能奠基政黨政治公平合理的競爭，與常任文官堅實永業的發展。

職是，各民主國家均以法令明定行政中立的分際與尺度，適度限制公務人員參與政治活動的權利。我國在解除戒嚴體制，步入民主常軌之後，亦不例外的往此一方向發展。

二、適度規範公務人員參與政治活動的理由

如上所述，基於四個理由，必須適度限制公務人員參與政治活動的權利。茲分別說明如下：

（一）行政能與政治分立，而且必須分立

雖然政府是一體的，不僅在政府機關內部上下左右必須維持和諧一致，在時間前後亦應維持連貫順暢，理論上行政亦完全涵括在政治範圍之內，政治與行政難以截然區分。不過在1887年威爾遜（Woodrow Wilson）發表「行政的研究」一文，以及在1900年古德諾（Frank Goodnow）提出「政治是國家意志的表現，行政是國家意志的執行」的見解後，行政學即獨立出來，與政治學分途發展，政治與行政二者因此有較清晰的輪廓與區隔。大致言之，政治的範圍較廣，層級較高，偏於領導、決策及溝通；行政的類別較多較雜，層級分布有高有低，大多也較為專業，偏於協調、管理、執行事項。行政既與政治有別，兩者即能分立。

現代民主國家在政治人才選拔方面，除定期改選之民選公職人員外，大致均援引英國的政務官制度，以政治任命方式進用；藉以

協助民選首長推動政務，並隨著政黨更迭或政策進退而決定其去留。政務官的進用方式，與常任文官依考試進用，且受永業保障者明顯不同；而所負職責偏於政策面，與常任文官僅負執行之責者亦有不同。顯然可知，政治屬於民選公職人員與政務官，行政則屬於常任文官。不論那一政黨執政，常任文官在政務官領導之下均應忠實執行政策；不論面對那一政黨，他都應維持中立地位，始能確保國家統治機器的持續運轉。職是，常任文官必須維持中立，也應儘量保持中立。

（二）個人價值應該儘量理性中立

每個人都是有血、有肉、有思想、有情感的社會動物，都有其獨特的生命與個性，加上所處的時空環境背景不同，以其自己爲核心的主觀認知與人際交往脈絡於是出現。每個人既然都無法排除情感的因素與主觀的立場，欲求價值中立與理性，顯然違反基本人性，也不易做到。不過德國社會學家韋伯（Max Weber）首先提出中立的概念；[41]第二次世界大戰後，美國行爲主義（Behavioralism）學派特別強調要將事實（actuality）問題與價值（value）問題區分，也就是「是」（is）的問題與「應該」（ought）的問題要加以區別。所謂價值自由（value-free）或價值中立（value-neutral）就是指把這兩種問題分開，在研究上不表示個人價值意見，也就是與研究自然科學一樣，不受價值觀念影響之意。[42]於是追求價值中立的社會科學研究，一時蔚爲風氣。

公務人員是政策的執行者，而非決定者，對事而非對人。理論上應該忠實的執行政策、絕對的依法行政，不宜將個人的情感因素或意識型態置入職務行使之中，也不應涉入政黨的政策辯論或爭論，始能做到價值中立。不過在實際上，因個人主觀因素等各種干擾或限制，卻無法百分之百做到，只能要求儘量保持理性中立。正

因爲價值中立是可欲的、值得追求的目標，植基於其上的行政中立，也才有實踐的可行性。

（三）常任文官具有國家僱員的身分

常任文官具有「國家的僱員」身分，與國家存在「公法上職務關係」。大致言之，行政中立規範的對象主要就是狹義的公務人員，也就是以執行公權力爲主的常任文官，其他公權力較低的廣義公務員，如公立各級學校兼任行政職務之教師、公營事業負有決策人員、各級機關的聘僱人員等，則有準用的空間。但一般社會大眾，除非涉及行政事務、行政資源、行政場所，否則均毋需遵守行政中立的規範。

何以公務人員必須受到行政中立的約束與限制，一般社會大眾卻不必受到限制呢？這主要是因公務人員的身分不同所致。大體言之，一般社會大眾基於「一般統治關係」，僅具有「國家的人民」身分；但公務人員除具有「國家的人民」身分外，尚基於「公法上職務關係」，另外具有「國家的僱員」身分。公務人員必須受到行政中立的限制與約束，正是因爲彼等具有「國家的僱員」身分之故。

人民是國家的構成要素之一，沒有人民，國家就不存在。基於「一般統治關係」，公務人員與所有人民一樣都是國家的人民，並無特殊之處。國家基於主權行使而實施概括統治，在法定範圍內，人民必須服從國家之支配，公務人員也以一般人民的身分盡其義務、享其權利，並無特別優待或限制之處。一方面國家以民主與法治爲手段，消極的保護人民生命與安全，積極的增進人民權益與福祉；另一方面，人民是國家的主人，以選舉及罷免方式決定國家重要人事，包括民選政府首長與民意代表，以公民投票方式，保留國

家重要政策的決定權。就此而言，公務人員是「國家的人民」當中的一部分，人民既無遵守行政中立的義務，公務人員亦該如此。

不過，公務人員因職業屬性與僱主的關係，成為特殊的人民，因而與一般人民有所區隔。這也就是說，公務人員是以人民做為基礎，在具備特定資格，並經國家特別選任後，始能成為「國家的僱員」，才能擔任特殊職務，從而直接或間接代表國家行使公權力。基於「公法上職務關係」，國家可以制定法律或訂定行政命令，給予公務人員特別的權利或課予特別的義務，相較於一般人民，公務人員對於國家顯然負有更多的義務與責任。行政中立即是國家要求公務人員應該遵守的義務之一，而一般人民則無遵守行政中立的義務。

（四）兼顧人民參政權與國家統治權的平衡

按說憲法對於人民參與政治活動的權利，僅有原則性的規定與保障；法律據以延伸的運作規定，如不違背憲政精神，自可酌加限制。換言之，如無特別排除規定，憲法賦予人民參與的政治權利是完整的、百分之百的，一般人民所擁有的政治權利，原則上是不打折扣的。不過任何公務人員都是國家統治機器的一部分，其本身就是國家統治機器的一個環節；基於統治權的必要，也避免兼具治者與被治者角色分際的衝突，民主先進國家均未給予公務人員完整的政治權利。在統治權與參政權可能有所衝突或牴觸之際，即允許國家對公務人員的政治權利適度加以限制，讓公務人員以一般人民身分所取得的參政權，與代表國家行使的公權力之間，取得適度的平衡，此即行政中立之所由生。

總而言之，適度規範公務人員參與政治活動，在實務上有其特定的時空背景，在理論上也有其不朽的立論基礎。如果沒有行政與

政治能分立且應分立、個人價值應該儘量理性中立、公務人員與一般人民的不同身分、兼顧人民參政權與國家統治權的平衡等四個基礎，即不會限制公務人員參與政治活動的權利，行政中立亦將無由立基出現。

三、適度限制公務人員參與政治活動的依據

關於限制公務人員參與政治活動的法令依據，主要在公務人員行政中立法及其施行細則，其他如政治獻金法、公職人員選舉罷免法、公民投票法、工會法等也分別有些限制。至於政務人員法草案雖然也對政務人員的政治活動有些原則性的規定，但因仍未立法通過，未具有法律效力。茲說明如下：

（一）公務人員行政中立法及其施行細則的規定

公務人員行政中立法係以適度限制公務人員參與政治活動為主的法律，全文共二十條。公務人員行政中立法施行細則全文十一條，係考試院本於法律授權所訂定發布的行政命令，旨在解釋及補充法律不足之處。（詳參附錄五至九）有關適度限制公務人員參與政治活動的相關規定，主要在中立法第5條至第13條。茲依條序臚列如次：

1. 公務人員得加入政黨或其他政治團體，但為使公務人員忠心努力執行職務，明定不得兼任政黨或其他政治團體之職務。

2. 公務人員不得利用職務上之權力、機會或方法介入黨政派系紛爭。

3. 公務人員不得兼任公職候選人競選辦事處之職務。

4. 公務人員不得利用職務上之權力、機會或方法，使他人加入或不加入政黨或其他政治團體；亦不得要求他人參加或不參加政黨或其他政治團體有關之選舉活動。

5. 公務人員不得於上班或勤務時間，從事政黨或其他政治團體之活動。包括於政府機關內部成立或運作之政黨黨團及從事各種黨務活動等。但依其業務性質，執行職務之必要行為，不在此限。所稱上班或勤務時間，係指：（1）法定上班時間；（2）因業務狀況彈性調整上班時間；（3）值班或加班時間；（4）因公奉派訓練、出差或參加與其職務有關活動之時間。

6. 公務人員不得利用職務上之權力、機會或方法，為政黨、其他政治團體或擬參選人要求、期約或收受金錢、物品或其他利益之捐助；亦不得阻止或妨礙他人為特定政黨、其他政治團體或擬參選人（即依政治獻金法第2條規定，已依法完成登記或有意登記參選公職之人員）依法募款之活動。

7. 公務人員不得為支持或反對特定之政黨、其他政治團體或公職候選人，從事下列政治活動或行為：

（1）動用行政資源編印製、散發（包括各項網路噗浪、微博、傳真機、公務電話、簡訊資訊傳遞方式在內）、張貼文書、圖畫、其他宣傳品或辦理相關活動。所稱行政資源，指行政上可支配運用之公物、公款、場所、房舍及人力等資源。

（2）在辦公場所懸掛、張貼、穿戴或標示特定政黨、其他政治團體或公職候選人之旗幟、徽章或服飾。

（3）主持集會、發起遊行或領導連署活動。

（4）在大眾傳播媒體具銜或具名廣告。但公職候選人之配偶及二等親以內血親、姻親只具銜不具名，且與該公務人員職務上之事項無涉者，不在此限。

（5）對職務相關人員或其職務對象表達指示（如應參與特定候選人之造勢活動或競選活動之政治行為）。

（6）公開為公職候選人站台、助講、遊行或拜票。但公職候選人之配偶及二等親以內血親、姻親，如不涉及與該公務人員職務上有關之事項者，不在此限。

8. 公務人員對於公職人員之選舉、罷免或公民投票，不得利用職務上之權力、機會或方法，要求他人不行使投票權或為一定之行使。對於公民投票，包括提案或不提案、連署或不連署之行為。

9. 公務人員登記為公職候選人者，自候選人名單公告之日起至投票日止，應依規定請事假或休假。如請假或休假期間，有公務人員請假規則所定其他假別之事由，仍得依規定假別請假。公務人員依規定請假時，長官不得拒絕。

10.公務人員於職務上掌管之行政資源，在不違反本法規定下，得裁量受理或不受理政黨、其他政治團體或公職候選人依法申請之事項，其裁量應秉持公正、公平立場處理，不得有差別待遇。

11.各機關首長或主管人員於選舉委員會發布選舉公告日起至投

票日止之選舉期間，應禁止政黨、公職候選人或其支持者之造訪活動；並應於辦公、活動場所之各出入口明顯處所張貼禁止競選活動之告示。

要之，公務人員行政中立法及其施行細則，可說是我國對於公務人員參與政治活動最主要、也是最重要的法規。由上述規定觀之，並非全面剝奪，只是適度的加以限制而已。

（二）其他相關法律的規定

其他法律就公務人員政治活動予以規範者並不多，且僅有零星規定，主要有公職人員選舉罷免法、總統副總統選舉罷免法、政治獻金法、公民投票法、工會法等五種法律規定。謹分述如次：

1. 公職人員選舉罷免法：本法乃有關公職人員選舉罷免事項之規定，其中有關公務人員政治活動限制者主要有3條，其一，第27條第1項第4款明定各級選舉委員會之委員、監察人員、職員、鄉（鎮、市、區）公所辦理選舉事務人員及投票所、開票所工作人員不得登記為候選人；其二，第45條明定各級選舉委員會之委員、監察人員、職員、鄉（鎮、市、區）公所辦理選舉事務人員，於選舉公告後不得：（1）公開演講或署名推薦為候選人宣傳或支持、反對罷免案；（2）為候選人或支持、反對罷免案站台或亮相造勢；（3）召開記者會或接受媒體採訪時為候選人或支持、反對罷免案宣傳；（4）印發、張貼宣傳單為候選人或支持、反對罷免案宣傳，（5）懸掛或豎立標語、看板、旗幟、布條等廣告物為候選人或支持、反對罷免案宣傳；（6）利用大眾傳播媒體為候選人或支持、反對罷免案宣傳；（7）參與競選或支持、反對罷免案遊行、拜票、募款活動；此二條乃對特定公務人員為特定行為

之限制。其三，第77條明定現役軍人、服替代役之現役役男或公務人員不得為罷免案提議人；乃對一般公務人員等為特定行為之限制。

2. 總統副總統選舉罷免法：本法多數條文規定與公職人員選舉罷免法內容相去無幾，只是條次不同而已。經查本法第27條第1項第2款亦明定，辦理選舉事務人員不得申請登記為總統、副總統候選人；其文字表述內容與公職人員選舉罷免法雖有不同，但其意旨並無差別。本法第43條規定文字內容則與公職人員選舉罷免法第45條完全一致。兩條均為對特定公務人員為特定行為之限制。

3. 公民投票法：本法乃有關全國性或地方性公民投票事項之規定，與公務人員政治活動規範稍有關聯者僅第13條。該條規定：除依本法規定外，行政機關不得藉用任何形式對各項議題辦理或委託辦理公民投票事項；行政機關對此亦不得動用任何經費及調用各級政府職員。

4. 政治獻金法：本法乃有關政治獻金事項之規範，一方面係對政黨、政治團體與擬參選人加以規範，一方面是對一般人民、營利事業與人民團體予以規範；並非針對公務人員特別設限。本法第6條明定任何人不得利用職務上之權力、僱傭關係或其他生計上之利害，媒介或妨害政治獻金之捐贈；惟第28條第2項規定，公務員違反第6條規定者，處一年以下有期徒刑；使得公務員因此負更大的責任。

5. 工會法與公務人員協會法：此二法之立法目的，乃為工會與公務人員協會之設立與管理而制定，惟依工會法第2條規定，各級政府行政及軍火工業之員工，不得組織工會；因此，公

務人員只能依公務人員協會法規定組織及自由加入或不加入機關公務人員協會，但政務人員與各級政府機關正副首長等人依法不得加入；此已涉及公務人員參與政治活動權利之規範事宜。

綜上所述，可知對於公務人員政治活動的規範，乃以公務人員行政中立法的規定爲主，可謂是全面的、普遍的規定，其他法令僅就個別的，或相關的事項予以規定。若以重要性與主體性論之，自以公務人員行政中立法爲最。就規範內容言之，雖包括平時與選舉期間，也包括作爲與不作爲之規定；卻明顯偏向選舉期間不作爲之限制事項。就規範事項言之，其限制包括人員、資源與場所三方面；如爲一般人員，又有上班或勤務限制、職務限制與身分限制等三個層次的區分。

四、適度規範公務人員參與政治活動的檢視

從上面的論述中，應不難理解，行政中立規範主要從人、錢與票三個角度切入。人係指公務人員，錢是指行政資源，票則指可能影響的投票意願，其中關鍵在人。因爲人是行動的主體，是法律規範的對象，只有透過人，才會影響錢與票，所以只要對人有適度的、在前端明確的規範，錢與票的問題就不大。這也就是說，公務人員參與政治活動的規範雖可分爲人員、資源與場所三方面，但其實仍以人員限制爲主。

關於人員限制，又因其屬一般人員身分或因具有特定身分而有不同規範。茲分別探討如下：

（一）一般人員限制

如上所述，關於公務人員行政中立的規範，主要是以人的限制為主要考量。其限制可分上班、職務與身分三個層次。

1. 上班限制：只要在上班或勤務時間不做即可，在上班或勤務時間以外，即可為之。此即行政中立法第7條規定，不得於上班或勤務時間，從事政黨或其他政治團體之活動。

2. 職務限制：如與職務有關，當然受限；但如與職務無關，未利用職務上之權力、機會或方法，即可為之。如行政中立法第6條規定，不得利用職務上之權力、機會或方法，使他人加入或不加入政黨或其他政治團體，亦不得要求他人參加或不參加政黨或其他政治團體有關之選舉活動。第8條規定，不得利用職務上之權力、機會或方法，為政黨、其他政治團體或擬參選人要求、期約或收受金錢、物品或其他利益之捐助，亦不得阻止或妨礙他人為特定政黨、其他政治團體或擬參選人依法募款之活動。第10條規定，對於公職人員之選舉、罷免或公民投票，不得利用職務上之權力、機會或方法，要求他人不行使投票權或為一定之行使。

3. 身分限制：只要具有公務人員身分，不論上班、下班或請假、放假期間，也不論是否在留職停薪或停職、休職期間，均受到限制。如行政中立法第5條規定，公務人員不得兼任政黨或其他政治團體之職務，亦不得兼任公職候選人競選辦事處之職務。第9條規定，公務人員不得為支持或反對特定之政黨、其他政治團體或公職候選人：（1）動用行政資源編印製、散發、張貼文書、圖畫、其他宣傳品或辦理相關活動；（2）在辦公場所懸掛、張貼、穿戴或標示特定政黨、其他政

治團體或公職候選人之旗幟、徽章或服飾；（3）主持集會、發起遊行或領導連署活動；（4）在大眾傳播媒體具銜或具名廣告；（5）對職務相關人員或其職務對象表達指示；（6）公開為公職候選人站台、助講、遊行或拜票。此二條規定，乃不分職務性質、職務高低，只要是具有公務人員身分，均一體受到規範。

（二）特定人員限制

除上開以一般公務人員身分一體受到限制的情形外，具有特定身分之公務人員尚有其他行為規範。

1. 登記參選者之規範：公務人員登記為公職候選人者，自候選人名單公告之日起至投票日止，應依規定請事假或休假；此為行政中立法第11條第1項所明定。

2. 首長或長官之規範：各機關首長或主管人員於選舉委員會發布選舉公告日起至投票日止之選舉期間，應禁止政黨、公職候選人或其支持者之造訪活動；並應於辦公、活動場所之各出入口明顯處所張貼禁止競選活動之告示，此為行政中立法第13條所明定。又第11條第2項明定，公務人員登記為公職候選人者，如依規定請假時，長官不得拒絕；第14條第1項亦明定，長官不得要求公務人員從事本法禁止之行為。此三者均因具有首長、主管或長官之特定身分，致生一定行為義務之結果。

（三）行政資源限制

除人員限制外，公務人員行政中立法亦就行政資源予以規範，

此一規範係以公務人員爲主，但有動用行政資源之相關人員亦同受規範。此即行政中立法第9條第1項第1款所定，不得爲支持或反對特定之政黨、其他政治團體或公職候選人而動用行政資源編印製、散發、張貼文書、圖畫、其他宣傳品或辦理相關活動；以及第12條所定，於職務上掌管之行政資源，受理或不受理政黨、其他政治團體或公職候選人依法申請之事項，其裁量應秉持公正、公平之立場處理，不得有差別待遇。

（四）辦公場所限制

有關辦公場所的限制，公務人員行政中立法主要有兩處規定，一是第9條第1項第2款，明定不得爲支持或反對特定之政黨、其他政治團體或公職候選人，而在辦公場所懸掛、張貼、穿戴或標示特定政黨、其他政治團體或公職候選人之旗幟、徽章或服飾；二是第13條後段規定，應自發布選舉公告日起至投票日止之選舉期間，於辦公及活動場所之各出入口明顯處所張貼禁止競選活動之告示。此二者雖係對人的限制，其實也是對辦公場所的限制。

綜前述之，公務人員參與政治活動的限制，乃在劃定文官參與政治活動的合理界限。故以人的限制爲主，只要具有公務人員身分，均一體受到限制。尤甚者，雖非公務人員，但依法應準用者，由於沒有排除的特別規定，所以也一樣受到規範。此與英國將全體公務人員區分爲政治自由類、中間類與政治限制類三大類，美國將公務人員區分爲第一類與第二類，而分別規範其寬嚴不同政治行爲的作法，明顯有所不同。

五、結 語

如上所言，公務人員雖有依法參與各種政治活動的權利，然而

因爲身分與職務的特殊性，與國家具有「公法上職務關係」，因而
其權利受到若干限制，並非與一般人民一樣百分之百的享有。

　　雖然各國關於行政中立的分際、尺度與作爲，各有不同規範，
寬嚴程度亦有區別，不過大致均以適度限制公務人員參與政治活動
的空間爲主，其重點則擺在人員限制。除特定人員的行爲限制外，
一般人員的限制大致可區分爲上班限制、職務限制與身分限制三個
層次，限制最多的當屬身分限制，只要具有公務人員身分，亦不分
適用或準用對象，均受到一樣的規範。

　　總之，適度限制公務人員參與政治活動的權利，旨在賦予公務
人員免除政治力干擾之法定的防禦權。[43]既是必要的，也是可行的，
我輩公務人員不但應有瞭解，也應予支持才是！

表4-1　公務人員不能保持行政中立的原因簡表

公務人員不能保持行政中立的原因	
個人層面	社會層面
輕視法令規範	傳統文化的影響
扭曲民主真意	社會環境的不足
囿於權勢壓迫	政治制度的欠缺
曲意討好長官	情感心理的作祟
受制人情困擾	行政現實的考量
刻意作秀心態	民主行政的誤解
有意押寶表態	

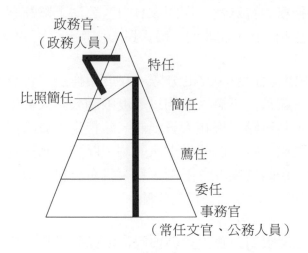

圖4-1　公務人員與政務人員之位階與關係

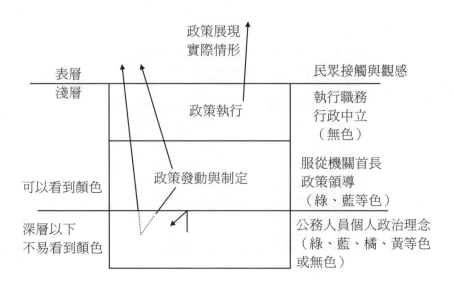

圖4-2　公務人員行政中立之行為表現

註　釋

1　邱華君，公務人員之行政中立，刊載：人事月刊第 31 卷第 1 期（人事月刊社，民國 89 年 7 月出版，臺北市），第 2 頁。

2　參見：行政院人事行政局民國 93 年 10 月 27 日局企字第 0930064789 號函，及銓敘部民國 93 年 11 月 1 日部法一字第 0932428181 號函規定。

3　劉昊洲，論行政中立規範的特色，刊載：游於藝雙月刊（公務人力發展中心，民國 93 年 1 月出版，臺北市），第 5 版。

4　參見：公務人員行政中立訓練辦法（民國 91 年 6 月 13 日考試院令訂定發布）第 7 條規定。

5　行政院人事行政局每逢選舉期所發之通函規定，其文字或多或少均略有改變，惟立意精神與主要內容並無變更。參見：行政院人事行政局民國 92 年 9 月 24 日局企字第 0920055386 號函、93 年 10 月 27 日局企字第 0930064789 號函，及銓敘部民國 93 年 11 月 1 日部法一字第 0932428181 號函規定。

6　許南雄，各國人事制度（商鼎文化出版社，2002 年 3 月第 5 版，臺北市），第 558 頁。

7　同前註；及 W.A.Robson, (ed), The Civil Service in Britain and France, Reprinted, Connecticut: Greenwood Press, 1975, pp. 1-15.

8　劉昊洲，公務人員行政中立的具體作為，刊載：臺北商業技術學院校刊第 27 期（臺北商業技術學院，民國 93 年 11 月 30 日出版，臺北市），第 2 版。

9　陳德禹，行政中立問題之檢討，刊載：公務人員行政中立法專輯（銓敘部主編，民國 84 年 5 月初版，臺北市），第 80 頁。

10　關中，行政中立與政黨政治，刊載：公務人員行政中立法專輯（銓敘部主編，民國 84 年 5 月初版，臺北市），第 10 頁。

11　吳定等人，行政學（二）（國立空中大學，民國 85 年元月初版，臺灣省臺北縣），第 409 頁。

12　考試院函，公務人員行政中立法草案總說明，刊載：公務人員行政中立法專輯（銓敘部主編，民國 84 年 5 月初版，臺北市），第 679 頁。

13　陳德禹，行政中立的理念與實踐，刊載：銓敘與公保月刊第 3 卷第 9 期（銓敘與公保月刊社，民國 83 年 3 月出版，臺北市），第 8 頁。

14 吳定，如何落實文官行政中立的理念，刊載：公務人員行政中立法專輯（銓敘部主編，民國 84 年 5 月初版，臺北市），第 62 頁。

15 劉昊洲，落實行政中立的要件，刊載：公務人員月刊第 86 期（公務人員月刊社，民國 92 年 8 月出版，臺北市），第 14 頁。

16 劉昊洲，論公務人員保障的法理基礎，刊載：人力發展月刊第 35 期（人力發展月刊社，民國 85 年 12 月出版，臺灣省南投縣），第 22 頁。

17 李華民，人事行政論（下）（臺灣中華書局，民國 82 年 3 月初版，臺北市），第 159 頁。

18 考選周刊社論，談權利與權力，刊載：考選周刊第 329 期（考選周刊社，民國 81 年 2 月 25 日出版，臺北市），第 1 版。

19 劉昊洲，政務人員法制析論（五南圖書出版公司，2002 年 8 月 1 版 1 刷，臺北市），第 97 頁。

20 姜占魁，人群關係（正中書局，民國 69 年 12 月台 4 版，臺北市），第 64 頁。

21 姜占魁，行政學（五南圖書出版公司，民國 69 年 1 月初版，臺北市），第 266 頁。

22 劉昊洲，從公務人員的角度看行政中立，刊載：研習論壇月刊第 35 期（研習論壇月刊社，民國 92 年 11 月出版，臺灣省南投縣），第 17 頁。

23 同註 9，第 68 頁。

24 黃臺生，公務人員行政中立法草案之研議，刊載：公務人員行政中立法專輯（銓敘部主編，民國 84 年 5 月初版，臺北市），第 314 頁。

25 參見：黃爾璇委員提案說明，刊載：立法院議案關係文書院總第 1677 號（民國 86 年 1 月印發），討 13 頁及討 17 頁。

26 劉昊洲，行政中立規範對象之探討，刊載：人事月刊第 40 卷第 4 期（人事月刊社，民國 94 年 4 月出版，臺北市），第 18 頁。

27 許濱松，如何建立文官中立—從外國制度談起，刊載：公務人員行政中立法專輯（銓敘部主編，民國 84 年 5 月初版，臺北市），第 44 頁

28 T. P. Murphy, Contemporary Public Administration, Illinois, F. E. Peacock, 1981, p. 22.

29 許南雄，行政學概論（商鼎文化出版社，2000 年 8 月增訂 4 版，臺北市），第 379 頁。

30 劉昊洲，從個人層面論公務人員不能保持行政中立的原因，刊載：公務人員月刊第 101 期（公務人員月刊社，民國 93 年 11 月出版，臺北市），第 37 頁。

31 Ajoy Bagchi, Civil Service Neutrality: Concept and Practice, National Academy of Administration, Journal 17, June 1972, p. 385.

32 同註 27。

33 David M.Levitan, The Neutrality of The Public Service, Public Administration Review, Vol.2, 1942, p. 317.

34 Donald Kingsley, Representative Bureaucracy, 1943, p. 1.；及張金鑑，行政學典範（中國行政學會，民國 68 年 7 月重訂初版，臺北市），第 748 頁。

35 劉昊洲，從社會層面論公務人員不能保持行政中立的原因，刊戴：研習論壇月刊第 48 期（研習論壇月刊社，民國 93 年 12 月出版，臺灣省南投縣），第 22 頁。

36 參見：公務人員保障暨培訓委員會民國 92 年 4 月 3 日公訓字第 09200022515 號函，及同年 5 月 5 日公訓字第 0920003254 號函；惟 93 年 3 月 11 日公訓字第 0930002086 號書函已增爲 48 人。

37 參見：考選周刊第 978 期（考選周刊社，民國 93 年 8 月 19 日出版，臺北市），第 4 版報導。

38 董鴻宗，簡介公務人員行政中立訓練辦法，刊載：考選周刊第 888 期（考選周刊社，民國 91 年 11 月 14 日出版，臺北市），第 3 版。

39 張金鑑，行政學典範，同註 34，第 720 頁。

40 劉昊洲，評公務人員行政中立訓練，刊載：研習論壇月刊第 46 期（研習論壇月刊社，民國 93 年 10 月出版，臺灣省南投縣），第 26 頁。

41 同註 31，第 339 頁。

42 華力進，行爲主義評介（經世書局，民國 69 年 6 月初版，臺北市），第 28 頁。

43 關中，公務人員行政中立法制化的精神與意義，刊載：公務人員行政中立法專輯（銓敘部主編，民國 84 年 5 月初版，臺北市），第 23 頁。

第五章

結論與建議

壹、行政中立的回顧與展望

一、前　言

「行政中立」（administrative　neutrality）一詞從民國81年12月舉辦第二屆立法委員選舉，考試院為呼應社會的要求，呼籲各政黨尊重文官中立精神，並要求全體公務人員遵守行政中立原則以來，即不斷得到朝野各政黨的關切及社會大眾的矚目。

如前所言，所謂「行政中立」，各家看法並不一致，有謂文官體系中的行政人員對政黨政治運作採取中立的立場；有簡單的指文官的政治中立；有的認為文官系統依法行政，依法律推行政務，不受各利益團體的影響，不受各黨派的操縱，中立的行使職權；也有認為至少應包含下列四點意義：1.公務人員在職期間應盡忠職守，盡心盡力，推動政府制定的政策，造福社會大眾；2.公務人員在處理公務上，立場應超然、客觀、公正、一視同仁，既無偏愛也無偏惡；3.公務人員在執法或執行政務官的政策上，應採取同一標準，公平對待任何人、團體或黨派，既不徇私，也無輕重之別；4.公務人員在日常生活中不介入地方派系或政治紛爭，只盡心盡力為國為民服務，

本著專業技能、學識與經驗,提供政務主管參考。儘管看法互有歧異,不過整體而言,在要求對象上均指向公務人員,在事務處理上則指向行政公務,在態度作為上則強調秉持中立原則。也就是說政府機關的公務人員依法且公正執行職務,不涉入政黨或政治活動,以同一標準服務社會大眾,不因政黨屬性或個人價值等因素,而改變其態度與作法,斯即所謂的「行政中立」。[1]

二、行政中立的建制背景

君主專制時代,官吏盡皆君王的奴僕,惟君王之命是從,根本沒有行政中立的理念,到民主發芽的政黨分贓時期,獲勝的執政黨視所有的政府資源與公權力為戰利品,在法律規範不完善的情況下,任由宰制與瓜分,公務人員任職既乏保障,當然也談不上行政中立的要求。1887年,美國學者威爾遜(Woodrow Wilson)發表「行政的研究」一文,主張行政與政治分立;1900年,古德諾(Frank Goodnow)在所著的「政治與行政」一書中,提出所有政治活動不是政治就是行政的論點,政治是國家意志的表現,行政則是國家意志的執行,兩者不能被完全分開;但為遂行民主政治,行政機關必須服從政治機關的監控,為有效推展行政,行政必須排除政治意圖及政黨分贓。威氏與古氏的主張非關行政中立,但已為行政中立奠定發展的契機。

第二次世界大戰之後,行為主義學派興起,多數有關行政研究採行為途徑,忽視價值的結果,使得行政與政治的距離愈形擴大,行政中立的呼聲日亟。1970年代興起的新公共行政學派,雖不認為行政與政治可以截然劃分,行政人員無法與政治絕緣,也反對「價值中立觀」,但卻強調「社會公正」的重要性,主張行政人員應比以前更忠於服務對象與計畫。

　　在我國，施行民主憲政雖已數十年，但國民黨長期主導政局，在動員戡亂體制之下實施戒嚴，雖偶有學者論及行政中立，卻始終難以培養出行政中立的價值理念。其後歷經民國75年民進黨成立；民國76年解除戒嚴，及開放黨禁，開放報禁，開放老兵返回大陸探親；民國80年終止動員戡亂時期，第一屆資深國大代表、立法委員、監察委員全面退職；民國81年金門、馬祖前線戰地政務解除，第二屆立法委員全面改選。其後歷次中央與地方公職人員選舉，在野黨所得票數與席次均大有斬獲，政黨競爭日趨激烈，「行政中立」的課題逐漸受到社會各界的矚目與重視。不只在野黨強烈呼籲各級公務人員應謹守行政中立的立場，考試院也旋即草擬「公務人員行政中立法草案」送請立法院審議，立法院即交法制委員會併同黃昭輝委員等16人、林濁水委員等16人、黃爾璇委員等17人所擬具的草案加以審查。歷經七次全體委員會議，終於在85年11月完成審查，全文凡24條條文，名稱修正為「政治中立法（草案）」，且排入二讀待審法案中。惟因朝野立法委員意見仍甚紛歧，始終未能完成三讀。在屆期失效後，考試院復於92年9月、94年10月重行提案，可惜迄至97年1月第六屆立法委員任期屆滿之際，仍未完成三讀付諸施行。

　　綜上所述，由於日趨激烈的政黨競爭，行政中立的呼聲日甚一日，使得行政中立法制的建立愈感迫切需要，也因為日益健全的文官制度，使得行政中立的理念價值有落實的可能。誠如陳德禹教授所言，由於：1.環境趨勢的需要；2.政治發展的需要；3.實現政治價值的需要；4.不合行政中立的結構；5.欠缺行政中立的文化；所以我國亟須致力於建立行政中立的制度。[2]

三、行政中立的主要內涵

　　行政中立的理念為先進國家普遍接受，故均制定專法或在相關

法規中予以規範。不過多數開發中國家仍無行政中立的概念,一切惟執政黨或威權統治者馬首是瞻。以美、英、日等國實施經驗觀之,行政中立的制度內涵大致包括:1.界定公務人員之責任、角色與立場;2.保障公務人員的工作權;3.限制公務人員參與政黨活動;4.限制公務人員參與競選或選舉活動。[3]此與我國行政中立規定情形相去不多。

查考試院第一次送請立法院審議的「公務人員行政中立法草案」,乃採單獨立法方式。其規範原則主要有五:[4]

1. 以依法行政、公正執法及酌予限制政治活動為行政中立之三個基本要求。

2. 以常任文官為主要適用對象。

3. 依憲法規定之基準,適度限制公務人員從事政治活動。

4. 採規範限制與保障救濟兼顧並行。

5. 公務人員違反行政中立應負懲戒責任。

觀諸考試院提案、各委員提案版本及立法院法制委員會審查通過的「政治中立法」(草案),其條文內容主要規範立法目的、適用對象、限制不得作為事項、應作為事項、違反者受處分之規定等,其重心則在限制作為與應作為兩部分。各版本的差異,主要在寬嚴大小不同。

總之,行政中立的主要內涵不外依法行政、公平對待與適度限制參加政治活動三者。茲分述如下:

（一）依法行政

所謂「依法行政」，就是公務人員依據法律執行職務之意。依法行政本是民主法治國家的常態現象，不過各國說法不盡相同，在英國稱為「法治」或「依法行政」，在法國叫做「行政合法」，在日本就是「依據法律行政」或「行政的法律適用性」。[5]除形式上須以法律為根據外，尚須受實質法律的支配，包括行政規章命令、法之一般原理、公益及行政目的等。其基本法則有四項：1.行政權之作用，不得與法規牴觸；2.非有法規依據，不得使人民負擔義務或侵害其權利；3.非有法規依據，不得免除特定人在法規上所應負擔之義務，或為特定人設定權利；4.法規授權行政機關自由裁量時，其裁量權之界限，仍應受法規限制。[6]固然有學者認為「依法行政是文官系統處理公務的最高準則，也是判斷行政是否中立的指標，故所謂中立的行政，就應是依法的行政」；不過也有學者認為「依法行政只是民意立法機關控制政府行政的基本要求與當然結果」；行政中立與依法行政兩者當然不能等同視之，[7]故言行政中立，首先仍應強調依法行政，才能確保行政中立。易言之，只有本於法律，才能堅守中立的原則與立場，而不致隨著政黨的拉鋸進退而搖擺不定。

（二）公平對待

各級公務人員本於職權或多或少享有行政資源，直接或間接代表國家執行公權力。由於立法機關政策制定能力減弱，政治任用職位有限且任期不長，以及科層體制的自我條件成熟等因素，行政職能日漸擴張，常任文官愈形重要，「行政國」一詞已被公共行政學界所肯定。如果公務人員面對競爭激烈的不同政黨，不能以同一標準公平對待而有所偏愛或偏惡時，勢必對政黨造成有利或不利的影響。一旦偏惡的政黨取得執政權，必將對不同立場的所屬公務人員採取報復或迫害手段，行政的不穩定現象將因而出現。因此，公務

人員執行職務時，必須公平、公正對待每一政黨及候選人。

（三）適度限制參加政治活動

參政權是憲法賦予每一公民的基本權利，只要法律所許可的政治活動，公務人員亦如同一般公民不受限制，然而因爲公務人員身分與職務的特殊性，在公法上職務關係理論的基礎之下，自可以特別法酌加限制。此一特別限制，或有遭批評爲違憲或過當之虞，不過參照歐美先進國家實施成例，既不影響憲法保障其基本政治權利的行使，且爲維持行政運作的穩定，避免捲入政黨競爭之中，事屬增進公共利益所必要者，自爲憲法所許可。

四、行政中立的配合措施

行政中立縱已法制化，若無相關的配合措施，亦難有效執行。有學者認爲可從政制結構途徑、文官制度途徑、行政程序途徑、行政倫理途徑、其他相關配合途徑等五個途徑去推動；[8]也有學者建議：政治與行政的關係宜有分野，政務官與事務官的體制需予劃分，加強文官法制的保障與規範，推進功績制度的實施與確立，[9]均不無道理，值得採行。易言之，除強化前述主要內涵的落實執行外，尚應注意以下六點配合措施：

（一）政務官與事務官明確區分

政務官負責決策，隨政黨進退；事務官負責執行，係永業任職，兩者明顯不同。目前所強調的行政中立，均僅適用於常任事務官；政務官固可以享有較爲寬鬆的政治活動空間，惟仍應在政務人員法規範爲宜。蓋政務官係由政黨任命，隨政黨進退，爲政黨競選或助選，是理所當然之舉；而事務官應「默、隱、順、忍」，不宜

涉足政治，因此政務官與事務官自應嚴格區分。

（二）權責劃分清楚的組織體系

各級政府機關，不論是外部的隸屬關係或內部的業務分工，都應該是層次分明、井然有序的組織，各就其法定職掌，直接或間接代表國家，基於一般統治關係治理或服務人民。因此如果組織分工愈明確，公務人員職掌愈清晰，賦予權力的同時必課予責任，究係政策錯誤或執行不力的責任追究模式才可望建立，政務官濫用職權指揮事務官從事不法行爲的情形也才能避免，連帶的行政中立之目標才有實現的可能。

（三）尊重事務官的專業與職責

政府機關因爲專業人才、組織分工及久任經驗等緣故，使每一事務官均非常嫻熟於其職掌範圍內的有關事項。因此，事務官以其專業知能做爲其科層權力的主要憑藉，政務官或民意代表雖有民意做爲倚靠，也應適度予以尊重及充分維護，方能提昇行政效能，增進人民權益。顯然的，能否尊重事務官，也是行政中立能否達成的重要因素之一。

（四）明確適宜可行的法令規範

法令規範不是民主國家的裝飾品，而是眾人遵循的準則，因此不在乎多或美，而貴在合宜可行。從行政中立的角度觀之，何事可爲？何事不可爲？均應有明確的、合宜的、可行的規定，公務人員才能遵守，也樂於遵守。

（五）多元民主法治的文化素養

在我國傳統威權心態、唯長官之命是從的環境下，顯然不利於行政中立的貫徹執行。而多元的、民主的、法治的文化素養，既有助於尊重公務人員的中立態度，使公務人員對於政黨競爭樂持中立的態度，也有更多管道可以監督公務人員是否中立。顯然的，國人是否普遍具有多元民主法治的文化素養，也是關係著行政中立能否順利落實的重要因素。

（六）明確具體的保障公務人員

事務官不只該有永業的保障，也應有身分、職務、工作條件的保障。如果欠缺明確具體的法令用資保障公務人員，那麼處於弱勢的部屬便很難拒絕長官不中立的要求，也難婉辭來自執政黨偏袒該黨的壓力。為使永業文官安心任職，我國業於民國85年10月制定公布公務人員保障法，並於92年5月及106年6月二度修正，期能更有效的保障公務人員。此一法律是否落實執行，也是攸關行政中立能否落實的重要因素。

由上述之，可知行政中立的落實與貫徹，是個高難度的政治文化整建工程，除應制定法規以為執行依據外，尚應考慮相關的配合措施。行政中立不只是法制的課題，更是文化與心理的問題，如果欠缺以上六項配合措施，公務人員行政中立法的實施成效，恐怕仍得大打折扣矣！

五、行政中立的功能價值

行政中立，旨在促使常任文官在政治活動中保持中立立場，避免捲入政爭漩渦，而忠實執行國家的法律與政策，藉以確保機關威信、行政效能、政治秩序及穩定。析而論之，行政中立至少具有下

列四項正面價值：

（一）促進政黨良性競爭

　　政黨競爭是民主國家的常態，而政黨之間的良性競爭尤為一個國家民主化程度的重要指標。不過政府機關是國家公器，公務人員手握國家公權力，如果不嚴守行政中立的立場，讓執政黨恣意利用，不但對在野黨不公平，一旦在野黨取得執政機會，或如法炮製、變本加厲，或進行秋後算帳、整肅人事，都將帶來政治上的分贓與報復，以及行政上極度的不安穩，顯非國家之福。故為導引政黨的良性競爭，自應要求相關人員嚴守行政中立的規範。

（二）確保社會多元發展

　　政治愈趨民主自由，社會便愈趨多元開放，各種意見紛然雜陳，也各有表述的權利。這些意見或透過政黨，或透過社團，或透過利益團體等不同管道，向民意機關或政府機關表達，難免涉及利害關係，公務人員如有介入，便有損其公正超然之地位，有害不同意見之表達。因此為確保社會的多元發展，使各種意見都有表達的機會，公務人員應該保持行政中立。

（三）維持行政健全運作

　　在民主政治，政黨輪流執政是習以為常的事情，政務官自應隨政黨進退，雖負責決策，卻因不久其任，不利於經驗累積及專業培養，對業務的瞭解難免不夠深入與周延。因此一般行政業務的處理，均有賴於事務官，如果事務官能本於職務，保持行政中立，忠於長官，遵守法令規定，行政業務自能順暢的運作，否則行政便會陷於斷續、不穩定的地步，對於機關業務推展難免有所妨礙。

（四）維護公務人員權益

現行人事法令賦予長官對所屬公務人員有充分的准假、任用派職、升遷、考核及出國考察等職權，因此不但長官要求職責以外的任務，例如要求部屬爲執政黨籍候選人助選，部屬難以婉拒，甚至許多公務人員還汲汲營營，刻意拉攏與巴結長官，欲期政治清明實在難矣！不過如果有行政中立的明文規範，公務人員即可依法拒絕長官不當的指示。由此觀之，行政中立對於公務人員權益的維護，應有正面的、積極的功能。

六、行政中立面臨的困境

如上所述，不論從外國的實施經驗，或本身具有的功能價值觀之，行政中立均值得大力去推行。然而「值得去努力的目標」，並不保證是「一定能達成的目標」，兩者之間有時存在相當的落差，這不僅是行政中立能否落實的重要關鍵，也是未來執行可能面臨的困境。有學者認爲國家認同的問題、金錢派系過度介入，缺乏行政中立的政治文化，是推動行政中立的重大阻力。[10]此一說法並非無見。大致言之，行政中立面臨的困境主要有下列四項：

（一）政務事務不易區分

行政中立的基本前提來自「行政與政治可以區分」的基礎，其理論可追溯至十九世紀末葉威爾遜與古德諾的主張。由於他們的主張，在學術上促成行政學的發展，在實務上也減緩政黨分贓的惡化，奠定行政中立發展的契機。不過時至今日，兩分法不但在學術上受到新公共行政學派的強烈質疑，在實務上也很難從業務面嚴格加以區分，何者屬政務？何者屬事務？如屬政務，則循政黨政治的遊戲規則辦理；如爲事務，則嚴格遵守行政中立的法令規範。然而

在現實政治中，政務事務卻不易辨識與區分，兩者之間的灰色地帶極大，對於行政中立的落實與貫徹，難免帶來困擾。

（二）道德理念難以落實

行政中立源於學術上的理念價值，在歐美政黨分贓飽受批判之際，化身爲道德要求，從個人內在的心理層面落實到外在的行爲規範。職是，行政中立能否貫徹執行，自我要求遠比法律規範重要。我國一向習於威權統治，公務人員難免偏袒執政黨，自民國76年解嚴之後，此種情形雖有改善，法治規模也逐漸奠定，不過在心理情感上卻無法根除，亦是推動行政中立的困擾之一。

（三）法令規範不易執行

行政中立的本質既是理念價值，化約成爲具體的條文規範，以訓示性的文字出現，凡事「應」或「不得」，毫無彈性可言。「應」或「不得」在方向上雖然明確，但在程度上卻無標準可言，因此雖有懲罰做爲強制執行的後盾，卻因認定困難，使得規定和執行之間產生嚴重的落差，法令規範的難以執行，自在意料之中。因此，如何使法規制定的更爲周延、合理、可行，更能夠被公務人員所接受，也是行政中立亟待突破的困擾之一。

（四）配套法規未盡周延

行政中立既是健全文官體系，促進政黨良性競爭的重要手段，爲期政治清明、行政有效能，自應考量行政中立法之立法意旨，儘速制定或修正相關法規，例如政務人員法、公職人員財產申報法、公務人員協會法等，以爲配合。然而遺憾的是這些重要的配套法規，或未制定，或未配合修正；公務人員行政中立法縱已通過施

行，由於欠缺其他相關法規的配合，到底有多少成效，頗值得懷疑。

七、結　語

行政中立的建制，在歐美先進國家雖早有先例可循，在我國學界人士也曾不斷呼籲，不過在實務上最早受到重視的是民國81年底考試院有關行政中立的聲明。在這不算長的過程中，不但各政黨已漸獲共識，而且各級公務人員與一般社會大眾也漸有概念，公務人員行政中立法最後才能完成三讀，付諸施行。如此情況，既是在客觀發展上不得不然的趨勢，在主觀認定上也有其必要的價值。

職是之故，行政中立雖然在落實與貫徹的過程中，「看似容易，實則不易」，佈滿許多困擾與障礙，不過吾人仍頗表樂觀，深信在大家的共識之下，必能一一克服，充分彰顯行政中立的功能價值。從以上說明中，不難瞭解我國行政中立法制的要求，有其特殊的時空背景需要，故除在條文內容中有所規範外，也必須考慮其他的配合措施，方能提昇正面功能，減少可能發生的困擾。對於當前少數人「為達目的，無所不用其極」的偏差心態，行政中立雖非神仙良藥，不能發揮撥雲見日的立即功效，不過肯定有利無弊，漸有療效，終致天清氣朗、雲開月明。[11]

貳、健全行政中立法制基礎

「行政中立」──一個自民國81年12月考試院公開呼籲後，即廣受政府公務人員及公共行政學界關注的重要課題，先前每每隨著立法院的法案審議或激烈的選舉競爭而持續發燒，一再加深烙印在每一公務人員的心目之中。

　　大體言之，基於環境趨勢的需要、政治發展的需要、實現政治價值的需要、欠缺行政中立的文化、不合行政中立的結構等五個理由，[12]我國亟應及早積極推動行政中立法制。所謂法制，有兩個不同意義，一是指草擬與審議法案的作業過程，另一是指法律制度，也就是以某一法律為骨幹而體現的社會制度；前者偏向動態的過程，後者偏向結構的呈現。一般所謂行政中立法制，係偏向後者的意義，也就是指以公務人員行政中立法為骨幹，並與周邊相關行政命令規定結合，而建立起來的行政中立制度。早期我國並無行政中立的概念，遑論法制？民國91年以後，才有行政中立訓練辦法及其他零星的行政命令規定。迄至98年6月，總統公布公務人員行政中立法，並付諸施行後，終有真正的行政中立法制可言。

　　回首我國在民國76年政府宣布解嚴之際，因黨禁、報禁之解除，而使政黨政治得以步入常軌，但地方選舉卻不時有非理性及激烈對立之現象出現。選舉過後，地方政府內部組織因受波及，而肇致甚多遊走人事法令邊緣之人事調整，雖合法但不合常情，甚或違反行政倫理。[13]考試院有鑒於此，首先於民國81年12月針對當時如火如荼展開的第二屆立法委員選舉，呼籲朝野各政黨尊重文官中立；並即設置考銓制度研究發展小組，針對公務人員行政中立規範加以研究。此外，也交銓敘部積極研擬行政中立法制的具體作法。

　　我國行政中立法制的奠基工作始自民國82年10月，銓敘部以「如何建立行政中立法制案」為中心議題，經提全國人事主管會報研討獲致共識後，旋即研擬公務人員行政中立法草案初稿，並於83年11月報請考試院審議。案經考試院第8屆第203次會議審議通過後，隨即於同年12月函請立法院審議。該院旋即交法制委員會併同黃昭輝委員等16人、林濁水委員等16人、黃爾璇委員等17人所擬具的草案加以審查，經於85年11月完成審查，旋即函復院會排入二讀

待審法案中。除法案名稱變更爲「政治中立法」（草案）外，在實質上也有適用對象擴大、規範事項增多、處罰從嚴加重、課以長官重責、主管機關模糊等五項重大改變。[14]

正因爲立法院法制委員會的審查過程，納入許多立法委員所提草案的精神，特別是黃爾璇等委員的版本，以致審查結果與考試院所設計的行政中立制度頗有差距。其後在歷次朝野黨團協商中，考試院對於此一審查結果均表示礙難接受，然而朝野立法委員也各有堅持，不因民國89年民進黨贏得執政權而有所改變，以致協商始終未能獲致共識，無法提報院會進行二、三讀。屆至民國91年元月，依立法院職權行使法第13條屆期不連續之規定，隨著第四屆立法委員任期之結束，此一法案的審議工作也告一段落。

其後考試院經政策考量審酌，認爲行政中立法制之建立仍有其必要，爰於民國91年12月在第十屆施政綱領中明白規定，另函請銓敘部重新草擬草案條文報院審議。說是重新草擬，其實與83年12月考試院送請立法院審議的條文內容相差無幾。在會請行政院同意後，復於92年9月二度送請立法院審議，該院雖交法制委員會審查，惟該會並未完成審查，於94年1月隨著第五屆立法委員任期屆滿，此一法案再度失效。其後於94年10月第三次函送，再度因朝野立法委員未能獲致共識而失效。考試院嗣於97年12月第四度函請立法院審議，終於在98年5月完成三讀，法制之路總算看到成果。

在立法過程中，也許是因爲朝野立法委員各有選情與政治利益的盤算，也許認爲事屬行政文化的一部分，必須緩慢累積與培養，立法工作不必急，也急不得，也許總覺得整個政治社會大環境不佳，縱使法律通過，孤木仍難擎天，無法改變大局，也許還有其他講不出口的原因，所以有某些人站在法制的對立面，不願意看到此法三讀通過付諸施行。不過可能有更多人是因事不關己，對此事發

展毫不關心，過與不過都無所謂。正因爲如此，公務人員行政中立法草案在立法院一幌眼就是十餘年。雖然在審議過程中也有些許收穫，例如因91年1月公務人員訓練進修法制定公布，意外促成行政中立訓練的開展；但主要法律未能三讀通過，總有令人惋惜、不無遺憾之處。此一情形，直至民國98年6月，總統公布公務人員行政中立法，並付諸施行後，法制基礎終於建立；雖然姍姍來遲，但一樣值得高興！

　　基於法律保留原則與特別義務以專法規定之法理，公務人員行政中立義務自應以專法加以規定。伸言之，依中央法規標準法第5條第2款規定，關於人民之權利義務應以法律定之。公務人員也是人民的一部分，爲落實民主政治而增加對公務人員的行政中立義務，自應以法律加以規定。如屬公務人員的一般義務，在公務員服務法中加以規定已經足夠，但行政中立係屬特定義務，勢須詳盡深入的規定，自以專法規定爲妥。只有在取得法律依據後，最有可能破壞行政中立的民選政府首長、政務人員、民意代表才會凜於不違法而知所節制，而公務人員在面對不中立的指示或要求時，也能夠勇敢的拒絕。由是以觀，公務人員行政中立法的通過施行，對於公務人員，乃至於對於政府機關及國家社會，均具有重要的意義。[15]

　　要之，在民主政治之下，行政固然不能不注意到政治因素，政治亦不能不顧行政事實，但已沒有永遠的執政黨，只有永業的公務人員。政黨輪替執政既已成爲常態，爲使公務人員在激烈的政黨競爭之下保持行政中立，忠實執行政策，公務人員行政中法不但應制定施行，而且還要健全運作，乃能有功。

參、建構政黨公平競爭機制

民主是當今共同的普世價值，人類追求的終極目標，不論何人，身處何地，都不能否認民主的意義與魅力。

有人說：民主政治就是政黨政治。這句話如果從民主的歷史發展，與政黨在民主政治中扮演的角色與地位觀之，至為正確。因為政黨的主要活動，包括提名候選人、從事競選活動、組織政府和其他政治活動，均與民主政治密切相關；其主要功能，包括政治領導的甄拔與選擇、利益的表達與匯集、控制政府與動員社會等，更是不脫民主政治的範疇。民主選舉既需要政黨政治去整合與背書，政府領導高層既由執政黨遴薦政務人員出任，民主政治就離不開政黨政治，民主政治自然也就是政黨政治。蒲萊斯（James Bryce）謂：政黨乃是政治社會中所不可避免的必然產物，[16]正是此意。

也有人說：政黨是民主政治的必要之惡。因為民主政治中不能沒有政黨，可是政黨的激烈競爭可能帶來政治的動盪與社會的分裂，黨員之間相濡以沫的群聚性格、走入群眾的發展路線，又導致民主政治的庸俗，甚至墮落與沉淪，政黨既是負面的，政黨的功能顯然也是弊大於利。吾人如將「黨」字拆開來，上面是尚，下面是黑，不無寓意黑暗之意。因此英國哲學家休謨（David Hume）、美國第一任總統華盛頓（George Washington）都有厭惡黨派結合的明白表示。[17]孔子也告誡我們：君子群而不黨，小人黨而不群。這也難怪在多數國人心目中，對政黨普遍沒有好感，甚至不如晚上回家觀賞的「八點檔」連續劇矣！說政黨是民主政治的必要之惡，亦有幾分道理。

因此，在民主體制下，不能沒有政黨。政黨雖因選舉勝負而有執政、在野之區別，也因黨員人數多寡與資源厚薄而有大、中、小

黨之不同。不過政府在資訊給予、資源分配以及其他服務事項等，則應依照法令規定一視同仁，既不能胳臂往裡彎，獨厚執政黨，更不能將互相競爭的政黨看成敵人或仇人，鄙視、欺壓、凌辱無所不來。這除有賴公正的法律制度公開透明規定予以保障外，也得仰仗政務人員在制定政策時，有無以國家為優先前提的認知，以及常任文官能否秉持中立專業的態度去執行。政黨公平競爭機制，顯然與政務人員的政治中立及常任文官的行政中立密切相關。

政黨（political parties），是尋求政治權力，合法控制政府人事及政策的結合或組織。隨著政治的漸進發展，政黨也不斷的蛻變，在君主專政時代，只有少數朝臣及士大夫非正式結合的朋黨；在選舉權限於少數有產階級的民主初期，政黨只是少數議員及知名之士談話會式的結合；在選舉權擴張及於大多數成年國民之後，政黨才發展成為大規模的群眾組織。政黨的根源，深植於政治和人性的本質之中。拉斯威爾（Harold Lasswell）說：政治是爭權位、求利益的行為。由於在爭權位、求利益的鬥爭中，個人往往勢單力孤，必須結合同志，始能生存發展，所以不論如何被厭惡或被污名化，政黨還是到處存在，[18]永不消失。為有效規範政黨事務，讓政黨步上常軌，公平競爭，我國已於民國106年12月制定公布政黨法。

現代政黨與政治的關係愈來愈微妙，政黨功能愈來愈多樣化，政黨也愈來愈受重視。政黨既是志同道合的政治性社團和民主政治不可缺少的政治系統，往往以超憲法、超法律的組織，在幕後介入和參與政府運作，故有隱形政府（invisible government）之稱，以故當前世界，除落後國家及軍事統治國家外，無一沒有政黨。[19]只是在總統制國家，政黨僅扮演選舉機器的弱化角色，但在內閣制國家，政黨則扮演綿密繁複的黨政協商機制。而在共產國家，執政黨甚至凌駕在政府組織之上。

　　誠然，政黨是因政治理念而結合的人為組織，經由選舉途徑以爭取執政為最高鵠的。我國歷史上雖也有政黨出現，例如唐朝的牛黨、李黨、明朝的東林黨，不過具有現代民主意義的政黨是在民國初年，孫中山領導辛亥革命成功之後才出現的，雖曾一度蓬勃發展，旋即因政局擾攘不安而陷入停滯狀態。中央政府遷臺，在民國76年解嚴之前，經合法成立的政黨僅有三個，即中國國民黨、中國青年黨與中國民主社會黨。不過在解嚴之後，政黨就如雨後春筍般的冒出頭來，截至93年9月底止，經內政部核准備案成立的合法政黨總共有108個之多；在國會占有席次的主要政黨僅有民主進步黨、中國國民黨、親民黨、台灣團結聯盟、無黨團結聯盟及新黨六個。迄至108年2月止，合法登記的政黨共有343個，但嗣後解散、合併或撤銷的亦有58個之多；不過在國會占有席次的僅有民主進步黨、中國國民黨、親民黨、時代力量與無黨團結聯盟等五個政黨。[20]

　　臺灣早期在威權統治時代，中國國民黨號稱革命民主政黨，與布爾什維克政黨的組織及運作模式有些神似。雖已行憲，但又被動員戡亂體制所限制，政黨掌握一切，不只以黨領政、以黨領軍、黨政一家親，且將國家、政府、執政黨三者視為一體，愛國之前必先強調忠黨，這時的中國國民黨是處於絕對支配的地位。然而在解嚴及開放黨禁之後，政府與執政黨已經切割、分別看待，國庫不再通黨庫，且民主進步黨已是合法政黨，在無政府資源的特別挹注下，國民黨憑藉其既有組織基礎繼續運作，僅具相對優勢的地位。直至民國89年第十任總統大選，國民黨因為分裂之故，痛失中央政府執政權，淪為在野黨，反而處於相對劣勢的局面。民國105年，總統與立法委員三合一選舉，民進黨雙雙贏得勝利，更是開啟該黨完全執政的先河。因此可以說，在解嚴之前，我國合法組成的政黨雖不只一個，但政黨之間的競爭並非公平。而在解嚴之後，各政黨基本上已處於公平競爭的地位。

　　如上所述，可知在民主運作中沒有永遠的執政黨，也沒有永遠的在野黨；依據公平的遊戲機制，誰能獲得多數人民的支持，誰就能獲得執政機會。政黨實力是有消有長的，政黨輪流執政是必然的，這是民主政治的常態。只有在公正透明的遊戲機制之下，大家始能進行一場「揖讓而升下而飲」的君子之爭，願賭服輸，贏的把握任期，全力以赴，不負選民所託；輸的在野監督，臥薪嚐膽，等待下次機會來臨。不過如果政黨競爭有所不公平，如當今中南美洲國家，執政黨濫用各種資源，欺凌打壓在野黨，甚至以舞弊方式在選舉中獲勝，不但在野黨輸得不服氣，不再信任民主機制，因此走上街頭示威抗爭，甚至逼上山打游擊、搞武力叛變，執政黨也因獨斷、怠惰、腐化、貪瀆，以致人民離心離德，國家逐步上衰敗之途。

　　職是，建構政黨公平競爭機制是十分重要的，不過那也是不容易的。不只要在民主制度之下，在民主環境之中始能孕育成長，政治人物及相關人士，例如黨員，也必須具備一定的民主理念，社會大眾也要有起碼的民主素養，才有可能建構公平競爭機制，確保立足點的公平。易言之，在法律上必須有健全公平的制度，在政治上必須有透明良好的運作，在社會上必須有真誠互信的基礎，政黨公平競爭機制才有建立的可能，各政黨之間公平的競爭，也有真正實踐的可能。而在政黨能夠公平競爭之後，選舉風氣才可望清明，政治文化也有好轉的可能。

　　要之，政黨能否公平競爭，不只攸關各政黨的實力消長，也關係人民對政府處理政治事務的觀感與信心，更影響選舉風氣、政治文化、行政中立法制的健全與提升。是故，不只政府相關部門應予正視，全體國人也應一起來關心。[21]

肆、有效促進行政優質環境

環境（environment）是指地表上影響人類及其他生物生存所有條件的綜合，亦指人類賴以生活與生存的空間、資源及其他有關事物。[22]也就是人類生存的時空背景，個人維繫生命、發達生計的場所。環境之於人類，就像水之於魚一般。離開環境，人類將無所依靠，也難以生存成長。職是，晚近倡言系統理論者，無不強調環境的重要性。

環境的分類極多，不只有自然環境與社會及人文環境之別；也有外在環境與內在環境之分，以及一般環境與特定環境之區分等。

大致言之，環境是真實、具體而客觀的存在，也籠統複雜的陳放在每個人的面前，不因個人的主觀意願而改變，不過因個人非常渺小，並非所有的環境因素皆與他相關，事不關己者也不見得是他關心的對象。就範圍大小言之，國際環境、國內環境都是大環境，對國家的發展雖有重大影響，但個人所關心的應該是周遭可見的家庭環境、工作環境或是班級環境，其次才是社區環境、社會環境，至於國際環境只能擺在最後，以個人為核心，由近及遠，由小而大，環境的重要性也依次遞減。以故行政環境的良窳，當是身處其中的公務人員最關心的課題之一。

行政環境是指公務人員執行職務時所處的環境，不僅指辦公場所的硬體環境，也包括軟體環境，即全體公務人員的感受，以及社會大眾對公務人員的期許與觀感。基本上行政與政治難以完全切割，政治是行政的上游，行政環境小於政治環境，也受到政治環境的影響；行政雖也可能反向影響政治，但基本力道是較弱的。從社會系統理論言之，政治是行政的超級系統（super-system），行政則是政治的次級系統（sub-system）。如果政治環境不佳，行政環境就

不可能轉好。因此若要行政環境好，就不能將政治環境拋在一旁，也不能忽略其他的相關因素。除強調核心要素外，也必須從通盤的、整體的角度思考，行政環境才可望全面提升與優質化。

　　行政環境的核心要素，一是硬體的建築裝潢與辦公機具設備，另一是軟體的人員素質能力與工作意願。近些年來，由於經濟繁榮、政府稅收充裕，政府機關辦公廳舍無不整修或重蓋，外表煥然一新，而辦公設備早已進入電腦資訊時代，一人一台電腦，不僅文書作業、資料統計等方便不少，連線上網的結果，使行政效率大幅提升。也由於教育普及，絕大多數公務人員均具備大專以上學歷，加上落實考試用人，及推動以功績表現決定升遷的作法，人員素質與能力普遍都有不錯的評價。若從核心要素言之，行政環境大體是不錯的。

　　不過若從實際情形觀之，不只多數公務人員不認為行政環境良好，恐怕也有許多社會大眾覺得行政環境不好，需要澈底檢討改善。主要原因或許就出在政治的干擾、制度的僵化、人際的困擾與心態難調適之上。

　　以政治論之，固然在本質上，政治與行政難以完全切割；在趨勢上，政治與行政互增相融關係，[23]行政多少會受到政治的影響。然而「政治是國家意志的表現，行政是國家意志的執行」，政治應該僅止於表現，而不應涉足執行。早年臺灣在威權統治時期，執政黨的黨務活動及政務人員直接涉入行政事務甚深；總統民選之後，政黨大致已退離行政，但隨著民意高漲，政務人員與民意代表干涉行政的情形卻更加普遍，使得部分公務人員在政策建議或執行過程中偏離專業與法治，也無法遂行法律賦予的職掌功能，行政環境當然好不了。

　　以制度言之，制度本是立法機關制定或眾人約定成俗的措施與作為，絕大多數的社會制度是以法規為骨幹，內含許多前輩先賢的集體智慧，主要目的是為適應環境的需要。不過在時代遞嬗、環境變遷後，制度也應跟隨調整與改進，始能避免僵化、與時俱進，不再是發展的絆腳石。遺憾的是由於人的被動、惰性與反應不足，無法快速的透過相關機制因應調整，使得許多初始立意良善的制度反成為日後行政環境不良的元凶之一，至屬可惜。

　　以人際視之，政府機關人際的融洽和諧，當然有助於組織文化與行政效能的正面提升，這是人群關係學派所極力追求的目標。但公私不分、搞小圈子、論人長短等人際的衝突與紛爭，往往帶來更大的困擾，使得組織難以正常發揮功能，人性更見沈淪墮落。若欲行政環境好轉，人與人之間，包括公務人員之間，公務人員與相對應的服務或管理對象之間的人際關係，自應留意與關心。

　　以心態究之，公務人員既是擇優出任，通常都是同儕之中的佼佼者，也可能是普羅大眾的菁英份子，加上傳統牧民的觀念，公務人員往往自認高人一等，也認為在其職掌的專業領域中最為熟悉與瞭解。因此往往固守己見、故步自封，不願深入走到最基層，也不願傾聽民眾的心聲，與民意愈來愈脫離，以致形成「笑罵由他，好官我自為之」的刻板印象。此一情形，自然有害於行政環境的健全。

　　綜上述之，欲促進行政的優質環境，就必須針對這些問題缺失加以檢討改進。當然若要全面的、快速的改進實在不易，不過一點一滴的努力，注入良性循環的因子，卻也是刻不容緩的。如果全體公務人員，特別是位在高階、擁有權力與資源的政務人員與機關首長，能確實依法行政，恪守倫理道德，則行政環境的優質化是可欲的，也是值得期待的。總有那麼一天，公務人員會覺得行政環境有

所改善，而社會大眾也會讚譽行政環境清明乾淨又有效率。[24]

行政係動態事務的運作、實際工作的處理與人群藝術的運用。[25] 行政環境如能愈來愈好，不但行政效率會有所提升，行政文化或行政風氣也會愈來愈佳，行政中立所立基的將是一塊愈來愈肥沃的土壤，行政中立的花朵與果實不再是夢想。它將呈現在你我的眼前，吾人且拭目以待──

註　釋

[1] 劉昊洲，革故鼎新──進步的行政（五南圖書出版公司，民國 89 年，臺北市），第 168 頁。

[2] 陳德禹，行政中立問題之檢討，刊載：公務人員行政中立法專輯（銓敘部主編，民國 84 年 5 月初版，臺北市），第 80 頁。

[3] 吳定等人，行政學（二）（國立空中大學，民國 85 年 1 月初版，臺灣省臺北縣），第 409 頁。

[4] 考試院函，公務人員行政中立法草案總說明，刊載：公務人員行政中立法專輯（銓敘部主編，民國 84 年 5 月初版，臺北市），第 679 頁。

[5] 城仲模，行政法之基礎理論（三民書局，民國 77 年 8 月 5 版，臺北市），第 1 頁。

[6] 林紀東，行政法（三民書局，民國 66 年元月初版，臺北市），第 70 頁。

[7] 關中，行政中立與政黨政治，刊載：公務人員行政中立法專輯（銓敘部主編，民國 84 年 5 月初版，臺北市），第 5 頁。

[8] 陳德禹，行政中立的理念與實踐，刊載：銓敘與公保月刊第 3 卷第 9 期（銓敘與公保月刊社，民國 83 年 3 月出版，臺北市），第 8 頁。吳定等人，同註 3，第 420 頁。

[9] 許南雄，行政學概論（商鼎文化出版社，2000 年 8 月增訂 4 版，臺北市），第 376 頁。

[10] 同註 7，第 11 頁。

[11] 劉昊洲，論行政中立，刊載：人力發展月刊第 43 期（人力發展月刊社，民國 86 年 8 月出版，臺灣省南投縣），第 29 頁。

12 同註 2。

13 黃雅榜，對我國推動行政中立之再期盼，刊載：考選周刊第 981 期（考選周刊社，民國 93 年 9 月 9 日出版，臺北市），第 1 版。

14 劉昊洲，從公務人員行政中立法草案到政治中立法草案，刊載：考選周刊第 629 期（考選周刊社，民國 86 年 10 月 23 日出版，臺北市），第 2 版。

15 劉昊洲，從速建立行政中立法制，刊載：臺北商業技術學院校刊第 28 期（臺北商業技術學院，民國 93 年 12 月出版，臺北市），第 6 版。

16 張金鑑，行政學典範（中國行政學會，民國 68 年 7 月重訂初版，臺北市），第 719 頁。

17 劉季洪等，雲五社會科學大辭典第三冊政治學（臺灣商務印書館，民國 73 年 11 月 6 版，臺北市），第 203 頁。

18 同前註。

19 馬起華，政治學原理（下）（國立編譯館，民國 74 年 5 月初版，臺北市），第 1111 頁。

20 內政部網址：https://www.google.com 民國 108 年 4 月 5 日上網連結搜尋。

21 劉昊洲，建構政黨公平競爭機制，刊載：臺北商業技術學院校刊第 26 期（臺北商業技術學院，民國 93 年 10 月出版，臺北市），第 6 版。

22 教育部重編國語辭典編輯委員會，重編國語辭典第三冊（臺灣商務印書館，民國 70 年 11 月出版，臺北市），第 2352 頁。

23 S. W. Hays & R. C. Kearny, Public Personal Administration: Problems & Prospects, N. J. Prentice-Hall, Inc., 1983, p. 12.

24 劉昊洲，有效促進行政優質環境，刊載：游於藝雙月刊第 51 期及第 52 期（公務人力發展中心，民國 94 年 5 月 1 日及 7 月 1 日出版，臺北市），第 6 版。

25 同註 16，第 82 頁。

參考文獻

甲、基本資料

1. 立法院，議案關係文書院（視議案編印，提供立法委員參考，未正式出版）。
2. 立法院：立法院公報（會期中每週出刊兩期）。
3. 立法院法制局，立法委員手冊（民國104年12月）。
4. 立法院法制局，立法院常用法規彙編（民國104年12月）。
5. 考試院，考試院公報（每月出刊一期）。
6. 考試院，常用文官制度法規彙編（民國107年8月）。
7. 行政院人事行政局，主要人事法規彙編（民國91年12月）。
8. 行政院人事行政局，中央機關組織法規彙編（民國92年12月）。
9. 銓敘部，常用銓敘法規彙編（民國93年2月）。
10. 銓敘部，銓敘法規釋例彙編（民國93年8月）。

乙、中文書籍及期刊資料

1. 丁逸豪，企業人事管理（五南圖書出版公司，民國81年2版4刷，臺北市）。
2. 王作榮，談文官制度，考選周刊第299期（考選周刊社，民國80年5月14日，臺北市）。
3. 古登美等3人，立法理論與實務（國立空中大學，民國86年8月初版，臺灣省臺北縣）。

4. 立法院法制局編印,文官政策與立法研究(2003年10月初版,臺北市)。

5. 立法院法制局編印,憲政制度與陽光法案之研究(2004年4月出版,臺北市)。

6. 全志敏,國家公務員管理──高層次人力資源開發(百花文藝出版社,1994年11月第1版,天津市)。

7. 朱志宏,立法論(三民書局,民國84年3月初版,臺北市)。

8. 朱敬一,哪些事情的中立性該依法規範(中國時報,民國98年9月28日)。

9. 江大樹,國家發展與文官政策(憬藝企業公司,1997年8月初版1刷,臺北市)。

10. 江岷欽,組織分析(五南圖書出版公司,民國82年5月初版1刷,臺北市)。

11. 考試院考銓研究發展小組銓敘分組,公務人員行政中立規範之研究(考試院,民國82年6月,未出版)。

12. 考試院考銓叢書指導委員會主編,中華民國銓敘制度(正中書局,民國79年8月第2版,臺北市)。

13. 考試院研究發展委員會編印,考試院文官制度研究發展專案小組研究報告彙編(民國84年8月出版,臺北市)。

14. 考試院研究發展委員會編印,考試院研究發展委員會專題研究報告彙編(民國86年6月出版,臺北市)。

15. 考試院彙編,公務人員保障法專輯(考試院,民國86年1月出版,臺北市)。

16. 考試院編印,考銓詞彙(民國89年11月出版,臺北市)。

17. 行政院人事行政局編印,政務官人事法制之檢討與研究(民國81年12月初版1刷,臺北市)。

18. 行政院人事行政局編印,中日兩國文官制度之重點比較(民國82年2月初版1刷,臺北市)。

19. 行政院人事行政局編印,我國公務人員待遇制度的過去、現在及未來(民國88年12月初版1刷,臺北市)。

20. 何永福、楊國安，人力資源策略管理（三民書局，2004年8月初版8刷，臺北市）。

21. 吳定，組織發展理論與技術（天一圖書公司，民國73年8月初版，臺北市）。

22. 吳定，公共行政論叢（天一圖書公司，民國74年9月增訂再版，臺北市）。

23. 吳定，如何落實文官行政中立的理念，公務人員行政中立法專輯（銓敘部，民國84年5月初版，臺北市）。

24. 吳定等，行政學（國立空中大學，民國83年9月初版，臺灣省臺北縣）。

25. 吳定等人，行政學（二）（國立空中大學，民國85年，台灣省臺北縣）。

26. 吳庚，行政法之理論與實用（作者自行出版，民國84年3月增訂2版）。

27. 吳剛，行政組織管理（清華大學出版社，1999年12月1版，北京市）。

28. 吳瓊恩，行政學的範圍與方法（五南圖書出版公司，民國81年11月初版1刷，臺北市）。

29. 吳耀庭，我國政黨體系與文官體系之比較及調適（文景出版社，民國78年3月出版，臺北市）。

30. 呂亞力，政治學方法論（三民書局，民國68年4月初版，臺北市）。

31. 呂亞力，政治學（五南圖書出版公司，民國69年9月4版，臺北市）。

32. 呂亞力，政治發展與民主（五南圖書出版公司，民國73年9月再版，臺北市）。

33. 呂亞力等編譯，民主理論選讀（風雲論壇出版社，民國82年9月再版，臺北市）。

34. 李華民，各國人事制度（五南圖書出版公司，民國79年7月修訂初版，臺北市）。

35. 李華民，人事行政論（台灣中華書局，民國82年3月初版，臺北市）。

36. 李廣訓，各國人事制度（五南圖書出版公司，民國77年2月修訂再版，臺北市）。

37. 周秋玲，公務人員行政中立法內容簡介，人事行政季刊168期（中國人事行政學會，民國98年，臺北市）

38. 周萬來，議案審議——立法院運作實況（五南圖書出版公司，民國89年10月初版1刷，臺北市）。

39. 周萬來，立法院職權行使法逐條釋論（五南圖書出版公司，2004年11月初版1刷，臺北市）。

40. 易君博，政治學論文集：理論與方法（台灣省教育會，民國69年8月3版，臺北市）。

41. 林文益，公務人員行政中立之研究（國立政治大學公共行政研究所碩士論文，民國80年7月，未出版）。

42. 林文益，現行考銓詞彙（作者自行出版，民國89年5月再版）。

43. 林明鏘，公務員法研究（一）（國立台灣大學叢書編輯委員會，2000年3月1版，臺北市）。

44. 林紀東，行政法（三民書局，民國66年1月初版，臺北市）。

45. 林紀東，法學緒論（五南圖書出版公司，民國81年3月初版15刷，臺北市）。

46. 林欽榮，人事管理（前程企業公司，民國82年2月5版，臺北市）。

47. 邱創煥，文官制度論叢（中華民國國家發展策進會，民國82年3月初版，臺北市）。

48. 邱華君，公務人員之行政中立，人事月刊第31卷第1期（人事月刊社，民國89年7月出版，臺北市）。

49. 城仲模，行政法之基礎理論（三民書局，民國77年8月5版，臺北市）。

50. 姜占魁，人群關係（正中書局，民國69年12月台4版，臺北市）。

51. 姜占魁，行政學（五南圖書出版公司，民國69年1月出版，臺北市）。

52. 姜占魁，行政管理論叢（五南圖書出版公司，民國69年7月4版，臺北市）。

53. 姜占魁，組織行為與行政管理（作者自行發行，民國79年10月3版）。

54. 姜占魁，人群關係新論（五南圖書出版公司，民國80年3月初版6刷，臺北市）。

55. 施能傑，文官中立：從概念化到法制化，公務人員行政中立法專輯（銓敘部，民國84年5月初版，臺北市）。

56. 施能傑，美國政府人事管理（商鼎文化出版社，1999年4月出版，臺北市）。

57. 紀念陳水逢先生論文集編輯委員會，紀念陳水逢先生論文集（中華民國日本研究學會，民國86年4月印行，臺北市）。

58. 孫中山，民權主義第一講，國父全集（中國國民黨中央委員會黨史委員會編訂，民國70年8月再版，臺北市）。

59. 徐有守，公務人事制度的行政意義與政治意義，行政管理論文選輯第3輯（銓敘部，民國77年12月初版，臺北市）。

60. 郭祥瑞，公務員行政法（元照出版公司，民國98年5月2版1刷，臺北市）。

61. 桂宏誠，何謂行政中立，國家政策論壇月刊第2卷第3期（國家政策論壇月刊社，民國91年3月，臺北市）。

62. 翁岳生，行政法與現代法治國家（臺大法學叢書編輯委員會，1987年10月七版，臺北市）。

63. 馬起華，三民主義政治學（中央文物供應社，民國70年11月再版，臺北市）。

64. 馬起華，政治學原理（國立編譯館，民國74年5月初版，臺北市）。

65. 高育仁，台灣經驗──發展中的民主政治（二十一世紀基金會，民國78年，臺北市）。

66. 涂懷瑩，行政法原理（五南圖書出版公司，民國69年4月初版，臺北市）。

67. 國家文官學院，公務人員考試錄取人員基礎訓練課程講義：公務人員行政中立法與實務，（國家文官學院，民國101年，臺北市）。

68. 張金鑑，動態政治學（七友出版公司，民國66年9月初版，臺北市）。

69. 張金鑑，行政學典範（中國行政學會，民國68年7月重訂初版，臺北市）。

70. 張金鑑先生八秩榮慶編輯委員會，張金鑑先生八秩榮慶論文集（聯經出版公司，民國71年11月出版，臺北市）。

71. 張家洋，行政法概要（五南圖書出版公司，民國76年6月13版，臺北市）。

72. 張家洋等，行政法基本理論（國立空中大學，民國81年9月初版，臺北市）。

73. 張家洋等，行政組織與救濟法（國立空中大學，民國81年12月初版，臺灣省台北縣）。

74. 張家洋，行政法（華視文化公司，民國83年2月出版，臺北市）。

75. 張翰書，西洋政治思想史（臺灣商務印書館，民國70年12月台7版，臺北市）。

76. 張潤書，組織行為與管理（五南圖書出版公司，民國77年4月3版，臺北市）。

77. 張潤書，行政學（三民書局，民國78年9月再修訂再版，臺北市）。

78. 張潤書，行政學概要（五南圖書出版公司，民國78年10月17版，臺北市）。

79. 張潤書，行政學（華視文化公司，民國83年2月出版，臺北市）。

80. 教育部重編國語辭典編輯委員會，重編國語辭典（臺灣商務印書

館，民國70年11月初版，臺北市）。

81. 梁漱溟，中國文化要義（里仁書局，民國71年9月出版，臺北市）。

82. 梁漱溟，人心與人生（谷風出版社，民國79年9月再版，臺灣省臺北縣）。

83. 梅嶙高，人事行政（正中書局，民國68年7月修正台3版，臺北市）。

84. 許文惠主編，行政管理學（紅旗出版社，1992年9月第1版，北京市）。

85. 許南雄，人事行政學（商鼎文化出版社，1997年2月增訂3版，臺北市）。

86. 許南雄，各國人事制度（商鼎文化出版社，2002年3月第5版，臺北市）。

87. 許南雄，行政學概論（商鼎文化出版社，2000年8月增訂4版，臺北市）。

88. 許倬雲等，知識與民主（幼獅文化公司，民國75年6月再版，臺北市）。

89. 許劍英，立法審查論（五南圖書出版公司，民國87年3月初版1刷，臺北市）。

90. 許劍英，立法審查理論與實務（五南圖書出版公司，民國89年7月2版1刷，臺北市）。

91. 許劍英，憲法之理論與實務（今古文化公司，民國92年8月初版，臺北市）。

92. 許劍英，立法權行使及法規適用問題之研究（今古文化公司，民國92年11月初版，臺北市）。

93. 許濱松，各國人事制度（華視文化公司，民國82年8月修訂版，臺北市）。

94. 許濱松，各國公務人員政治活動之研究，公務人員行政中立法專輯（銓敘部，民國84年5月初版，臺北市）。

95. 許濱松，如何建立文官中立——從外國制度談起，公務人員行政

中立法專輯（銓敘部，民國84年5月初版，臺北市）。

96. 許濱松，中華民國公務人員權利保障之探討，考試院文官制度研究發展專案小組研究報告彙編（考試院研究發展委員會，民國84年8月出版，臺北市）。

97. 許濱松，英美公務員政治中立之研究——兼論我國公務員政治中立應有之作法，文官體制之比較研究（中央研究院歐美研究所，民國85年，臺北市）。

98. 陳水逢，現代政黨政治論（中日文教基金會，民國80年4月初版，臺北市）。

99. 陳水逢，現代政治過程論（中日文教基金會，民國83年11月修訂版，臺北市）。

100. 陳庚金，人群關係與管理（五南圖書出版公司，民國78年4月5版，臺北市）。

101. 陳明漢等人，人力資源管理（中華民國管理科學學會，民國81年11月，臺北市）。

102. 陳新民，行政法學總論（作者自行出版，民國91年9月7版2刷）。

103. 陳義彥、黃麗秋，選舉行為與政治發展（黎明文化公司，民國81年6月初版，臺北市）。

104. 陳德禹，行政中立的理念與實踐，銓敘與公保月刊第3卷第9期（銓敘與公保月刊社，民國83年3月出版，臺北市）。

105. 陳德禹，行政中立問題之檢討，公務人員行政中立法專輯（銓敘部，民國84年5月初版，臺北市）。

106. 陳鴻瑜，政治發展理論（桂冠圖書公司，民國74年10月再版，臺北市）。

107. 傅肅良，人事行政的守與變（三民書局，民國79年初版，臺北市）。

108. 傅肅良，各國人事制度（三民書局，民國78年11月增訂初版，臺北市）。

109. 傅肅良，考銓制度（三民書局，民國69年7月初版，臺北市）。

110. 彭錦鵬主編，文官體制之比較研究（中央研究院歐美研究所，民國85年，臺北市）。

111. 彭懷恩，中華民國政治體系的分析（時報出版公司，民國73年7月2版，臺北市）。

112. 曾仕強，現代化的中國式管理（聯經出版公司，民國80年6月第3次印行，臺北市）。

113. 曾仕強，中國的經營理念（聯經出版公司，民國80年10月第4次印行，臺北市）。

114. 華力進，行為主義評介（經世書局，民國69年6月初版，臺北市）。

115. 華力進，政治學（經世書局，民國71年10月4版，臺北市）。

116. 黃光國，中國人的權力遊戲（巨流圖書公司，民國78年1版5印，臺北市）。

117. 黃異，行政法總論（三民書局，2004年3月修正增訂4版2刷，臺北市）。

118. 黃雅榜，對我國推動行政中立之再期盼，考選周刊第981期（考選部，民國93年9月9日，臺北市）。

119. 黃臺生，公務人員行政中立法草案之研議，公務人員行政中立法專輯（銓敘部，民國84年5月版，臺北市）。

120. 楊泰順、廖峯香，民主與社會（國立空中大學，民國80年8月3版，臺灣省台北縣）。

121. 葉祖灝，政治學新論（正中書局，民國65年10月台2版，臺北市）。

122. 葉祖灝，中國政治思想精義（中央文物供應社，民國73年9月出版，臺北市）。

123. 葛永光，政黨政治與民主發展（國立空中大學，民國87年1月初版2刷，臺灣省臺北縣）。

124. 董鴻宗，簡介公務人員行政中立訓練辦法，考選周刊第888期（考選周刊社，民國91年11月14日，臺北市）。

125. 鄒文海，政治學（三民書局，民國72年1月16版，臺北市）。

126. 廖忠俊，臺灣地方派系的形成發展與質變（允晨文化公司，民國86年12月初版，臺北市）。

127. 管歐，中國行政法總論（作者自行出版，民國63年6月修訂10版）。

128. 臺灣商務印書館，雲五社會科學大辭典，行政學（民國59年12月初版，臺北市）。

129. 臺灣商務印書館，國語辭典節本（民國65年6月臺三版，臺北市）。

130. 臺灣商務印書館，雲五社會科學大辭典，政治學（民國73年11月6版，臺北市）。

131. 趙其文，人事管理（華視文化公司，民國78年8月初版，臺北市）。

132. 趙其文，人事行政（華視文化公司，民國82年8月修正版，臺北市）。

133. 銓敘部編譯，各國人事法制叢書第三輯（銓敘部，民國84年1月出版）。

134. 銓敘部主編，公務人員行政中立法專輯（銓敘部，民國84年5月初版）。

135. 劉昊洲，我國選舉罷免訴訟制度（五南圖書出版公司，民國79年9月初版，臺北市）。

136. 劉昊洲，從五權分立論考試權獨立行使，國立臺北商專學報（國立臺北商業專科學校，民國83年6月出版，臺北市）。

137. 劉昊洲，談行政倫理，人力發展月刊第32期（人力發展月刊社，民國85年9月出版，臺灣省南投縣）。

138. 劉昊洲，論公務人員保障的法理基礎，人力發展月刊第35期（人力發展月刊社，民國85年12月出版，臺灣省南投縣）。

139. 劉昊洲，革故鼎新──進步的行政（五南圖書出版公司，民國86年，臺北市）。

140. 劉昊洲，論行政中立，人力發展月刊第43期（人力發展月刊社，民國86年8月出版，臺灣省南投縣）。

141. 劉昊洲，政治中立法草案評析，人事行政季刊第122期（中國人事行政學會，民國86年10月出版，臺北市）。

142. 劉昊洲，從公務人員行政中立法草案到政治中立法草案，考選周刊第629期（考選周刊社，民國86年10月23日，臺北市）。

143. 劉昊洲，行政倫理與行政中立的關係，公務人員月刊第23期（公務人員月刊社，民國87年5月出版，臺北市）。

144. 劉昊洲，談民主與效能，考選周刊第690期（考選周刊社，民國87年12月21日，臺北市）。

145. 劉昊洲，政務人員法制析論（五南圖書出版公司，2002年8月1版1刷，臺北市）。

146. 劉昊洲，行政中立的源起與意義，考選周刊第922期（考選周刊社，民國92年7月17日，臺北市）。

147. 劉昊洲，落實行政中立的要件，公務人員月刊第86期（公務人員月刊社，民國92年8月出版，臺北市）。

148. 劉昊洲，論行政中立的性質，臺北商業技術學院校刊第17期（國立臺北商業技術學院，民國92年9月，臺北市）。

149. 劉昊洲，政務人員與行政中立，臺北商業技術學院校刊第18期（國立臺北商業技術學院，民國92年10月出版，臺北市）。

150. 劉昊洲，公務人員行政中立法草案評析，人事行政季刊第145期（中國人事行政學會，民國92年10月出版，臺北市）。

151. 劉昊洲，政治民主與行政中立，考選周刊第934期（考選周刊社，民國92年10月9日，臺北市）。

152. 劉昊洲，從公務人員的角度看行政中立，研習論壇月刊第35期（研習論壇月刊社，民國92年11月出版，臺灣省南投縣）。

153. 劉昊洲，公務人員行政中立法草案的法律性質，臺北商業技術學院校刊第20期（國立臺北商業技術學院，民國92年12月出版，臺北市）。

154. 劉昊洲，論行政中立規範的特色，游於藝雙月刊第43期（公務人力發展中心，民國93年1月出版，臺北市）。

155. 劉昊洲，司法獨立與行政中立，司法周刊第1184期（司法院，

民國93年3月13日出版，臺北市）。

156. 劉昊洲，選務中立與行政中立，考選周刊第959期（考選周刊社，民國93年4月8日，臺北市）。

157. 劉昊洲，論行政中立的理論基礎，游於藝雙月刊第45期（公務人力發展中心，民國93年5月出版，臺北市）。

158. 劉昊洲，考試權獨立與行政中立，臺北商業技術學院校刊第23期（國立臺北商業技術學院，民國93年5月出版，臺北市）。

159. 劉昊洲，論行政中立的目的，考選周刊第964期（考選周刊社，民國93年5月13日，臺北市）。

160. 劉昊洲，公平選舉與行政中立，臺北商業技術學院校刊第24期（國立臺北商業技術學院，民國93年6月出版，臺北市）。

161. 劉昊洲，公務人員行政中立法草案相關問題探討，人事月刊第39卷第1期（人事月刊社，民國93年7月出版，臺北市）。

162. 劉昊洲，文官長制與行政中立，考選周刊第979期（考選周刊社，民國93年8月26日出版，臺北市）。

163. 劉昊洲，文官長制與行政中立，考選周刊第979期（考選周刊社，民國93年8月26日出版，臺北市）。

164. 劉昊洲，行政中立的立法背景與沿革，臺北商業技術學院校刊第25期（國立臺北商業技術學院，民國93年9月出版，臺北市）。

165. 劉昊洲，行政效能與行政中立，考選周刊第987期（考選周刊社，民國93年10月21日，臺北市）。

166. 劉昊洲，建構政黨公平競爭機制，臺北商業技術學院校刊第26期（國立臺北商業技術學院，民國93年10月出版，臺北市）。

167. 劉昊洲，評公務人員行政中立訓練，研習論壇月刊第46期（研習論壇月刊社，民國93年10月出版，臺灣省南投縣）。

168. 劉昊洲，公務人員行政中立的具體作為，臺北商業技術學院校刊第27期（國立臺北商業技術學院，民國93年11月出版，臺北市）。

169. 劉昊洲，從個人層面論公務人員不能保持行政中立的原因，公

務人員月刊第101期（公務人員月刊社，民國93年11月出版，臺
北市）。

170. 劉昊洲，從社會層面論公務人員不能保持行政中立的原因，研
習論壇月刊第48期（研習論壇月刊社，民國93年12月出版，臺
灣省南投縣）。

171. 劉昊洲，從速建立行政中立法制，臺北商業技術學院校刊第28
期（國立臺北商業技術學院，民國93年12月出版，臺北市）。

172. 劉昊洲，公務員法專論（五南圖書公司，2014年3月2版1刷，臺
北市）。

173. 劉昊洲，公職人員選舉罷免法中有關行政中立規定之探討，考
選周刊第998期（考選周刊社，民國94年1月6日，臺北市）。

174. 劉昊洲，行政中立與公務人員保障，臺北商業技術學院校刊第
29期（國立臺北商業技術學院，民國94年3月出版，臺北市）。

175. 劉昊洲，行政中立規範對象之探討，人事月刊第40卷第4期（人
事月刊社，民國94年4月出版，臺北市）。

176. 劉昊洲，議事中立與行政中立，游於藝雙月刊第50期及第51期
（公務人力發展中心，民國94年3月及5月出版，臺北市）。

177. 劉昊洲，世界先進國家行政中立實施概況——以英、美、法、
德、日五國為例，臺北商業技術學院校刊第30期及第31期（國
立臺北商業技術學院，民國94年4月及5月出版，臺北市）。

178. 劉昊洲，有效促進行政優質環境，游於藝雙月刊第51期及第52
期（公務力發展中心，民國94年5月及7月出版，臺北市）。

179. 劉得寬，法學入門（五南圖書出版公司，民國79年11月3版，臺
北市）。

180. 慶賀浦薛鳳教授八秩華誕政治論文集編輯委員會編，政治論文
集（臺灣商務印書館，民國69年1月出版，臺北市）。

181. 歐育誠，行政中立的建制與實踐；中國人事行政學會：人事行
政第170期（中國人事行政學會，民國101年，臺北市）。

182. 蔡良文，行政中立與政治發展（五南圖書出版公司，民國87年8
月初版1刷，臺北市）。

183. 蔡政文等，政治學（國立空中大學，民國77年10月初版，臺灣省臺北縣）。

184. 蔡祈賢，終身學習與公務人力發展（商鼎文化出版社，民國89年6月第1版第1刷，臺北市）。

185. 蔡茂寅等人合著，行政程序法實用（學林出版社，民國90年10月2版，臺北市）。

186. 鄭玉波，法學緒論（三民書局，民國80年3月三修訂6版，臺北市）。

187. 蕭武桐，公務倫理的理論與應用（時英出版社，民國80年4月初版，臺北市）。

188. 蕭武桐，行政倫理（國立空中大學，民國85年1月初版2刷，臺灣省臺北縣）。

189. 賴維堯等，行政學入門（國立空中大學，民國84年6月初版，臺灣省臺北縣）。

190. 繆全吉主編，行政革新研究專輯（聯合報社，民國67年9月第2次印行，臺北市）。

191. 繆全吉等4人，人事行政（國立空中大學，民國78年2月初版，臺灣省臺北縣）。

192. 鍾泰德，選舉理論與實務（幼獅書局，民國58年10月出版，臺北市）。

193. 薩孟武，政治學（三民書局，民國72年1月增訂初版1刷，臺北市）。

194. 羅傳賢，立法學實用辭典（五南圖書出版公司，民國93年8月初版1刷，臺北市）。

195. 關中，公務人員行政中立法制化的精神與意義，公務人員行政中立法專輯（銓敘部，民國84年5月初版，臺北市）。

196. 關中，行政中立與政黨政治，公務人員行政中立法專輯（銓敘部，民國84年5月初版，臺北市）。

197. 關中，健全文官制度的理念與作為（銓敘部，民國84年9月出版，臺北市）。

198. 關中，繼往開來，贏得信賴──考試院與文官制度的興革（考試院，民國97年出版，臺北市）。

199. 關中，文官治理：理念與制度革新（考試院，民國100年出版，臺北市）。

200. 關中，天下為公　選賢與能（考試院，民國101年出版，臺北市）。

丙、中文譯作資料

1. Austin Ranney, Governing: An Introduction To Political Science，胡祖慶譯，政治學（五南圖書出版公司，民國79年10月初版，臺北市）。

2. Charles Garfield，李普生譯，人本至尊──活性經營藍圖（時報出版公司，1994年12月初版1刷，臺北市）。

3. F. W. Riggs, The Ecology of Public Administration，金耀基編譯，行政生態學（臺灣商務印書館，民國71年6月6版，臺北市）。

4. G. Sabine，西洋政治思想史（風雲論壇出版社，民國81年5月再版，臺北市）。

5. Ga ry Dessler，陳海鳴、余朝權合譯，人事管理（華泰書局，民國77年9月3刷，臺北市）。

6. Gabriel A. Almond & G. Bingham Powell, Comparative Politics：System, Process and Policy，曹沛霖等譯，比較政治學（五南圖書出版公司，民國79年8月初版，臺北市）。

7. Gary Dessler，王志剛譯，管理學導論（華泰書局，民國77年9月2刷，臺北市）。

8. H. George Frederickson, The Spirit of Public Administration，江明修主譯，公共行政精義（五南圖書出版公司，2002年5月初版1刷，臺北市）。

9. H. T. Gr a h a m，石銳譯，人力資源管理（台華圖書公司，民國79年10月初版，臺北市）。

10. Herbert A. Simon, Public Administration，雷飛龍譯，行政學（教

育部，民國74年11月初版第5印，臺北市）。

11. Michael M. Harmon, Action Theory for Public Administration，吳瓊恩等3人合譯，公共行政的行動理論（五南圖書出版公司，民國82年9月初版1刷，臺北市）。

12. Peter J. O' connell, Encyclopedia of Sociology，彭懷真等譯，社會學辭典（五南圖書出版公司，民國80年4月初版1刷，臺北市）。

13. Ralph P. Hummel, The Bureaucratic Experience: A Critique of Life in the Mod- ern Organization，史美強譯，官僚組織：對現代組織方式之批評（五南圖書出版公司，民國86年2月初版1刷，臺北市）。

14. Robert A. Dahl, Modern Political Analysis，易君博譯，現代政治分析（幼獅文化公司，民國79年5月第5印，臺北市）。

15. Robert Albanese & David D. Van Fleet, Organizational Behavior: A Managerial Viewpoint，吳定等譯，組織行為－－管理的觀點（天一圖書公司，民國80年4月3版，臺北市）。

16. Robert B. Denhardt, Theories of Public Organization，張世杰等六人合譯，公共組織理論（五南圖書出版公司，民國83年2月初版1刷，臺北市）。

17. Walter A. Rosenbaum, Political Culture，陳鴻瑜譯，政治文化（桂冠圖書公司，民國73年12月初版，臺北市）。

18. 佐藤功原著，許介麟譯述，比較政治制度（正中書局，民國70年4月台初版，臺北市）。

19. 新井久爾夫，陳水逢校譯，日本的選舉、資訊、興論（中日文教基金會，民國79年3月再版，臺北市）。

丁、英文參考資料

1. A. Gray & W. I. Jenkins, Administrative Politics in British Government, U. K. Wheatskeaf Books, 1985.

2. Ajoy Bagchi, Civil Service Neutrality: Concept and Practice, National Academy of Administration, Journal 17, June 1972.

3. C. E. Lindblom, The Policy － Making Process, Englewood Cliffs, N. J., Prentice Hall, Inc., 1968.
4. Cabinet Office, U. K., Civil Service Management Code, 1996.
5. Cabinet Office, U. K., Civil Service Order in Council, 1995.
6. Central Office of Information, Britain 1993, An offical hand book, London, HMSO, 1993.
7. D. J. Denis, An Introduction to Public Administration, McGraw － Hill Book Company Ltd., 1984.
8. D. L. Dresang, Public Personnel Management and Public Policy, 3nd. ed., N. Y. Longman, 1999.
9. David M. Levitan, The Neutrality of The Public Service, Public Administration Review, Vol. 2, 1942.
10. F. A. Nigro & L. G. Nigro, Modern Public Administration, 7th. ed., N. Y. Harper& Row, 1989.
11. F. C. Mosher, Democracy and Public Service, 2nd. ed., Oxford University Press,1982.
12. F. F. Ridley, Government and Administration in Western Europe, N. Y. Martin's Press, Inc., 1979.
13. F. Heady, Public Administration: A Comparative Perspective, 5th. ed., N. Y.Marcel Dekker, Inc., 1996.
14. Gavin Drewry & Tony Butcher, The Civil Service Today, Oxford：Basil Blackwell Ltd., 1988.
15. Goetano Mosca, The Ruling Class, Mc Graw-Hill Book Company Inc., 1939.
16. H. G. Frederickson, New Public Administration, The University of Alabama press, 1980.
17. J. W. Fesler, Public Administration, N. J. Prentice Hall, 1980.
18. M. M. Harmon, Action Theory for Public Administration, N. Y. Longman, 1981.
19. N. B. Lynn & A. Wildavsky, ed., Public Administration, The State of

the Discipline, N. J. Chatham House Publishers, 1990.

20. N. Rajagopalan, Political Neutrality of the Civil Service: A Perspective Study, The Indian Journal of Public Administration, January, 1977.

21. R. B. Jain, Politicization of Bureaucracy: A Framework for Comparative Measurement, The Indian Journal of Public Administration, October, 1974.

22. R. E. Goodin & H. D. Klingemann, ed., A New Handbook of Political Science, Oxford University Press, 1996.

23. R. Pyper, The British Civil Service, London, Prentice-Hall, 1995.

24. Richard S. Katz, A Theory of Parties and Electoral System, Baltimore and Lon- don: Johns Hopkins University Press, 1980.

25. S. W. Hays & R. C. Kearney, Public Personnel Administration: Problems & Prospects, N. J. Prentice-Hall, Inc., 1983.

26. T. P. Murphy, Contemporary Public Administration, Illinois, F. E. Peacock, 1981.

27. T. R. Dye, Understanding Public Policy, 8th. ed., N. J. Prentice Hall, 1995.

28. W. A. Robson, ed., The Civil Service in Britain and France, Reprinted, Connecticut: Greenwood Press, 1975.

29. W. C. Johnson, Public Administration, Connecticut, D. P. G., 1992.

30. W. Wilson, The Study of Administration, Political Science Quarterly, Vol. 2, June,1887.

31. Y. Meny, Government and Politics in Western Europe, Oxford University Press, 1993.

戊、網路資料

◎ https://www.google.com

附錄一

公務人員行政中立法草案
各提案版本條文對照表

——民國85年9月

考試院函請審議「公務人員行政中立法草案」
黃委員昭輝等16人擬具「公務人員行政中立法草案」
黃委員爾璇等17人擬具「政治中立法草案」
林委員濁水等16人擬具「公務人員行政中立法草案」

立法院法制委員會　民國85年9月1日

考試院草案	黃委員昭輝等提案	黃委員爾璇等提案	林委員濁水等提案
名稱：公務人員行政中立法	名稱：公務人員行政中立法	名稱：政治中立法	名稱：公務人員行政中立法
第一條 　　為確保公務人員依法行政、執法公正，並建立行政中立之規範，特制定本法。本法未規定者，適用其他有關法令之規定。	第一條 　　為使公務人員建植政黨政治之基本精神，確保其於推行政府政策、行使職權時，嚴守行政中立，並禁止介入黨政派系紛爭，無因政黨之更替而受影響，特制定本法。本法未規定者，適用其它有關法令之規定。	第一條 　　為鑑於本法所定公共人員職務之特殊性，建立政治中立之規範，以確保依法公正超然行使職務，特制定本法。本法未規定者，適用其他有關法令之規定。	第一條 　　為落實政黨政治，建立行政中立規範，維護民主政治精神，特制定本法。本法未規定者，適用其他有關法令之規定。

考試院草案	黃委員昭輝等提案	黃委員爾璇等提案	林委員濁水等提案
第二條 　　本法所稱公務人員，係指法定機關依法任用、派用之有給專任人員及公立學校依法任用之職員。	第二條 　　本法所稱公務人員，係指法定機關依法任用派用之有給專任人員及公立學校依法任用之職員工。	第二條 　　本法適用對象如左： 一、法定機關依法任用、派用之有給專任公務人員、公立學校職員。 二、公立學校校長、教師。 三、公營事業相當課長級以上職務或對經營政策負有主要決策責任人員。 四、各機關及公立學校依法聘用、僱用人員。 五、現役尉級以上之軍人。 六、司法院、監察院、考試院、法務部、行政院人事行政局、國家安全會議、國家安全局所屬特任官、政務官。 七、省（市）政府主管政風、警政、人事之政務官。 　　軍官、司法官、警察、情報、	第二條 　　本法所稱之政務官，準用政務官退職酬勞金給與條例第二條之規定。 第三條 　　本法所稱之公務人員，係指除前條規定以外，法定機關依法任用、派用之有給專任人員及公立學校依法任用之職員工。

考試院草案	黃委員昭輝等提案	黃委員爾璇等提案	林委員濁水等提案
		安全、政風、人事人員，如其他法律有更嚴格之限制規定者，從其規定。	
第三條 　公務人員應嚴守行政中立，忠實推行政府政策，不得介入黨政派系紛爭。		第三條 　本法規定之公共人員應嚴守政治中立，忠實推行政府政策，服務全國人民，不得介入黨政派系紛爭。	
第四條 　公務人員應依據法令執行職務，服務全國人民。			
第五條 　公務人員執行職務，應秉持公正之立場，對待任何團體或個人。	第三條 　公務人員執行職務，應秉持公正之立場，對待任何團體或個人。	第四條 　本法規定之公共人員執行職務，應秉持公正之立場，對待任何團體或個人。	
第六條 　公務人員得加入政黨或其他政治團體。擔任其職務時，不得違反限制公務人員兼職之有關法令規定。	第四條 　公務人員得加入政黨或其它政治團體。如擔任政黨或其它政治團體職務，不得違反限制公務人員兼職之相關法令規定。	第五條 　本法規定之公共人員不得擔任政黨或其他政治團體職務、顧問及類似角色之職位。	
第七條 　公務人員不得利用職權使他人加入或不加入政黨或其他政治團體。	第五條 　公務人員不得利用職權使他人加入或不加入政黨或其它政治團體，亦	第六條 　本法規之公共人員不得利用職稱、職權使他人加入或不加入政黨或	第十一條 　政務官及公務人員不得利用職權使他人加入或不加入政黨或其他政

考試院草案	黃委員昭輝等提案	黃委員爾璇等提案	林委員濁水等提案
	不得在職務所掌管或在執行職務之場所，爲任何政黨作與本身職務無關之宣傳、教授、指示、介紹加入及與此相關之行爲。 　公務人員不得限制、禁制、取締憲法未明文禁止之政黨行爲或主張。	其他政治團體。	治團體，亦不得在職務所掌管或在執行職務之場所，爲任何政黨作與本身職務無關之宣傳、指示、介紹加入及其他相關行爲。
第八條 　公務人員不得於上班時間從事政黨或其他政治團體之活動。	**第六條** 　公務人員不得於上班時間從事政黨或其它政治團體之活動。	**第七條** 　本法規定之公共人員不得於上班或勤務時間從事政黨或其他政治團體之活動。	**第十條** 　公務人員不得於上班時間，從事政黨或政治團體之活動。
第九條 　公務人員不得爲政黨、其他政治團體或公職候選人要求、期約或收受金錢、物品或其他利益之捐助。	**第七條** 　公務人員不得爲政黨、其他政治團體或公職候選人要求、期約或收受金錢、物品或其他利益之捐助。	**第八條** 　本法規定之公共人員不得爲政黨、其他政治團體或公職候選人要求、期約或收受金錢、物品或其他利益之捐助。 　本法規定之公共人員不得阻止或妨礙他人爲特定政黨、其他政治團體募款活動。	**第十二條** 　政務官及公務人員不得爲政黨，其他政治團體或公職候選人要求、期約或收受金錢、物品或其他利益之捐助。
第十條 　公務人員不得爲支持或反對特定之政黨、其他政治團體或公職候選	**第八條** 　公務人員不得爲支持或反對特定之政黨、其它政治團體或公職候選	**第九條** 　本法規定之公共人員不得爲支持或反對特定之政黨、其他政治團體	**第五條** 　司法院、監察院、考試院、法務部、人事行政局之政務官，不得爲支

考試院草案	黃委員昭輝等提案	黃委員爾璇等提案	林委員濁水等提案
人，從事下列政治活動或行為： 一、主持集會，發起遊行及連署活動。 二、在辦公場所印製、散發、張貼文書、圖畫或其他宣傳品。 三、在大眾傳播媒體具名廣告。 四、其他經考試院以命令禁止之行為。	人，從事下列政治活動或行為： 一、主持集會，發起遊行及連署活動。 二、在辦公場所印製、散發、張貼文書圖畫或其它宣傳品。 三、在大眾媒體具名廣告。 四、其它經考試院以命令禁止之行為。	或公職候選人，從事下列政治活動或行為： 一、主持集會，發起遊行及領導連署活動。 二、在辦公場所印製、散發、張貼文書、圖畫或其他宣傳品。 三、在辦公場所穿戴或標示特定政黨、其他政治團體旗幟、徽章及類似服飾。 四、在大眾傳播媒體具名廣告。	持或反對特定政黨，政治團體或公職候選人，從事下列行為： 一、主持集會，發起遊行及連署活動。 二、印製、散發、張貼文書、圖畫或其他宣傳品。 三、在大眾傳播媒體具名廣告。 四、其他經考試院以命令禁止之行為。 **第七條** 　公務人員不得從事第五條規定之行為。
第十一條 　公務人員對於公職人員之選舉、罷免，不得利用職權要求他人不行使投票權或為一定之行使。	**第九條** 　公務人員對於公職人員之選舉、罷免不得利用職權要求他人不行使投票權或為一定之行使。	**第十條** 　本法規定之公共人員對於公職人員之選舉、罷免，不得利用職權要求他人不行使投票權或為一定之行使。	**第六條** 　前條之政務官對於公職人員之選舉、罷免，不得利用職權要求他人不行使投票權或為一定之行使。 **第八條** 　公務人員對於公職人員之選舉、罷免，不得動用行政職權，從事輔選、助選，或要求他人不行使投票權或為一定之行使。

考試院草案	黃委員昭輝等提案	黃委員爾璇等提案	林委員濁水等提案
第十二條 　　公務人員自登記爲公職候選人之日起至投票日止，應依規定請事假或休假。 　　公務人員依前項規定請假時，長官不得拒絕。	第十條 　　公務人員自登記爲公職候選人之日起至投票日止，應依規定請事假或休假。 　　公務人員依前項規定請假時，長官不得拒絕。	第十一條 　　本法規定之公共人員，除軍官非退役不得參加公職人員候選外，其爲政黨提名之候選人，自其政黨公佈提名之日起，其爲非政黨提名之候選人，則自正式宣佈參選之日起，至投票日止，應依規定請事假或休假。 　　本法規定之公共人員依前項規定請假時，長官不得拒絕。	第四條 　　政務官得爲公職人員選舉之候選人。但應自表示參選之日或登記之日起，至投票日止辦理請假或休假，並指定職務代理人。 第九條 　　公務人員於任職期間不得登記爲公職候選人。 　　違反前項規定者，視同當然辭職。
第十三條 　　公務人員以其職務上掌管之場所、房舍，受理政黨、其他政治團體或公職候選人依法申請舉辦活動時，應秉持公正、公平之立場，並不得利用職權提供特定之個人或團體使用。	第十一條 　　公務人員以其職務上掌管之場所、房舍受理政黨、其它團體或公職候選人依法申請舉辦活動時，應秉持公正、公平之立場，並不得利用職權提供特定之個人或團體使用。	第十二條 　　除軍事機關營地、法院、警察、安全機關外其他公共機構、學校適於集會、演講之場所，應公平開放於任何政黨、其他政治團體及公職候選人申請利用。 　　任何公共機構、學校、軍事機關營地，不得在辦公廳舍、場地，爲表示支持或反對立場懸掛、揭示、張貼特定政黨、其他政治團體及公職候	

考試院草案	黃委員昭輝等提案	黃委員爾璇等提案	林委員濁水等提案
		選人旗幟、徽章、肖像及類似之標識。	
		第十三條　第二條第一項第二款所列學校教育人員，不得利用教育場所及教學機會爲支持或反對特定政黨、其他政治團體及公職候選人宣揚。	
第十四條　長官不得要求公務人員從事本法禁止之行爲。　長官不得因公務人員拒絕從事本法禁止之行爲，對其依法享有之權益，給予不公平對待或任何不利處分。　長官違反第一項之規定者，公務人員得向其上級長官提出報告，並由其上級長官依法處理。未依法處理者以失職論。	**第十二條**　長官不得要求公務人員從事本法禁止之行爲。　長官不得因公務人員拒絕從事本法禁止之行爲，對其依法享有之權益，給予不公平對待或任何不利處分。　長官違反第一項之規定者，公務人員得向其上級長官提出報告，並由其上級長官依法處理。未依法處理者以失職論。	**第十四條**　長官不得要求本法規定之公共人員從事本法禁止之行爲。　長官不得因本法規定之公共人員拒絕從事本法禁止之行爲，對其依法享有之權益，給予不公平對待或任何不利之處分。　長官違反第一項之規定者，本法規定之公共人員得向其上級長官提出報告，並由其上級長官依法處理。未依法處辦者，負相同法律責任。	**第十三條**　長官不得要求公務人員從事本法禁止之行爲。　長官不得因公務人員拒絕從事本法禁止之行爲，給予不公平對待或任何不利處分。　長官違反第一項之規定者，公務人員有向監察院或公務員懲戒委員會舉發之義務。

考試院草案	黃委員昭輝等提案	黃委員爾璇等提案	林委員濁水等提案
第十五條 　公務人員遭受前條第二項之不公平對待或不利處分時，得依公務人員保障法及其他有關法令之規定，請求救濟。	第十三條 　公務人員遭受前條第二項之不公平對待或不利處分時，得依公務人員保障法及其它有關法令之規定，請求救濟。	第十五條 　本法規定之公共人員遭受前條第二項之不公平對待或不利處分時，得依公務人員保障法及其他有關法令之規定，請求救濟。	第十四條 　公務人員遇有前條第二項之不公平對待或不利處分時，得依公務員保障法及其他法令之規定，請求救濟。
第十六條 　公務人員及其長官違反本法之規定者，應依公務員懲戒法予以懲戒，或依公務人員保障法規定處理。	第十四條 　公務人員及其長官違反本法之規定者應依公務人員懲戒法予以懲戒，或依公務人員保障法規定處理。其涉刑法或其它有關法律刑罰之規定者，依刑法或其它有關法律之規定處罰。	第十六條 　本法定之公共人員及其長官違反本法之規定者，任何人均得以檢舉，其主管或上級機關應依公務員懲戒法予以懲戒，或依公務人員保障法或其他有關法令規定處理。 　違反第十二條規定之公共機構、學校、軍事機關營地，由其廳舍、場地規之主管或首長負責。 　公立學校校長、教師、職員違反本法者，比照公務人員懲戒法處理。 　軍官違反本法規定者，依軍法或軍紀法規處理。	

考試院草案	黃委員昭輝等提案	黃委員爾璇等提案	林委員濁水等提案
第十七條 　　下列人員準用本法之規定： 一、公立各級學校校長及社會教育機構專業人員。 二、公營事業對經營政策負有主要決策責任人員。 三、各機關及公立學校依法聘用、僱用人員。	第十五條 　　下列人員準用本法之規定： 一、公立各級學校校長及社會教育機構專業人員。 二、公營事業對經營政策負有主要決策責任人員。 三、各機關及公立學校依法聘用、僱用人員。		第十五條 　　下列人員依本法第三條所稱「公務人員」準用本法之規定： 一、公營事業課長或同職級以上人員。 二、各機關、公立學校之聘、雇人員。
第十八條 　　本法自公布日施行。	第十六條 　　本法自公佈日施行。	第十七條 　　本法自公佈日施行。	第十六條 　　本法自公布日施行。

政治中立法草案

——立法院法制委員會民國85年11月審查通過條文

第一條　為確保依法令從事於公務之特定人員，依法公正行使職務，建立政治中立規範，維護民主政治精神，特制定本法。本法未規定者，適用其他有關法令之規定。

第二條　本法適用對象如下：

一、下列所定各機關之人員：

(一)司法院、監察院、考試院、國家安全會議所屬國家安全局、法務部及行政院人事行政局之政務官。

(二)省（市）政府之一級政風、警政、人事機關首長。

二、前款第一目所定以外之其他政務官。

三、其他人員：

(一)法定機關依法任用、派用之有給專任公務人員及公立學校職員。

(二)現役軍官及其他政戰人員。

(三)公立學校校長及國民教育學校之教師。

(四)公營事業機關相當經理或處長級以上職務，或對經營政策負有主要決策責任之人員。

(五)各機關及公立學校依法令聘用、僱用之人員。

前項第一款第一目及第二款所稱政務官，係指政務官退職酬勞金給與條例第二條所定之人員。其他法令對於司法、軍

職、警察、情報、安全、政風、人事人員政治中立規範,如有較嚴格之限制規定者,從其規定。

第三條　第二條第一項第一款及第三款所定人員,不得擔任政黨或其他政治團體職務、顧問或其他相當職位。

第四條　第二條所定人員不得利用職稱、職權,使他人加入或不加入政黨或其他政治團體;亦不得在職務上掌管或在執行職務之場所,為任何政黨作與本身職務無關之宣傳、指示及其他相關行為。

第五條　第二條第一項第一款及第三款所定人員不得於規定之上班或勤務時間從事政黨或其他政治團體之活動。

第六條　第二條所定人員不得為政黨、其他政治團體或公職候選人要求、期約或收受金錢、物品或其他利益之捐助;亦不得阻止或妨礙他人為特定政黨或其他政治團體依法募款之活動。

第七條　第二條所定人員不得為支持或反對特定之政黨、其他政治團體或公職候選人,從事下列政治活動或行為:
　　　　一、在辦公場所印製、散發、張貼文書、圖畫或其他宣傳品。
　　　　二、在辦公場所穿戴或標示特定政黨、其他政治團體之旗幟、徽章及類似服飾。
　　　　第二條第一項第一款及第三款所定人員不得從事下列政治活動或行為:
　　　　一、主持集會,發起遊行及連署活動。
　　　　二、在大眾傳播媒體具銜或具名廣告。
　　　　三、邀集職務相關人員或其職務對象表達指示。
　　　　四、其他經考試院會同行政院以命令禁止之行為。

第八條　第二條第一項第一款及第三款所定人員對於公職人員之選舉、罷免,不得行使輔選、助選或其他輔助之行為。

第九條　第二條所定人員不得假借職務上之權力、機會或方法，從事下列行為：

一、為配合某特定公職人員之選舉、罷免，預作人事上之安排而調動人員及動用行政資源。

二、干涉各級選舉委員會之人事或業務。

第十條　第二條所定人員除法令另有規定及司法官未辭職不得登記為公職人員選舉之候選人外，其為政黨提名之候選人，自其政黨公布推薦提名名單之日起，其為非政黨提名之候選人，則自有事實足認其從事競選活動之日起，至投票日止，依規定請事假或休假。

依前項規定之請假，長官不得拒絕或藉故刁難。

第十一條　政府各級機關、公立學校適於集會、演講之場所，應公平開放予任何政黨、其他政治團體及公職候選人依法申請利用；並不得利用職權提供特定之個人或團體使用。但軍事、法院、警察、安全機關不得提供為政治性集會、演講之場所。

政府各機關（構）、學校、軍事機關營地不得在辦公廳舍、場地，為表示支持或反對立場，懸掛、揭示，張貼特定政黨、其他政治團體或公職候選人旗幟、徽章、肖像或類似之標識。

第十二條　學校教育人員不得利用教育場所或教學機會，為支持或反對特定政黨、政治團體或公職候選人宣揚。

第十三條　長官不得要求第二條所定人員從事本法禁止之行為。

長官不得因第二條所定人員拒絕從事本法禁止之行為，對其依法享有之權益，給予不公平對待或任何不利處分。

第十四條　長官違反前條第一項之規定者，有關人員應向其上級長官提出報告，並由其上級長官依法處理。未依法處理者，以失職論。

第二條第一項第三款所定人員遭受前條第二項之不公平對

待或不利處分時，得依公務人員保障法及其他有關法令之規定，請求救濟。

第十五條　違反第六條之規定者，處一年以下有期徒刑、拘役或科或併科新台幣十萬元以下罰金。

違反第七條第二項第一款至第三款及第十一條第一項之規定者，亦同。

犯第一項之罪者，其接受捐助所得財物，沒收之；如全部或一部不能沒收者，追徵其價款。

違反第十一條第二項之規定者，由該廳舍、場所之主管或首長負責，並以明知其情事或已經告知，而仍不清除者爲限。

第十六條　違反第四條及第七條第一項之規定者，處六個月以下有期徒刑、拘役或科或併科新台幣五萬元以下罰金。

第十七條　違反第五條、第九條、第十條第二項、第十一條第一項及第二條第一項第三款第三目所定人員違反第十二條之規定者，處新台幣十萬元以上，二十萬元以下罰鍰。

違反第八條之規定，經選舉委員會監察人員制止不聽者，亦同；並得按日連續處罰，至其停止行爲爲止。

違反第十一條第一項規定者，由該廳舍、場所之主管或首長負責。

第十八條　依公務員服務法規定之長官違反第十三條第一項之規定，致屬官犯本法所定之罪，受有罪判決確定者，以教唆論。

第十九條　違反第十條第一項之規定者，選舉投票前由選舉委員會撤銷其候選人登記；當選後依公職人員選舉罷免法之規定，提起當選無效之訴。

第二十條　違反第三條之規定，經銓敘部或當事人所屬最高主管機關限期令其辭去該項職務或職位，逾期不從者，應通知該管機關撤銷其公職。

第二十一條　第二條所定人員違反本法之規定音，除依第十五條至
　　　　第二十條處理外，並應依公務員懲戒法之規定予以懲戒，或依
　　　　公務人員保障法之規定處理。

　　　　前項之懲處，第二條第一項第三款第三目及第五目所定人
　　　員違反本法之規定者，比照公務員懲戒法處理；同款第二目所
　　　定人員除監察院對軍官提出彈劾案，應依公務員懲戒法懲戒
　　　外，依陸海空軍懲罰法處理。

第二十二條　第二條所定人員違反本法之規定者，任何人均得檢舉
　　　　或告發。

第二十三條　依本法科處之罰鍰，經通知限期繳納後，逾期未繳納
　　　　者，移送法院強制執行。

第二十四條　本法自公布日施行。

公務人員行政中立法草案
考試院前後擬案版本條文對照表

——民國85年11月與92年5月

公務人員行政中立法草案考試院前後擬案版本條文對照表

考試院 92 年 5 月 22 日院會審查通過版	考試院 85 年 11 月 28 日院會修正通過版
第一條 　　為確保公務人員依法行政、執法公正，並建立行政中立之規範，特制定本法。 　　公務人員行政中立之規範，除其他法律另有嚴格規定者外，適用本法之規定。	第一條 　　為確保公務人員依法行政、執法公正，並建立行政中立之規範，特制定本法。本法未規定者，適用其他有關法令之規定。
第二條 　　本法所稱公務人員，指法定機關依法任用、派用之有給專任人員及公立學校依法任用之職員。	第二條 　　本法所稱公務人員，係指法定機關依法任用、派用之有給專任人員及公立學校依法任用之職員。
第三條 　　公務人員應嚴守行政中立，依據法令執行職務，忠實推行政府政策，服務人民。	第三條 　　公務人員應嚴守行政中立，忠實推行政府政策，不得介入黨政派系紛爭。 第四條 　　公務人員應依據法令執行職務，服務全國人民。
第四條 　　公務人員執行職務，應秉持公正立場，對待任何團體或個人。	第五條 　　公務人員執行職務，應秉持公正立場，對待任何團體或個人。

考試院 92 年 5 月 22 日院會審查通過版	考試院 85 年 11 月 28 日院會修正通過版
第五條 公務人員得加入政黨或其他政治團體。但不得兼任政黨或其他政治團體之職務。 公務人員不得介入黨政派系紛爭。 公務人員不得兼任公職候選人競選辦事處之職務。	**第六條** 公務人員得加入政黨或其他政治團體。擔任其職務者，不得違反限制公務人員兼職之有關法令規定。
第六條 公務人員不得利用職務上之權力、機會或方法，使他人加入或不加入政黨或其他政治團體。	**第七條** 公務人員不得利用職權使他人加入或不加入政黨或其他政治團體。
第七條 公務人員不得於規定之上班或勤務時間，從事政黨或其他政治團體之活動。	**第八條** 公務人員不得於規定之上班或勤務時間從事政黨或其他政治團體之活動。
第八條 公務人員不得利用職務上之權力、機會或方法，為政黨、其他政治團體或公職候選人要求、期約或收受金錢、物品或其他利益之捐助；亦不得阻止或妨礙他人為特定政黨、其他政治團體或公職候選人依法募款之活動。	**第九條** 公務人員不得為政黨、其他政治團體或公職候選人要求、期約或收受金錢、物品或其他利益之捐助；亦不得阻止或妨礙他人為特定政黨、其他政治團體依法募款之活動。
第九條 公務人員不得為支持或反對特定之政黨、其他政治團體或公職候選人，從事下列政治活動或行為： 一、在辦公場所印製、散發、張貼文書、圖畫或其他宣傳品。 二、在辦公場所懸掛、張貼、穿戴或標示特定政黨、其他政治團體或公職候選人之旗幟、徽章或服飾。	**第十條** 公務人員不得為支持或反對特定之政黨、其他政治團體或公職候選人，從事下列政治活動或行為： 一、在辦公場所印製、散發、張貼文書、圖畫或其他宣傳品。 二、在辦公場所穿戴或標示特定政黨或其他政治團體之旗幟、徽章及服飾。 三、主持集會、發起遊行及領導連署

考試院 92 年 5 月 22 日院會審查通過版	考試院 85 年 11 月 28 日院會修正通過版
三、主持集會、發起遊行或領導連署活動。 四、在大眾傳播媒體具銜或具名廣告。 五、邀集職務相關人員或其職務對象表達指示。 六、其他經考試院會同行政院以命令禁止之行為。	活動。 四、在大眾傳播媒體具銜或具名廣告。 五、邀集職務相關人員或其職務對象表達指示。 六、其他經考試院會同行政院以命令禁止之行為。
第十條 　公務人員對於公職人員之選舉、罷免，不得利用職務上之權力、機會或方法，要求他人不行使投票權或為一定之行使。	**第十一條** 　公務人員對於公職人員之選舉、罷免，不得利用職權要求他人不行使投票權或為一定之行使。
第十一條 　公務人員自登記為公職候選人者，自候選人名單公告之日起至投票日止，應依規定請事假或休假。 　公務人員依前項規定請假時，長官不得拒絕。	**第十二條** 　公務人員自登記為公職候選人之日起至投票日止，應依規定請事假或休假。 　公務人員依前項規定請假時，長官不得拒絕。
第十二條 　公務人員以其職務上掌管之行政資源，得裁量受理或不受理政黨、其他政治團體或公職候選人依法申請之事項，並應秉持公正、公平之立場處理，不得有差別待遇。 　前項行政資源，指行政上可支配運用之公物、公款、場所，房舍及人力等資源。	**第十三條** 　公務人員以其職務上掌管之場所、房舍，受理政黨、其他政治團體或公職候選人依法申請舉辦活動時，應秉持公正、公平之立場，並不得利用職權提供特定之個人或團體使用。
第十三條 　長官不得要求公務人員從事本法禁止之行為。 　長官違反前項規定者，公務人員得向該長官之上級長官提出報告，並由上級長官依法處理。未依法處理	**第十四條** 　長官不得要求公務人員從事本法禁止之行為。 　長官不得因公務人員拒絕從事本法禁止之行為，對其依法享有之權益，給予不公平對待或任何不利處

考試院 92 年 5 月 22 日院會審查通過版	考試院 85 年 11 月 28 日院會修正通過版
者，以失職論。	分。 　　長官違反第一項之規定者，公務人員得向其上級長官提出報告，並由其上級長官依法處理。未依法處理者，以失職論。
第十四條 　　公務人員依法享有之權益，不得因拒絕從事本法禁止之行為而遭受不公平對待或不利處分。 　　公務人員遭受前項之不公平對待或不利處分時，得依公務人員保障法及其他有關法令之規定，請求救濟。	**第十五條** 　　公務人員遭受前條第二項之不公平對待或不利處分時，得依公務人員保障法及其他有關法令之規定，請求救濟。
第十五條 　　公務人員違反本法，應按情節輕重，依公務員懲戒法、公務人員考績法或其他相關法規予以懲戒或懲處；其涉及其他法律責任者，依有關法律處理之。	**第十六條** 　　公務人員及其長官違反本法之規定者，應依公務員懲戒法予以懲戒，或依公務人員保障法規定處理。
第十六條 　　下列人員準用本法之規定： 一、公立學校校長及公立學校兼任行政職務之教師。 二、教育人員任用條例公布施行前已進用未納入銓敘之公立學校職員及私立學校改制為公立學校未具任用資格之留用職員。 三、社會教育機構專業人員及學術研究機構兼任行政職務之研究人員。 四、各級行政機關具軍人身分之人員、各級教育行政主管機關軍訓單位或各級學校之軍訓教官。 五、各機關及公立學校依法聘用、僱用人員。	**第十七條** 　　下列人員準用本法之規定： 一、憲法或法律明文規定需超出黨派獨立行使職權人員。 二、公立各級學校校長及社會教育機構專業人員。 三、公營事業對經營政策負有主要決策責任人員。 四、各機關及公立學校依法聘用、僱用人員。

考試院 92 年 5 月 22 日院會審查通過版	考試院 85 年 11 月 28 日院會修正通過版
六、公營事業對經營政策負有主要決策責任人員。 七、經正式任用為公務人員前，實施學習或訓練人員。 **第十七條** 　憲法或法律規定須超出黨派以外，依法獨立行使職權之政務人員，準用本法之規定。 　前項以外政務人員及民選地方首長準用第三條、第四條、第六條、第八條、第九條第一款、第二款、第五款、第六款、第十一條至第十三條及第十五條之規定。 　前項人員對於公職人員之選舉、罷免、不得動用行政資源，從事助選，或要求他人不行使投票權或為一定之行使。 　前三項之規定，於政務人員行政中立事項之相關法律公布施行時，失其效力。	
第十八條 　本法自公布日施行。	**第十八條** 　本法自公布日施行。

公務人員行政中立法草案考試院提案條文及說明表

——民國92年9月

公務人員行政中立法草案考試院提案條文及說明表

名　　稱	說　　明
公務人員行政中立法	一、本法草案名稱前經考試院就行政中立之定義審慎研酌，並參考專家學者意見後，認為「行政」與「政治」事實上不可能分離；「行政中立」主要係指公務人員應以國家、人民之整體或多數利益為考量，並應於處理公務時保持中立、客觀及公平之立場與態度；同時，草案名稱採用「行政中立」而未採用「政治中立」一詞，主要考量「行政中立」是就行政之立場與態度而言，它至少包括下列三點意義： （一）公務人員在職期間應盡忠職守、盡心盡力，推動政府政策，造福社會大眾。 （二）公務人員在處理公務上，其立場應超然、客觀、公正，一視同仁，既無偏愛也無偏惡。 （三）公務人員在日常活動中不介

名　　稱	說　　明
	入地方派系或政治紛爭，只盡心盡力爲國爲民服務。換言之，「行政中立」乃指公務人員應大公無私，造福全民，不得偏倚之意。故採用「行政中立」一詞，旨在要求公務人員應依法行政、執法公正並建立公務人員之政治活動規範。而「政治中立」一詞，僅及於公務人員政治行爲之中立，未能涵括更爲重要之依法行政、執法公正，並易遭誤解爲要求公務人員應放棄其政治立場，及憲法所保障之集會結社等基本權利。加上公務人員保障暨培訓委員會組織法第四條有關該會培訓處掌理事項，即有「行政中立訓練」之研擬規劃、執行及委託；另九十一年一月三十日公布之公務人員訓練進修法第二條亦明定，保訓會應辦理「行政中立訓練」，同法第五條規定：「爲確保公務人員嚴守行政中立，貫徹依法行政、執法公正、不介入黨派紛爭……」，法定名詞業已確立。 二、要求公務人員「行政中立」之內涵，即爲要求公務人員要依法行政、執法公正，並遵守政治活動規範之限制等方面，而要求公務人員「政治中立」則僅及於政治行爲之中立，內容較爲狹隘；基

名　稱	說　明
	此，本法之名稱仍維持為「公務人員行政中立法」。 三、相關立法體例：公務人員基準法草案（九十一年十月三十日考試院及行政院會銜送請立法院審議之版本） 第三十二條　公務人員應遵守行政中立，有關行政中立事項，另以法律定之。

條　文	說　明
第一條 　　為確保公務人員依法行政、執法公正，並建立行政中立之規範，特制定本法。 　　公務人員行政中立之規範，除其他法律另有嚴格規定者外，適用本法之規定。	一、本法係規定本法之立法目的，且明定其他法律另有嚴格規定者，從其規定。 二、相關立法體例： **公職人員利益衝突迴避法** **第一條** 　　為促進廉能政治、端正政治風氣，建立公職人員利益衝突迴避之規範，有效遏阻貪污腐化暨不當利益輸送，特制定本法。 　　公職人員利益衝突之迴避，除其他法律另有嚴格規定者外，適用本法之規定。
第二條 　　本法所稱公務人員，指法定機關依法任用、派用之有給專任人員及公立學校依法任用之職員。	一、規定本法之適用對象。 二、軍人及教師，非本法所稱公務人員之範圍，其應遵守之行政中立事項，應另以其他法律規範，其理由如下： 　　(一) 依憲法第一百三十八條規定：「全國陸海空軍，須超出個人、地域及黨派關係以外，效忠國家，愛護人民。」；第一百三十九條規定：「任何黨派及個人不得

條　文	說　明
	以武裝力量爲政爭之工具。」故要求軍人行政中立之標準，理應高於公務人員，且基於文武分治原則，自應依據憲法及軍人職務特性，於相關軍事法令中另予規範。 (二) 教師係從事教學、研究工作，並享有憲法保障之言論、講學等自由，且教師法公布施行後，教師與公務人員已分途管理，而教師之權利義務亦於教師法中加以規範，故如要求其行政中立，宜因其職務特性而於教師法中明定。 三、本院已另函請軍人及教師之主管機關：國防部及教育部，建請配合制定或修正相關法律，以規範軍人及教師之行政中立事項。 四、法官原則上仍應適用本法，惟如其他法律有更嚴格規定者，依本草案第一條第二項之規定，從其較嚴之規定。 五、相關立法體例： **法官法草案**（八十八年十二月一日司法院送請立法院審議之版本） **第二十三條** 　　法官於任職期間不得參加政黨，任職前已參加者，應退出政黨。 　　法官參與各項公職人員選舉，應於各該公職人員任期或規定之日屆滿一年以前，辭去其職

條　文	說　明
	務或依法退休、資遣。 　　法官違反前項規定者，不得登記爲公職人員選舉候選人。 **第二十五條** 　　法官兼任其他職務者，應經其任職機關許可；機關首長應經司法院許可。 　　司法院大法官兼任職務者，應經司法院大法官現有總額過半數之出席，及出席司法院大法官過半數之同意。
第三條 　　公務人員應嚴守行政中立，依據法令執行職務，忠實推行政府政策，服務人民。	本條係規定公務人員應嚴守行政中立規範，依據法令執行職務，忠實推行政府政策，爲人民服務。
第四條 　　公務人員執行職務，應秉持公正立場，對待任何團體或個人。	一、本條係規定公務人員執行職務時，應超越團體或個人之利益，並仿德國及日本法例，明定公務人員執行職務，應秉持公正之立場對待任何團體或個人。 二、德國及日本公務員法相關規定如下： 　(一) 德國公務員法第五十二條規定：「公務員爲全國人民服務，而非爲一黨派服務，且須公平與公正履行職責，執行職務時應注意公共利益之維護。公務員應以一切行爲維護並保障基本法中意義之自由民主之基本秩序。」 　(二) 日本國家公務員法第九十六條第一項規定：「所有職員均應爲全國國民服務，爲公共利益服勤務，同時須盡其全力專心執行其職務。」

條　文	說　明
第五條 　　公務人員得加入政黨或其他政治團體。但不得兼任政黨或其他政治團體之職務。 　　公務人員不得介入黨政派系紛爭。 　　公務人員不得兼任公職候選人競選辦事處之職務。	一、本條第一項係規定公務人員有加入政黨或其他政治團體之權利，因憲法第十四條規定人民有集會及結社之自由，故不宜因人民具有公務人員身分，而剝奪其憲法所賦予之集會結社權利。另為使公務人員忠心努力執行職務，爰限制公務人員不得兼任政黨或其他政治團體之職務。 二、第二項為使公務人員能有嚴守行政中立之環境，爰明定公務人員不得介入黨政派系紛爭。 三、公職人員選舉活動期間，公務人員兼任各候選人競選辦事處之職務，可能與本身執行公務人員職務之角色混淆，並不當動用行政資源，爰於第三項明確規範公務人員不得兼任公職候選人競選辦事處之職務。且公務人員選舉候選人競選辦事處均係依公職人員選舉罷免法第四十六條授權，由中央選舉委員會所定之「公職人員選舉候選人競選辦事處及助選員設置辦法」加以規範，又總統副總統選舉罷免法第四十條亦明定同一組候選人於競選活動期間，得設立競選辦事處。且各項選舉候選人所設置之「競選辦事處」，均需送請主辦選舉機關審核登記，是以「競選辦事處」之法定用語明確。至公職候選人競選總部，係一般通稱，並非現行法律用語，爰採上開法定用語作為選舉組織之通稱。 四、所稱其他政治團體，指依人民團

條　文	說　明
	體法第四十四條規定：「政治團體係以共同民主政治理念，協助形成國民政治意志，促進國民政治參與為目的，由中華民國國民組成之團體。」成立之政治團體，如中華民國婦女聯合會、中華民國國家發展策進會、中華會、新同盟會及中華黃埔救國會等。 五、相關立法體例： **人民團體法** **第四十四條** 　　政治團體係以共同民主政治理念，協助形成國民政治意志，促進國民政治參與為目的，由中華民國國民組成之團體。 **第四十五條** 　　符合左列規定之一者為政黨： 　　一、全國性政治團體以推薦候選人參加公職人員選舉為目的，依本法規定設立政黨，並報請中央主管機關備案者。 　　二、已立案之全國性政治團體，以推薦候選人參加公職人員選舉為目的者。
第六條 　　公務人員不得利用職務上之權力、機會或方法，使他人加入或不加入政黨或其他政治團體。	一、為維護公務人員執行公權力之威信，爰禁止公務人員利用職務上之權力、機會或方法，使他人加入或不加入政黨或其他政治團體。 二、日本及韓國公務員法相關規定如下：

條　文	說　明
	(一) 日本國家公務員法第一百零二條規定：「公務員除行使選舉權外，不得從事人事院規則所規定之政治行為。所有職員均應為全國國民服務，為公共利益服勤務，同時須盡其全力專心執行其職務。」至人事院規則所謂政治行為。包括：誘勸他人成為或不成為特定政黨或其他政治團體的成員。
	(二) 日本地方公務員法第三十六條第一項規定：職員不得參加政黨及其他政治團體之組成，或擔任此等團體之幹部，亦不得勸誘他人加入或不加入此等團體。
	(三) 韓國公務員法第六十五條（政治運動之禁止）第二項第五款規定：「勸誘他人加入或不加入政黨或其他政治團體。」
第七條　　公務人員不得於規定之上班或勤務時間，從事政黨或其他政治團體之活動。	鑑於公務人員於上班時間，本應盡忠職守，為全體國民服務，爰規定公務人員不得於上班時間，從事政黨或其他政治團體之活動。
第八條　　公務人員不得利用職務上之權力、機會或方法，為政黨、其他政治團體或公職候選人要求、期約或收受金錢、物品或其他利益之捐助；亦不得阻止或妨礙他人為特定政黨、其他政治團體或公職候選人依法募款之活動。	為確保公務人員執行職務不偏不倚，避免其利用職務上之權力、機會或方法，而為政黨、其他政治團體或公職候選人要求、期約或收受利益，或阻止或妨礙其合法之募款活動，爰作上述規定。

條　文	說　明
第九條 　　公務人員不得為支持或反對特定之政黨、其他政治團體或公職候選人，從事下列政治活動或行為： 　　一、在辦公場所印製、散發、張貼文書、圖畫或其他宣傳品。 　　二、在辦公場所懸掛、張貼、穿戴或標示特定政黨、其他政治團體或公職候選人之旗幟、徽章或服飾。 　　三、主持集會，發起遊行或領導連署活動。 　　四、在大眾傳播媒體具銜或具名廣告。 　　五、邀集職務相關人員或其職務對象表達指示。 　　六、其他經考試院會同行政院以命令禁止之行為。	一、公務人員應注意其身分之特殊性，並考慮其職位上之義務，對政治活動應儘量自制，或採取中立之態度，除具體規定公務人員不得從事之政治活動或行為外，另為期周延可行，爰授權考試院會同行政院以命令發布公務人員不得從事之政治行為。 二、本條第五款規定之範圍，亦涵括公務人員邀集職務相關人員或其職務對象表達指示渠等應參與特定公職候選人之造勢活動或競選活動之政治行為。
第十條 　　公務人員對於公職人員之選舉、罷免，不得利用職務上之權力、機會或方法，要求他人不行使投票權或為一定之行使。	一、為落實行政中立，爰規定公務人員對於公職人員之選舉、罷免，不得利用職務上之權力、機會或方法，要求他人不行使投票權或為一定之行使。 二、相關立法體例： 　　**公職人員選舉罷免法** 　　**第九十九條** 　　　　已登記為候選人之現任公務人員，有左例情列之一者，經選舉委員會查明屬實後，通知各該人員之主管機關先行停止其職務，並依法處理： 　　　　一、無正當理由拒絕選舉委員會請協辦事項或請派人員者。

條　　文	說　　明
	二、干涉選舉委員會人事或業務者。
	三、藉名動用或挪用公款作競選之費用者。
	四、要求有部屬或有指揮、監督關係之團體暨各該團體負責人作競選之支持者。
	五、利用職權無故調動人員，對競選預作人事上之安排者。
	中華民國刑法
	第一百三十四條
	公務員假借職務上之權力、機會或方法，以故意犯本章以外各罪者，加重其刑至二分之一。但因公務員之身分已特別規定其刑者，不在此限。
	第一百四十二條
	以強暴脅迫或其他非法之方法，妨害他人自由行使法定之政治上選舉或其他投票權者，處五年以下有期徒刑。
	前項之未遂犯罰之。
	第一百四十四條
	對於有投票權之人，行求期約或交付賄賂或其他不正利益，而約其不行使投票權或為一定之行使者，處五年以下有期徒刑，得併科七千元以下罰金。
	第一百四十五條
	以生計上之利害，誘惑投票人不行使其投票權或為一定之行使者，處三年以下有期徒刑。

條　文	說　明
第十一條 　　公務人員自登記爲公職候選人者，自候選人名單公告之日起至投票日止，應依規定請事假或休假。 　　公務人員依前項規定請假時，長官不得拒絕。	一、公務人員自被公告爲公職候選人之日起，應請事假或休假，主要係爲避免公務人員登記爲公職候選人於經選務機關公告後，運用職權作爲競選資源，或因其參選行爲影響機關整體工作情緒。以其請事假或休假之期間不長，且請假期間皆有職務代理人代理業務，不致影響機關業務之正常運作，加以本規定明確，易於執行，不易招致紛爭，爰規定第一項文字如上。 二、另爲確保公務人員之參政權，於第二項明定：「公務人員依前項規定請假時，長官不得拒絕。」 三、相關立法體例： 　（一）公務人員請假規則 　第三條 　　　公務人員之請假，依下列規定： 　　　　一、因事得請事假，每年准給五日。超過規定日數之事假，應按日扣除俸（薪）給。（以下略） 　　　前項第一款所定准給事假日數，任職未滿一年者，依在職月數比例計算，比例計算後未滿半日者以半日計；超過半日未滿一日者，以一日計。第一項所定事假、病假、產前假，得以時計。婚假、陪產假、喪假，每次請假應至少半日。 　第七條 　　　公務人員至年終連續服務滿一年者，第二年起，每年應給休

條　文	說　明
	假七日；服務滿三年者，第四年起，每年應給休假十四日；滿六年者，第七年起，每年應給休假二十一日；滿九年者，第十年起，每年應給休假二十八日；滿十四年者，第十五年起，每年應給休假三十日。 　　初任人員於二月以後到職者，得按當月至年終之在職月數比例於次年一月起核給休假；其計算方式依第三條第二項規定。第三年一月起，依前項規定給假。 (二) **政務人員法草案**（八十九年一月十二日考試院及行政院會銜送請立法院審議之版本） **第十三條** 　　政務人員登記為公職候選人者，自候選人名單公告之日起至投票日止，應依規定請事假或休假。 (三) 考試院八十四年九月七日第八屆第二三九次會議決議：在政務人員法及公務人員行政中立法公布實施前，凡適用公務人員請假規則之一般公務人員、政務人員及民選行政首長，參加公職人員選舉者，從候選人名單公告之日起至投票日止，均應請事假或休假。
第十二條 　　公務人員以其職務上掌管之行政資源，得裁量受理或不受理政黨、其	一、本條係規定公務人員對其職務上所掌管之場所、房舍等行政資源，在不違反本法規定下，得裁

條　文	說　明
他政治團體或公職候選人依法申請之事項，並應秉持公正、公平之立場處理，不得有差別待遇。 　　前項行政資源，指行政上可支配運用之公物、公款、場所，房舍及人力等資源。	量受理或不受理政黨、其他政治團體或公職候選人依法申請之事項，並應公正、公平處理，不得有差別待遇。 二、所稱行政資源，爲期明確，爰列舉明定於第二項。
第十三條 　　長官不得要求公務人員從事本法禁止之行爲。 　　長官違反前項規定者，公務人員得向該長官之上級長官提出報告，並由上級長官依法處理。未依法處理者，以失職論。	一、本條係規定長官不得要求公務人員從事本法禁止之行爲，如長官違反本條第一項之規定者，公務人員得向其上級長官提出報告，並由其上級長官依法處理。未依法處理者，以失職論，以保障公務人員之權益。 二、至於公務人員如無上級長官或上級監督機關者，自宜循陳情或申訴等途徑尋求救濟，倘若因此受到不公平對待或不利處分者，亦可循本法第十四條之規定請求救濟。
第十四條 　　公務人員依法享有之權益，不得因拒絕從事本法禁止之行爲而遭受不公平對待或不利處分。 　　公務人員遭受前項之不公平對待或不利處分時，得依公務人員保障法及其他有關法令之規定，請求救濟。	一、本條係規定公務人員依法享有之權益，不得因拒絕從事本法禁止之行爲而遭受不公平對待或不利處分。 二、公務人員因行政中立有關事項，遭受不公平對待或不利處分時，得依公務人員保障法等相關法令之規定，請求救濟，以維護公務人員權益。 三、相關立法體例： **公務人員保障法**（九十二年五月六日立法院三讀通過） **第二條** 　　公務人員身分、官職等級、俸給、工作條件、管理措施等有

條　文	說　明
	關權益之保障，適用本法之規定。 **第四條** 　　（第一項）公務人員權益之救濟，依本法所定復審、申訴、再申訴之程序行之。 **第五條** 　　保訓會對於保障事件，於復審人、再申訴人表示不服之範圍內，不得為更不利於該公務人員之決定。 **第六條** 　　（第一項）各機關不得因公務人員依本法提起救濟而予不利之行政處分、不合理之管理措施或有關工作條件之處置。 **第十六條** 　　公務人員之長官或主管對於公務人員不得作違法之工作指派，亦不得以強暴脅迫或其他不正當方法，使公務人員為非法之行為。 **第二十五條** 　　（第一項）公務人員對於服務機關或人事主管機關（以下均簡稱原處分機關）所為行政處分，認為違法或顯然不當，致損害其權利或利益者，得依本法提起復審。非現職公務人員基於其原公務人員身分之請求權遭受侵害時，亦同。 **第七十七條** 　　（第一項）公務人員對於服務機關所為之管理措施或有關工作條件之處置認為不當，致影響

條　文	說　明
	其權益者，得依本法提起申訴、再申訴。
第十五條 　　公務人員違反本法，應按情節輕重，依公務員懲戒法、公務人員考績法或其他相關法規予以懲戒或懲處；其涉及其他法律責任者，依有關法律處理之。	一、本條係規定公務人員違反本法之效果。 二、由於違反行政中立規範並非反社會反國家之行為，除涉及相關法律責任者，依有關法律處理外，仍宜依公務員懲戒法、公務人員考績法及其他相關規定處理，爰規定本條文如上。 三、相關立法體制： 　　**公務員服務法**部分條文修正草案（九十一年七月五日考試院函請立法院審議） 　　**第二十二條** 　　　　公務員違反本法，及本法授權訂定之辦法，應按情節輕重，分別予以懲處；其涉及其他法律責任者，依有關法律處理之。 　　**中華民國刑法** 　　**第三百零四條** 　　　　以強暴、脅迫使人行無義務之事或妨害人行使權利者，處三年以下有期徒刑、拘役或三百元以下罰金。 　　　　前項之未遂犯罰之。 　　**公職人員選舉罷免法** 　　**第九十條之一** 　　　　（第一項）對於有投票權之人，行求期約或交付賄賂或其他不正利益，而約其不行使投票權或為一定之行使者，處五年以下有期徒刑，得併科新台幣四十萬元以上四百萬元以上罰金。

條　文	說　明
第十六條 　下列人員準用本法之規定： 一、公立學校校長及公立學校兼任行政職務之教師。 二、教育人員任用條例公布施行前已進用未納入銓敘之公立學校職員及私立學校改制為公立學校未具任用資格之留用職員。 三、社會教育機構專業人員及學術研究機構兼任行政職務之研究人員。 四、各級行政機關具軍人身分之人員、各級教育行政主管機關軍訓單位或各級學校之軍訓教官。 五、各機關及公立學校依法聘用、僱用人員。 六、公營事業對經營政策負有主要決策責任人員。 七、經正式任用為公務人員前，實施學習或訓練人員。	一、本條係規定本法準用對象。 二、依教育人員任用條例第二條規定，教育人員之範圍包括公立學校校長、教師、職員、社會教育機構專業人員及學術研究機構研究人員。其中公立學校校長、教育人員任用條例公布施行前已進用未納入銓敘之公立學校職員、私立學校改制為公立學校未具任用資格之留用職員及社會教育機構專業人員，同於公立學校服務，從事行政工作；大法官會議解釋釋字第三〇八號明文略以：兼任學校行政職務之教師，就其兼任之行政職務，則有公務員服務法之適用；至於學術研究機構兼任行政職務之研究人員，其屬性亦與兼任學校行政職務之教師同，均可能有不當動用行政資源從事政治活動之可能，爰均納入本法準用對象。 三、各級行政機關具軍職身分之人員及軍訓教官等，均非任職於軍事機關或部隊，而係分別任職於行政機關（如總統府、國家安全會議、國家安全局、行政院海巡署等）、各級教育行政主管機關軍訓單位或各級公、私立學校，均可能接觸行政機關人員及學校學生等，為免其不當動用行政資源違反行政中立，實有加以規範之必要，爰納為本法準用對象。 四、考量各機關之聘僱人員，雖係政府機關及公立學校以契約進用之人員，惟該等人員之人事管理與

條　文	說　明
	公務人員大致相同，亦有不當動用行政資源，或被要求違反行政中立之可能，爰明定各機關及公立學校依法聘用、僱用人員均納入本法準用對象。 五、公營事業人員係屬企業經營體系成員，除對經營政策負有主要決策責任之人員外，亦非掌有行政權力或資源，爰參考公務人員基準法草案第七條第一項規定，僅將公營事業對經營負有主要決策責任人員，納入本法準用對象。 六、目前經考試錄取人員，須接受「訓練」、「學習」始能取得考試及格資格，為公務人員考試法第二十條及司法人員人事條例第二十七條所明定，以接受訓練或學習階段之人員，雖尚未經正式任用為公務人員，惟其亦有執行公權力或握有行政資源，或有被要求違反行政中立之可能，為其周延，允宜納入本草案準用對象，爰規定第七款如上。
第十七條 　　憲法或法律規定須超出黨派以外，依法獨立行使職權之政務人員，準用本法之規定。 　　前項以外政務人員及民選地方首長準用第三條、第四條、第六條、第八條、第九條第一款、第二款、第五款、第六款、第十一條至第十三條及第十五條之規定。 　　前項人員對於公職人員之選舉、罷免、不得動用行政資源，從事助選，或要求他人不行使投票權或為一	一、本條係規定公務人員及民選地方首長準用本法有關事項。 二、以政務人員係由有任命權者基於政治性考量而任命，其包括須隨政黨或政策成敗進退，或有一定任期，須依法獨立行使職權之人員。兩者雖同屬政務人員，惟須隨政黨或政策成敗進退之政務人員，依政黨政治及責任政治之理念，當然得參加政黨活動；至於依法獨立行使職權之政務人員，其職務屬性則須超出黨派以外，

條　文	說　明
定之行使。 　　前三項之規定，於政務人員行政中立事項之相關法律公布施行時，失其效力。	自不得參加政黨活動，以及為公職候選人助選。因此對於兩者應行政中立事項之規範，自宜有所不同。且考量民選地方首長之政黨屬性，與須隨政黨或政策成敗進退之政務人員較為接近，其行政中立相關事項，宜作一致之規範，爰分別規範須超出黨派以外，依法獨立行使職權之政務人員與常任文官之公務人員同，準用本法之規定，至於須隨政黨或政策成敗進退之政務人員及民選地方首長準用本法有關行政中立原則、禁止行為之限制、參選應請事假或休假、對所掌行政資源受理申請時應公平處理、長官不得要求公務人員從事本法禁止之行為及違反本法之處理方式等行政中立相關規定如上。 三、本條第二項規定第一項以外政務人員及民選地方首長準用本法第九條第六條「其他經考試院會同行政院以命令禁止之行為」，由於係屬空白授權條款，嗣後，考試院會同行政院以命令定禁止從事之政治活動或行為時，應明確規定，政務人員及民選地方首長應準用之範圍，俾資遵循。 四、對於第二項所規範人員，其於公職人員選舉、罷免時，依政黨政治之理念，難免參與，故不應以本草案第十條之規定處理。惟仍不得動用行政資源，從事助選等行為，爰有第三項之規定，俾合理限制。

條　文	說　明
	五、另考量銓敘部刻正配合「政府人力運用彈性化計畫方案」研擬之政務人員法草案何時能完成立法，尚未可知。如本法草案較政務人員法草案先送請立法院審議，而未將政務人員及民選地方首長行政中立事項列入，恐滋生外界對考試院要求公務人員嚴守行政中立時，有意排除規範政務人員及民選地方首長之疑慮；且如本法先行公布施行，又未規範政務人員及民選地方首長之準用規定，勢將形成法律空窗期，致政務人員之行政中立事項，在本法施行後，仍無法律規範可資遵循，爰增列第四項規定如上。
第十八條 　本法自公布日施行。	本條係規定本法之施行日期。

附錄五

公務人員行政中立法

民國98年6月10日制定公布

第一條　爲確保公務人員依法行政、執行公正、政治中立，並適度
　　　　規範公務人員參與政治活動，特制定本法。
　　　　　　公務人員行政中立之規範，依本法之規定；本法未規定或
　　　　其他法律另有嚴格規定者，適用其他有關之法律。

第二條　本法所稱公務人員，指法定機關依法任用、派用之有給專
　　　　任人員及公立學校依法任用之職員。

第三條　公務人員應嚴守行政中立，依據法令執行職務，忠實推行
　　　　政府政策，服務人民。

第四條　公務人員應依法公正執行職務，不得對任何團體或個人予
　　　　以差別待遇。

第五條　公務人員得加入政黨或其他政治團體。但不得兼任政黨或
　　　　其他政治團體之職務。
　　　　　　公務人員不得介入黨政派系紛爭。
　　　　　　公務人員不得兼任公職候選人競選辦事處之職務。

第六條　公務人員不得利用職務上之權力、機會或方法，使他人加
　　　　入或不加入政黨或其他政治團體；亦不得要求他人參加或不參
　　　　加政黨或其他政治團體有關之選舉活動。

第七條　公務人員不得於上班或勤務時間，從事政黨或其他政治團
　　　　體之活動。但依其業務性質，執行職務之必要行爲，不在此

限。

　　前項所稱上班或勤務時間，指下列時間：

　　一、法定上班時間。

　　二、因業務狀況彈性調整上班時間。

　　三、值班或加班時間。

　　四、因公奉派訓練、出差或參加與其職務有關活動之時
　　　　間。

第八條　公務人員不得利用職務上之權力、機會或方法，爲政黨、
　　　　其他政治團體或擬參選人要求、期約或收受金錢、物品或其他
　　　　利益之捐助；亦不得阻止或妨礙他人爲特定政黨、其他政治團
　　　　體或擬參選人依法募款之活動。

第九條　公務人員不得爲支持或反對特定之政黨、其他政治團體或
　　　　公職候選人，從事下列政治活動或行爲：

　　　　一、動用行政資源編印製、散發、張貼文書、圖畫、其他
　　　　　　宣傳品或辦理相關活動。

　　　　二、在辦公場所懸掛、張貼、穿戴或標示特定政黨、其他
　　　　　　政治團體或公職候選人之旗幟、徽章或服飾。

　　　　三、主持集會、發起遊行或領導連署活動。

　　　　四、在大眾傳播媒體具銜或具名廣告。

　　　　五、對職務相關人員或其職務對象表達指示。

　　　　六、公開爲公職候選人站台、遊行或拜票。

　　　　七、其他經考試院會同行政院以命令禁止之行爲。

　　　　前項第一款所稱行政資源，指行政上可支配運用之公物、
　　　　公款、場所、房舍及人力等資源。

第十條　公務人員對於公職人員之選舉、罷免或公民投票，不得利
　　　　用職務上之權力、機會或方法，要求他人不行使投票權或爲一
　　　　定之行使。

第十一條　公務人員登記爲公職候選人者，自候選人名單公告之日

起至投票日止,應依規定請事假或休假。

　　公務人員依前項規定請假時,長官不得拒絕。

第十二條　公務人員於職務上掌管之行政資源,受理或不受理政黨、其他政治團體或公職候選人依法申請之事項,其裁量應秉持公正、公平之立場處理,不得有差別待遇。

第十三條　各機關首長或主管人員於選舉委員會發布選舉公告日起至投票日止之選舉期間,應禁止政黨、公職候選人或其支持者之造訪活動;並應於辦公、活動場所之各出入口明顯處所張貼禁止競選活動之告示。

第十四條　長官不得要求公務人員從事本法禁止之行為。

　　長官違反前項規定者,公務人員得檢具相關事證向該長官之上級長官提出報告,並由上級長官依法處理;未依法處理者,以失職論,公務人員並得向監察院檢舉。

第十五條　公務人員依法享有之權益,不得因拒絕從事本法禁止之行為而遭受不公平對待或不利處分。

　　公務人員遭受前項之不公平對待或不利處分時,得依公務人員保障法及其他有關法令之規定,請求救濟。

第十六條　公務人員違反本法,應按情節輕重,依公務員懲戒法、公務人員考績法或其他相關法規予以懲戒或懲處;其涉及其他法律責任者,依有關法律處理之。

第十七條　下列人員準用本法之規定:

　　一、公立學校校長及公立學校兼任行政職務之教師。

　　二、教育人員任用條例公布施行前已進用未納入銓敘之公立學校職員及私立學校改制為公立學校未具任用資格之留用職員。

　　三、公立社會教育機構專業人員及公立學術研究機構研究人員。

　四、各級行政機關具軍職身分之人員及各級教育行政主管
　　機關軍訓單位或各級學校之軍訓教官。

　五、各機關及公立學校依法聘用、僱用人員。

　六、公營事業機構人員。

　七、經正式任用為公務人員前，實施學習或訓練人員。

　八、行政法人有給專任人員。

　九、代表政府或公股出任私法人之董事及監察人。

第十八條　憲法或法律規定須超出黨派以外，依法獨立行使職權之
　　政務人員，準用本法之規定。

第十九條　本法施行細則，由考試院定之。

第二十條　本法自公布日施行。

附錄六

公務人員行政中立法施行細則

民國98年11月13日考試院訂定發布

第一條　本細則依公務人員行政中立法（以下簡稱本法）第十九條
規定訂定之。

第二條　本法所稱政黨，指依人民團體法第四十五條規定備案成立
之團體；所稱政治團體，指依人民團體法規定經許可設立之政
治團體。

　　　　本法及本細則所稱公職候選人，指依總統副總統選舉罷免
法規定申請登記為總統、副總統之候選人，以及依公職人員選
舉罷免法規定申請登記為公職人員之候選人。

第三條　本法第六條所稱政黨或其他政治團體有關之選舉活動，其
範圍如下：
　　　　一、總統副總統選舉罷免法及公職人員選舉罷免法規定之
　　　　　　選舉、罷免活動。
　　　　二、推薦公職候選人所舉辦之活動。
　　　　三、內部各項職務之選舉活動。

第四條　本法第七條第一項所稱政黨或其他政治團體之活動，指由
政黨或政治團體所召集之活動及與其他團體共同召集之活動，
包括於政府機關內部，成立或運作政黨之黨團及從事各種黨務
活動等；所稱依其業務性質，執行職務之必要行為，指依相關
法令規定執行職務所應為之行為。

第五條　本法第八條所稱擬參選人，依政治獻金法第二條規定認定

之。

第六條　本法第九條第一項第六款所稱公開為公職候選人站台，指
　　　　為公職候選人站台或助講之行為；但不包括公務人員之配偶或
　　　　一親等直系血親為公職候選人時，以眷屬身分站台未助講之情
　　　　形。所稱公開為公職候選人遊行，指為公職候選人帶領遊行或
　　　　為遊行活動具銜具名擔任相關職務。所稱公開為公職候選人拜
　　　　票，指透過各種公開活動或具銜具名經由資訊傳播媒體，向特
　　　　定或不特定人拜票之行為。

第七條　本法第十條公務人員對於公民投票，不得利用職務上之權
　　　　力、機會或方法，要求他人不行使投票權或為一定行使之規
　　　　定，包括提案或不提案、連署或不連署之行為。

第八條　依本法第十一條第一項規定請事假或休假之人員，如於請
　　　　事假或休假期間，有公務人員請假規則所定其他假別之事由，
　　　　仍得依規定假別請假。

第九條　本法第十七條第六款所稱公營事業機構人員，不包括公營
　　　　事業機構之純勞工。

　　　　　本法第十七條第八款所稱行政法人有給專任人員，指行政
　　　　法人有給專任之董（理）事長、首長、董（理）事、監事、繼
　　　　續任用人員及契約進用人員。

第十條　各機關（構）及學校應加強辦理公務人員行政中立相關規
　　　　定之宣導或講習。

　　　　　銓敘部為順利推動本法，並解決適用本法及本細則之疑
　　　　義，必要時，得邀請學者、專家或相關機關組成諮詢小組，提
　　　　供諮詢意見。

第十一條　本細則自發布日施行。

附錄七

公務人員行政中立法

民國103年11月26日修正公布

第一條　為確保公務人員依法行政、執行公正、政治中立，並適度規範公務人員參與政治活動，特制定本法。

公務人員行政中立之規範，依本法之規定；本法未規定或其他法律另有嚴格規定者，適用其他有關之法律。

第二條　本法所稱公務人員，指法定機關依法任用、派用之有給專任人員及公立學校依法任用之職員。

第三條　公務人員應嚴守行政中立，依據法令執行職務，忠實推行政府政策，服務人民。

第四條　公務人員應依法公正執行職務，不得對任何團體或個人予以差別待遇。

第五條　公務人員得加入政黨或其他政治團體。但不得兼任政黨或其他政治團體之職務。

公務人員不得利用職務上之權力、機會或方法介入黨派紛爭。

公務人員不得兼任公職候選人競選辦事處之職務。

第六條　公務人員不得利用職務上之權力、機會或方法，使他人加入或不加入政黨或其他政治團體；亦不得要求他人參加或不參加政黨或其他政治團體有關之選舉活動。

第七條　公務人員不得於上班或勤務時間，從事政黨或其他政治團

體之活動。但依其業務性質，執行職務之必要行為，不在此限。

　　前項所稱上班或勤務時間，指下列時間：

一、法定上班時間。

二、因業務狀況彈性調整上班時間。

三、值班或加班時間。

四、因公奉派訓練、出差或參加與其職務有關活動之時間。

第八條　公務人員不得利用職務上之權力、機會或方法，為政黨、其他政治團體或擬參選人要求、期約或收受金錢、物品或其他利益之捐助；亦不得阻止或妨礙他人為特定政黨、其他政治團體或擬參選人依法募款之活動。

第九條　公務人員不得為支持或反對特定之政黨、其他政治團體或公職候選人，從事下列政治活動或行為：

一、動用行政資源編印製、散發、張貼文書、圖畫、其他宣傳品或辦理相關活動。

二、在辦公場所懸掛、張貼、穿戴或標示特定政黨、其他政治團體或公職候選人之旗幟、徽章或服飾。

三、主持集會、發起遊行或領導連署活動。

四、在大眾傳播媒體具銜或具名廣告。但公職候選人之配偶及二親等以內血親、姻親只具名不具銜者，不在此限。

五、對職務相關人員或其職務對象表達指示。

六、公開為公職候選人站台、助講、遊行或拜票。但公職候選人之配偶及二親等以內血親、姻親，不在此限。

　　前項第一款所稱行政資源，指行政上可支配運用之公物、公款、場所、房舍及人力等資源。

　　第一項第四款及第六款但書之行為，不得涉及與該公務人員職務上有關之事項。

第十條　公務人員對於公職人員之選舉、罷免或公民投票，不得利用職務上之權力、機會或方法，要求他人不行使投票權或爲一定之行使。

第十一條　公務人員登記爲公職候選人者，自候選人名單公告之日起至投票日止，應依規定請事假或休假。

　　　　　公務人員依前項規定請假時，長官不得拒絕。

第十二條　公務人員於職務上掌管之行政資源，受理或不受理政黨、其他政治團體或公職候選人依法申請之事項，其裁量應秉持公正、公平之立場處理，不得有差別待遇。

第十三條　各機關首長或主管人員於選舉委員會發布選舉公告日起至投票日止之選舉期間，應禁止政黨、公職候選人或其支持者之造訪活動；並應於辦公、活動場所之各出入口明顯處所張貼禁止競選活動之告示。

第十四條　長官不得要求公務人員從事本法禁止之行爲。

　　　　　長官違反前項規定者，公務人員得檢具相關事證向該長官之上級長官提出報告，並由上級長官依法處理；未依法處理者，以失職論，公務人員並得向監察院檢舉。

第十五條　公務人員依法享有之權益，不得因拒絕從事本法禁止之行爲而遭受不公平對待或不利處分。

　　　　　公務人員遭受前項之不公平對待或不利處分時，得依公務人員保障法及其他有關法令之規定，請求救濟。

第十六條　公務人員違反本法，應按情節輕重，依公務員懲戒法、公務人員考績法或其他相關法規予以懲戒或懲處；其涉及其他法律責任者，依有關法律處理之。

第十七條　下列人員準用本法之規定：

　　　　　一、公立學校校長及公立學校兼任行政職務之教師。

　　　　　二、教育人員任用條例公布施行前已進用未納入銓敘之公

立學校職員及私立學校改制為公立學校未具任用資格
之留用職員。

三、公立社會教育機構專業人員及公立學術研究機構兼任
行政職務之研究人員。

四、各級行政機關具軍職身分之人員及各級教育行政主管
機關軍訓單位或各級學校之軍訓教官。

五、各機關及公立學校依法聘用、僱用人員。

六、公營事業對經營政策負有主要決策責任之人員。

七、經正式任用為公務人員前,實施學習或訓練人員。

八、行政法人有給專任人員。

九、代表政府或公股出任私法人之董事及監察人。

第十八條　憲法或法律規定須超出黨派以外,依法獨立行使職權之
政務人員,準用本法之規定。

第十九條　本法施行細則,由考試院定之。

第二十條　本法自公布日施行。

附錄八

公務人員行政中立法施行細則

民國104年2月9日考試院修正發布

第一條　本細則依公務人員行政中立法（以下簡稱本法）第十九條規定訂定之。

第二條　本法所稱政黨，指依人民團體法第四十五條規定備案成立之團體；所稱政治團體，指依人民團體法規定經許可設立之政治團體。

　　　　本法及本細則所稱公職候選人，指依總統副總統選舉罷免法規定申請登記為總統、副總統之候選人，以及依公職人員選舉罷免法規定申請登記為公職人員之候選人。

第三條　本法第六條所稱政黨或其他政治團體有關之選舉活動，其範圍如下：

　　　　一、總統副總統選舉罷免法及公職人員選舉罷免法規定之選舉、罷免活動。

　　　　二、推薦公職候選人所舉辦之活動。

　　　　三、內部各項職務之選舉活動。

第四條　本法第七條第一項所稱政黨或其他政治團體之活動，指由政黨或政治團體所召集之活動及與其他團體共同召集之活動，包括於政府機關內部，成立或運作政黨之黨團及從事各種黨務活動等；所稱依其業務性質，執行職務之必要行為，指依相關法令規定執行職務所應為之行為。

第五條　本法第八條所稱擬參選人，依政治獻金法第二條規定認定

之。

第六條　本法第九條第一項第六款所稱公開爲公職候選人遊行，指
　　　　爲公職候選人帶領遊行或爲遊行活動具銜具名擔任相關職務。
　　　　所稱公開爲公職候選人拜票，指透過各種公開活動或具銜具名
　　　　經由資訊傳播媒體，向特定或不特定人拜票之行爲。

　　　　　　本法第九條第三項所稱職務上有關之事項，指動用行政資
　　　　源、行使職務權力、利用職務關係或使用職銜名器等。

第七條　本法第十條公務人員對於公民投票，不得利用職務上之權
　　　　力、機會或方法，要求他人不行使投票權或爲一定行使之規
　　　　定，包括提案或不提案、連署或不連署之行爲。

第八條　依本法第十一條第一項規定請事假或休假之人員，如於請
　　　　事假或休假期間，有公務人員請假規則所定其他假別之事由，
　　　　仍得依規定假別請假。

第九條　本法第十七條第六款所稱公營事業對經營政策負有主要決
　　　　策責任之人員，指公營事業機構董事長、總經理、代表公股之
　　　　董事、監察人及其他對經營政策負有主要決策責任等人員。

　　　　　　本法第十七條第八款所稱行政法人有給專任人員，指行政
　　　　法人有給專任之董（理）事長、首長、董（理）事、監事、繼
　　　　續任用人員及契約進用人員。

第十條　各機關（構）及學校應加強辦理公務人員行政中立相關規
　　　　定之宣導或講習。

　　　　　　銓敘部爲順利推動本法，並解決適用本法及本細則之疑
　　　　義，必要時，得邀請學者、專家或相關機關組成諮詢小組，提
　　　　供諮詢意見。

第十一條　本細則自發布日施行。

附錄九

公務人員行政中立法施行細則

民國107年5月7日考試院修正發布

第一條 本細則依公務人員行政中立法（以下簡稱本法）第十九條規定訂定之。

第二條 本法所稱政黨，指依政黨法規定完成備案及人民團體法第四十五條規定備案成立之團體；所稱政治團體，指依人民團體法規定經許可設立之政治團體。

　　　　本法及本細則所稱公職候選人，指依總統副總統選舉罷免法規定申請登記為總統、副總統之候選人，以及依公職人員選舉罷免法規定申請登記為公職人員之候選人。

第三條 本法第六條所稱政黨或其他政治團體有關之選舉活動，其範圍如下：

　　　　一、總統副總統選舉罷免法及公職人員選舉罷免法規定之選舉、罷免活動。

　　　　二、推薦公職候選人所舉辦之活動。

　　　　三、內部各項職務之選舉活動。

第四條 本法第七條第一項所稱政黨或其他政治團體之活動，指由政黨或政治團體所召集之活動及與其他團體共同召集之活動，包括於政府機關內部，成立或運作政黨之黨團及從事各種黨務活動等；所稱依其業務性質，執行職務之必要行為，指依相關法令規定執行職務所應為之行為。

第五條 本法第八條所稱擬參選人，依政治獻金法第二條規定認定

之。

第六條　本法第九條第一項第六款所稱公開爲公職候選人遊行，指爲公職候選人帶領遊行或爲遊行活動具銜具名擔任相關職務。所稱公開爲公職候選人拜票，指透過各種公開活動或具銜具名經由資訊傳播媒體，向特定或不特定人拜票之行爲。

　　　本法第九條第三項所稱職務上有關之事項，指動用行政資源、行使職務權力、利用職務關係或使用職銜名器等。

第七條　本法第十條公務人員對於公民投票，不得利用職務上之權力、機會或方法，要求他人不行使投票權或爲一定行使之規定，包括提案或不提案、連署或不連署之行爲。

第八條　依本法第十一條第一項規定請事假或休假之人員，如於請事假或休假期間，有公務人員請假規則所定其他假別之事由，仍得依規定假別請假。

第九條　本法第十七條第六款所稱公營事業對經營政策負有主要決策責任之人員，指公營事業機構董事長、總經理、代表公股之董事、監察人及其他對經營政策負有主要決策責任等人員。

　　　本法第十七條第八款所稱行政法人有給專任人員，指行政法人有給專任之董（理）事長、首長、董（理）事、監事、繼續任用人員及契約進用人員。

第十條　各機關（構）及學校應加強辦理公務人員行政中立相關規定之宣導或講習。

　　　銓敘部爲順利推動本法，並解決適用本法及本細則之疑義，必要時，得邀請學者、專家或相關機關組成諮詢小組，提供諮詢意見。

第十一條　本細則自發布日施行。

附錄十

公務人員行政中立訓練辦法

民國91年6月13日考試院訂定發布

第一條　本辦法依公務人員訓練進修法第五條規定訂定之。

第二條　公務人員行政中立訓練（以下簡稱本訓練），依本辦法行之。本辦法未規定事項，適用其他有關法令之規定。

第三條　本辦法以公務人員訓練進修法施行細則第二條所定人員為適用對象。

第四條　本訓練由公務人員保障暨培訓委員會（以下簡稱保訓會）及所屬國家文官培訓所（以下簡稱培訓所）辦理，或委託各機關（構）學校辦理。

　　　　保訓會或培訓所委託各機關（構）學校辦理行政中立訓練專班時，應將訓練實施計畫函送受委託機關（構）學校。

　　　　受委託機關（構）學校於辦理前項訓練完畢後，應將辦理情形函送保訓會或培訓所備查。

第五條　本訓練實施方式如下：

　　　　一、開辦行政中立訓練專班。

　　　　二、於辦理各項訓練時，列入行政中立相關課程。

　　　　三、利用集會等活動，舉辦行政中立相關講演、座談或研習。

　　　　四、於保訓會指定之網站或媒體學習行政中立相關課程。

　　　　各機關（構）學校辦理本訓練，除保訓會辦理之行政中立訓練外，得視實際需要，就前項實施方式選擇辦理，並於訓練

後將辦理情形函送保訓會備查。

第六條　本訓練對象之訓期，由保訓會依其所需訓練課程另定之。

第七條　自本辦法發布施行之日起三年內，各機關（構）學校應安排所屬人員至少參加本訓練一次。

第八條　本訓練課程內容及名稱，由保訓會定之。

第九條　本訓練講座，應具備行政中立相關課程之素養，授課時並不得違反行政中立精神。
　　　　保訓會及培訓所得辦理前項師資培訓。

第十條　各機關（構）學校應安排所屬人員於規定時間內接受本訓練，無故不接受訓練者，由各機關（構）學校列入年終考績（成）之參考。

第十一條　保訓會及培訓所應建立本訓練網站，規劃網路學習及視聽學習，並將訓練課程方案及師資建立資料庫上網，以供各機關（構）學校與人員諮詢及學習。

第十二條　本訓練所需經費，由保訓會及培訓所編列預算支應之。
　　　　各機關（構）學校依第五條第一項第二款至第四款規定辦理訓練或活動時，得向保訓會申請經費補助，其補助額度視年度預算經費酌予補助。

第十三條　下列人員準用本辦法之規定：
　　　　一、公立學校校長及兼任行政職務之教師。
　　　　二、公營事業機構對經營負有主要決策責任人員。
　　　　三、政務人員及民選地方首長。
　　　　四、各機關（構）學校約聘（僱）人員及工友。

第十四條　本辦法自發布日施行。

公務人員行政中立訓練辦法

民國99年2月5日考試院修正發布

第一條　本辦法依公務人員訓練進修法第五條規定訂定之。

第二條　公務人員行政中立訓練（以下簡稱本訓練），依本辦法行之。本辦法未規定事項，適用其他有關法令之規定。

第三條　本辦法以公務人員行政中立法第二條所稱之公務人員為適用對象。

第四條　本訓練由公務人員保障暨培訓委員會（以下簡稱保訓會）及所屬國家文官學院（以下簡稱文官學院）辦理，或委託各機關（構）學校辦理。

第五條　本訓練實施方式如下：
　　　　一、專班訓練：開辦本訓練課程專班。
　　　　二、隨班訓練：於辦理各項訓練時，列入本訓練課程。
　　　　三、專題講演及座談：利用集會等活動，舉辦本訓練相關講演及座談。
　　　　四、數位學習：於保訓會指定之網站或媒體學習本訓練相關課程。

第六條　保訓會及文官學院應規劃數位學習，並將訓練課程及師資建立資料庫上網，以供各機關（構）學校與人員諮詢及學習。

第七條　本訓練課程內容及名稱，由保訓會定之。

第八條　本訓練講座，應具備行政中立相關課程之素養，授課時並

不得違反行政中立精神。

　　前項講座由保訓會薦介，作為各機關（構）學校辦理本訓練優先遴聘之參考。

第九條　各機關（構）學校應適時安排所屬人員參加本訓練，無故不參加本訓練者，由各機關（構）學校列入年終考績（成）之參考。

　　本訓練課程時數，每次不得低於二小時。

　　從未或三年內未參加本訓練人員，應優先安排參加訓練。

第十條　各機關（構）學校辦理本項訓練時，得視實際需要，就本辦法第五條實施方式選擇實施。

第十一條　各機關（構）學校辦理本訓練情形，列入人事機構業務績效考核辦理。

第十二條　各機關（構）學校前一年執行本訓練情形，應於次年一月十日前，報由中央二級以上機關、直轄市政府、直轄市議會或縣（市）政府、縣（市）議會彙整後提送保訓會。

第十三條　保訓會及文官學院辦理本訓練所需經費，由會及學院編列預算支應之。

第十四條　本辦法以公務人員行政中立法第十七條及第十八條所定之人員為準用對象。

第十五條　本辦法自發布日施行。

國家圖書館出版品預行編目資料

行政中立專論／劉昊洲著. -- 初版. -- 臺北
市：五南，2019.09
　　面；　公分.
　　ISBN 978-957-763-611-9（平裝）

1.行政中立　2.公務人員法規

572.9　　　　　　　　108013700

4U15

行政中立專論

作　　者 ― 劉昊洲（348）

發 行 人 ― 楊榮川

總 經 理 ― 楊士清

總 編 輯 ― 楊秀麗

副總編輯 ― 劉靜芬

責任編輯 ― 林佳瑩、呂伊真、陳采婕

封面設計 ― 王麗娟

出 版 者 ― 五南圖書出版股份有限公司

地　　址：106台北市大安區和平東路二段339號4樓

電　　話：(02)2705-5066　　傳　　真：(02)2706-6100

網　　址：http://www.wunan.com.tw

電子郵件：wunan@wunan.com.tw

劃撥帳號：01068953

戶　　名：五南圖書出版股份有限公司

法律顧問　林勝安律師事務所　林勝安律師

出版日期　2019年9月初版一刷

定　　價　新臺幣480元

經典永恆・名著常在

五十週年的獻禮 —— 經典名著文庫

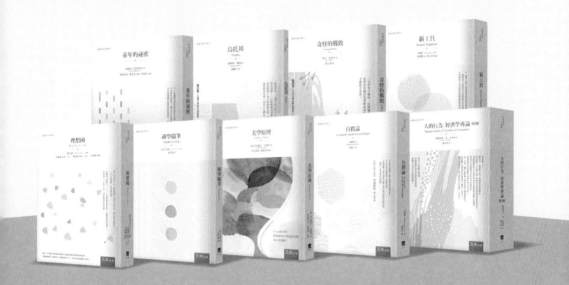

五南，五十年了，半個世紀，人生旅程的一大半，走過來了。
思索著，邁向百年的未來歷程，能為知識界、文化學術界作些什麼？
在速食文化的生態下，有什麼值得讓人雋永品味的？

歷代經典・當今名著，經過時間的洗禮，千錘百鍊，流傳至今，光芒耀人；
不僅使我們能領悟前人的智慧，同時也增深加廣我們思考的深度與視野。
我們決心投入巨資，有計畫的系統梳選，成立「經典名著文庫」，
希望收入古今中外思想性的、充滿睿智與獨見的經典、名著。
這是一項理想性的、永續性的巨大出版工程。
不在意讀者的眾寡，只考慮它的學術價值，力求完整展現先哲思想的軌跡；
為知識界開啟一片智慧之窗，營造一座百花綻放的世界文明公園，
任君遨遊、取菁吸蜜、嘉惠學子！